Jornada RH Ágil

Antonio Muniz
Andresa Fogel
Isabel Coutinho
Juliano Granadeiro
Paulo Boccaletti
Renata Carvalho
Thayana Brider

Jornada RH Ágil

Entenda como a agilidade e as Relações
Humanizadas colaboram para construir
times protagonistas e resultados de valor

BRASPORT

Rio de Janeiro
2021

Editor: Sergio Martins de Oliveira
Gerente de Produção Editorial: Marina dos Anjos Martins de Oliveira
Editoração Eletrônica: Abreu's System
Capa: Jailson Barbosa
Arte final: Trama Criações

Técnica e muita atenção foram empregadas na produção deste livro. Porém, erros de digitação e/ou impressão podem ocorrer. Qualquer dúvida, inclusive de conceito, solicitamos enviar mensagem para **editorial@brasport.com.br**, para que nossa equipe, juntamente com o autor, possa esclarecer. A Brasport e o(s) autor(es) não assumem qualquer responsabilidade por eventuais danos ou perdas a pessoas ou bens, originados do uso deste livro.

J82	Jornada RH ágil : entenda como a agilidade e as relações humanizadas colaboram para construir times protagonistas e resultados de valor / Antonio Muniz ... [et al.]. – Rio de Janeiro: Brasport, 2021.
	296 p. ; il ; 17 x 24 cm.
	Inclui bibliografia.
	ISBN 978-65-88431-28-3
	1. Liderança. 2. Produtividade. 3. Eficiência no trabalho. 4. Recursos humanos. 5. Planejamento. 6. Projetos. I. Muniz, Antonio. II. Fogel, Andressa. III. Coutinho, Isabel. IV. Granadeiro, Juliano. V. Boccaletti, Paulo. VI. Carvalho, Renata. VII. Brider, Thayana. VIII. Título.
	CDU 65.011.4

Catalogação na fonte: Bruna Heller (CRB10/2348)

Índice para catálogo sistemático:
1. Produtividade / Eficiência / Sucesso / Etc. 65.011.4

BRASPORT Livros e Multimídia Ltda.
Rua Washington Luís, 9, sobreloja – Centro
20230-900 Rio de Janeiro-RJ
Tels. Fax: (21)2568.1415/3497.2162
e-mails: marketing@brasport.com.br
vendas@brasport.com.br
editorial@brasport.com.br
www.brasport.com.br

Jornada Colaborativa

Experiências colaborativas que transformam vidas!

Conectamos pessoas apaixonadas em ensinar e aprender de forma colaborativa, protagonizando talentos nacionais. Utilizamos a inteligência coletiva com livros colaborativos, geramos oportunidade para potencializar pessoas e reinvestir em ações sociais. Compartilhamos experiências em diversos canais, como JornadaCast, *webinars*, *summits* e mídias digitais.

Tudo começou com um sonho de compartilhar conhecimento através do livro "Jornada DevOps", que foi escrito por 33 pessoas com experiências complementares. A união do time com outras comunidades em várias cidades mobilizou a disseminação de novas experiências.

O experimento dos cinco *summits* de lançamento dos três primeiros livros em 2019 uniu mais de 50 empresas e comunidades, permitindo ingressos com valor simbólico e direito a livro para 1.277 pessoas, além da doação de R$ 25 mil para quatro instituições carentes.

O primeiro semestre de 2020 reforçou nosso trabalho colaborativo com 50 voluntários trabalhando intensamente na **Jornada contra a crise**, que arrecadou R$ 100 mil para 10 instituições com 13 sábados para mais de 3.500 participantes *on-line* que receberam 160 palestras de alta qualidade com 25 presidentes, 50 executivos e 80 *experts* em agilidade, tecnologia, inovação e transformação digital.

A **Jornada Learning** iniciou no segundo semestre de 2020 com o objetivo de capacitar pessoas de mercado, captar recursos para lançar os novos livros da Jornada e ceder vaga gratuita para quem está em busca de recolocação com direito a livro, *workshop*, mentoria e camisa da Jornada. Graças ao apoio de várias organizações, disponibilizamos mais de 400 vagas gratuitas para colaborar na recolocação de pessoas que investem em sua qualificação.

Nosso DNA é unir pessoas e tecnologia, aproveitando nossos participantes com perfil multidisciplinar: desenvolvedores, QA, *sysadmin*, arquitetos, *Product Owners*, gerentes de produtos, *Agile Coaches*, *Scrum Masters*, analistas de negócio, empreendedores, gerentes de projetos, psicólogas, executivos, UX, CX, equipes de RH, recrutadores, analistas de marketing, engenheiros, etc.

Livros já lançados pela Jornada Colaborativa:

1. "Jornada DevOps", com 33 coautores e 4 organizadores.
2. "Jornada Ágil e Digital", com 56 coautores e 2 organizadores.
3. "Jornada Ágil de Qualidade", com 24 coautores e 4 organizadores.
4. "Jornada Saudável", com 26 coautores e 7 organizadores.
5. "Jornada Ágil do Produto", com 69 coautores e 4 organizadores.
6. "Jornada DevOps 2ª edição", *best-seller* com 36 coautores e 4 organizadores.
7. "Jornada Ágil de Liderança", com 86 coautores e 5 organizadores.
8. "Jornada do Ágil Escalado", com 64 coautores e 6 organizadores.
9. "Jornada Business Agility", com 48 coautores e 5 organizadores.
10. "Jornada Colaborativa", com 44 autores e 1 organizador.
11. "Jornada RH Ágil", com 52 coautores e 7 organizadores.

Conheça nossa comunidade e entre no time para os próximos livros:

<www.jornadacolaborativa.com.br>
<https://www.linkedin.com/company/jornadacolaborativa/>
<contato@jornadacolaborativa.com.br>

Prefácio

Werther Krause

Nos primeiros meses de 2020 fui apresentado à Jornada Colaborativa pela amiga Carla Krieger. Paixão à primeira vista. Eu e os meus sócios encampamos a proposta e tornamo-nos patrocinadores e "ativistas do bem" nesta jornada. Sou um dos coautores de diversos livros da jornada (Business Agility, Remota e Data Driven) e fui palestrante no *Summit* Business Agility. Sugeri que fosse um dos palestrantes no *Summit* Jornada RH Ágil o Paul Dinsmore, fundador da empresa onde sou um dos sócios. Paul criou a metodologia *teal* (treinamento experiencial ao ar livre), que revolucionou a educação de times e de executivos, sendo ainda adotada por muitas consultorias e empresas, mesmo após quase 30 anos de sua criação. Também foi autor da metodologia PBC (*Project Based Coaching*) e autor de diversos livros, entre eles *Human Factors in Project Management*. Com esse *background* e uma excelente palestra, foi convidado ao vivo e aceitou prontamente a escrever o prefácio deste livro.

Paul é uma referência em termos de gestão de projetos e educação corporativa. Foi um dos fundadores dos capítulos São Paulo e Rio de Janeiro do *Project Management Institute* (PMI), sendo Dinsmore Associates (hoje Dinsmorecompass) a primeira no Brasil a estruturar o preparatório para a certificação PMI-PMP. Paul teve reconhecimento internacional: *PMI's David I. Cleland Project Management Literature Award* pelo livro *AMA Handbook of Project Management* (publicado no Brasil pela Brasport), uma verdadeira bíblia em gerenciamento de projetos; *PMI Distinguished Contribution Award*; e *PMI Fellow*.

Ocorre que o destino determinou uma nova história, e o Paul encerrou seu ciclo conosco em setembro de 2020. Ele sempre passou otimismo e foco no trabalho, mesmo em momentos de crise, com o seu eterno sorriso e simpatia. E assim seguiremos nossa jornada.

Para mim foi uma honra conhecê-lo há mais de 10 anos, mais ainda ser um de seus sócios e *coachee* nos últimos anos. E ser convidado para escrever este prefácio na ausência dele me engrandece muito e sou muito grato pela oportunidade. O tema gente sempre me acompanhou. Fui responsável por montagem e gestão de equipes, integração de times multifuncionais, centro de competência em engenharia de software e implementação de processo seletivo 100% digital com aplicação de algoritmo de inteligência artificial.

A **Jornada Ágil das Relações Humanizadas** é a representação de múltiplas e profundas mudanças em andamento nas organizações e na própria sociedade. Outra dimensão relevante é que esse processo de transformações vem se acelerando nos últimos anos e, em especial, nos últimos meses múltiplos paradigmas caíram por terra, o que tenderá a aumentar a velocidade das mudanças.

Estamos preparados para essas mudanças? Antes disso, estamos entendendo o que está acontecendo e como a perspectiva humana se insere nesse contexto? Este livro se propõe a dar o arcabouço para esta compreensão e compartilhar o estado da arte em conhecimentos práticos que apoiem a jornada de cada indivíduo e organização.

Na Parte I vemos a importância das relações humanizadas, no contexto do conflito de gerações, mundo VUCA (termo em inglês que significa volátil, incerto, complexo e ambíguo), e do movimento em prol da agilidade organizacional.

Na Parte II, discutimos o começo da jornada com base no *Management* 3.0 e nos aspectos da cultura organizacional envolvida. Com o ambiente dinâmico e complexo em que vivemos, nossas decisões de contratação e acompanhamento devem crescentemente ser baseadas em dados que, somados à experiência e intuição, irão fazer a diferença, aumentando o potencial de inclusão e de justiça.

Na Parte III exploramos como atrair talentos e, principalmente, desenvolver os indivíduos e times atuais. Vêm sendo adotadas abordagens usualmente aplicadas na visão para fora, como experiência do cliente, *inbound marketing*, *branding*, etc., que são adaptadas para os processos das relações humanizadas e têm feito uma tremenda diferença. Aqui o engajamento do indivíduo é algo levado muito a sério, desde o processo seletivo, passando pela experiência educacional, papéis e responsabilidades e avaliação de desempenho/*feedback*.

A Parte IV explora um dos grandes desafios atuais nas organizações, que é a retenção de talentos. Os capítulos desta parte promovem o entendimento do que motiva os indivíduos e várias técnicas para acompanhar e gerir essa motivação, tanto individual como coletiva.

A Parte V é dedicada a inspirar com base nos casos práticos de como as jornadas podem ser concebidas, seja com base na utilização do *Ikigai* em conjunto com *Management* 3.0, seja na adoção de métodos ágeis.

Fruto de uma criação coletiva, este livro é uma leitura obrigatória para todos que queiram conhecer mais sobre a jornada ágil de relações humanizadas, estejam ou não em posição de liderança, atuem ou não no departamento de recursos humanos.

Prefácio

Douglas McGregor – um economista e professor universitário estadunidense – escreveu, em 1960, o livro "The Human Side of Enterprise", em que ele descreve sua Teoria X e Teoria Y sobre a visão que temos do ser humano. A Teoria X diz que "as pessoas são preguiçosas e desmotivadas e não querem assumir a responsabilidade", enquanto a Teoria Y diz que "as pessoas querem ser o melhor que podem ser e contribuir para criar valor para os outros (e o farão se tiverem as condições certas)".

Pia-Maria Thorén, fundadora da Agile People e que me apresentou a esse conteúdo fantástico, acrescenta: "como vemos as pessoas afeta a forma como estruturamos nossos processos de gestão".

Esses pensamentos me levaram a repensar tudo que venho presenciado nesses meus 14 anos de experiências com a agilidade. Uma por perceber que o que hoje tanto defendemos e buscamos não é algo tão novo assim. Muito do que praticamos hoje já foi idealizado há muito tempo, mas agora conseguimos atingir a maturidade de olhar isso tudo de frente.

O outro ponto é entender, definitivamente, a ideia da agilidade com foco em pessoas. O *management* 3.0 traz como primeiro fundamento da agilidade as pessoas ("*Agile* reconhece que as pessoas são indivíduos únicos em vez de recursos substituíveis e que seu maior valor não está em suas cabeças, mas em suas interações e colaborações. É disso que trata o *management* 3.0."). O Manifesto Ágil nos diz, em seu primeiro (e talvez mais importante) valor: "indivíduos e interações mais que processos e ferramentas".

E mais recentemente deparei com outra leitura da agilidade, que também me foi apresentada pela Agile People: o Modern Agile, uma comunidade para pessoas interessadas em descobrir melhores maneiras de obter resultados impressionantes. Eles trazem os quatro princípios orientadores dos métodos ágeis modernos, adotados por empresas como Google, Amazon, AirBnB, Etsy:

✓ Tornar as pessoas incríveis
✓ Faça da segurança um pré-requisito
✓ Experimente e aprenda rapidamente
✓ Entregar valor continuamente

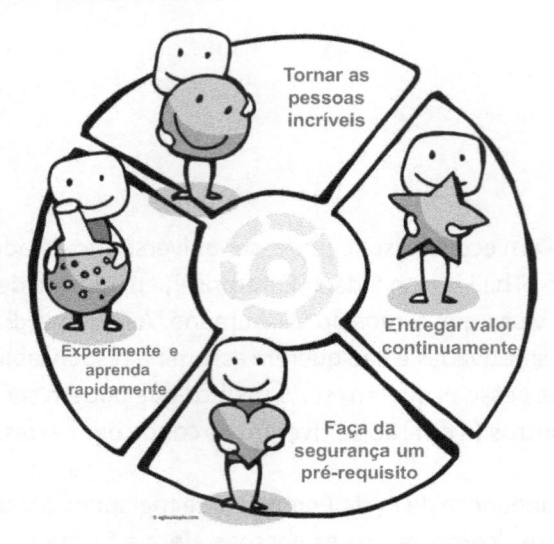

Modern Agile, por Joshua Kierevsky

Curiosamente, todo esse movimento ágil nos levou a mover o cuidado com as pessoas, que antes era concentrado em uma área funcional central (o Recursos Humanos), para toda a organização, de forma descentralizada. *Scrum Masters*, *Agile Coaches* e outros papéis que surgiram no mundo ágil se viram diante da forma de lidar com as pessoas. O RH passou a ser visto como um burocrata, gerando gargalo e morosidade na entrega ágil. Ele não mais atendia ao *delivery* com a agilidade e a adaptabilidade que eram requeridas.

O resultado é que o foco na entrega gerou realmente uma entrega de valor acelerada, com agilidade e otimizada. As empresas estão cada vez mais respondendo ao mercado e criando produtos inovadores (ou buscando arduamente atingir o estado de *business agility*).

E isso, associado ao nosso mundo volátil, incerto, complexo e ambíguo (que o colega Werther citou em seu prefácio como assunto presente na Parte I desse livro), gerou um ritmo que muitas vezes não é acompanhado pelos profissionais. É gerador de muita ansiedade e que cada vez mais culmina em *burnouts* e outras consequências de nível físico e mental.

Esse cenário traz uma urgência em resgatar o verdadeiro e real papel do nosso bom e velho Recursos Humanos: cuidar de nossas pessoas.

Só ele tem a abrangência e competência necessárias para olhar para as necessidades mais básicas do ser humano e criar ambientes que as atenda. Só ele tem o interesse genuíno em desenvolver e ver crescer o potencial criativo de cada profissional, conectando a estratégia e o propósito da organização ao significado do trabalho de cada um.

O RH cuida de processos vitais ligados aos colaboradores e também é vital para o desenvolvimento de lideranças em todos os níveis. Só ele tem o trânsito necessário para mudar, a partir de uma visão humanizada da organização.

E como as pessoas hoje são o centro de todo o mundo ágil, é necessário colocar o RH em uma posição estratégica de destaque. Parafraseando a própria Pia-Maria, o RH está sentado no banco de trás por muito tempo, e é necessário que ele assuma a responsabilidade pela mudança.

Falar em RH ágil é mais do que necessário, é imprescindível. Poder contar com um livro sobre o tema e dentro da estrutura da Jornada Colaborativa é uma oportunidade ímpar no momento em que vivemos.

Eu venho dedicando meus últimos movimentos profissionais em ajudar a levar cada vez mais a agilidade para fora da área de Tecnologia da Informação (TI) e assumi a missão de ensinar tudo que aprendi nesta década e meia para todos aqueles que querem abraçar esse movimento, e isso inclui o RH.

Motiva-me muito ver nascer um livro que une as mais incríveis práticas e visões da agilidade em favor do nosso querido Recursos Humanos, ou, como preferimos dizer hoje, a área de *People* (pessoas), os guardiões das nossas pessoas.

Eu espero que esse conteúdo sirva de inspiração e traga ferramentas e técnicas para você abraçar esse movimento com a gente.

Boa leitura! Vamos juntos mudar o mundo do trabalho!

Thiago Brant
Fundador da Agile People Brasil

Apresentação da Jornada RH Ágil

Antonio Muniz
Juliano Granadeiro

Com a tecnologia mudando cada vez mais rápido e o surgimento de novos papéis, o RH tradicional não tem mais espaço para uma definição de competência e carreira única com visão de longo prazo. No mundo cada vez mais globalizado e conectado, as empresas disputam talentos independentemente de barreiras geográficas, e as práticas para recrutamento tradicional se tornam cada vez mais obsoletas.

Considerando que os produtos e serviços são desenhados cada vez mais para atender à experiência única do cliente, por que os processos do RH tradicional ainda focam na generalização e não na individualização? Como a agilidade colabora para uma cultura mais adaptativa e relações humanizadas com os times e clientes?

O planejamento estratégico das organizações mudou. Cada vez mais dois fatores se tornam essenciais para a sobrevivência de qualquer negócio: **pessoas** e **tecnologia**. Como o RH pode ser cada vez mais um agente ativo, que agrega valor, do que passivo nesse planejamento estratégico?

A "Jornada RH Ágil" é uma chamada para levar o RH tradicional para o RH Ágil, onde terá uma função estratégica e participação chave na transformação das empresas, geração de valor e sustentabilidade de negócios.

Qual é a diferença entre os dois? É sobre aplicar métodos ágeis no RH? É sobre deixar as relações mais humanizadas? É sobre usar mais ferramentas?

É muito mais do que isso, como resumimos no quadro a seguir:

Gestão de RH tradicional	Jornada RH ágil
Pessoas tratadas como recursos	Pessoas tratadas como pessoas
Processos focados em padronização	Processos focados na individualização
Processos e procedimentos prescritivos	Processos e procedimentos adaptáveis
Foco no atendimento de burocracia e controle	Foco em ações estratégicas para gerar valor
Muitos processos e atividades manuais	Aumento do uso de tecnologia e automação
Decisões baseadas em opiniões e *feeling*	Decisões baseadas em fatos e dados
Foco maior em competências técnicas	Foco também em *soft skills*
Foco em motivadores extrínsecos	Foco em motivadores intrínsecos
Formação de chefes comando e controle	Formação de líderes que inspiram times
Recebe o planejamento estratégico pronto	Participa do planejamento estratégico

A **Jornada RH Ágil** trabalha de forma colaborativa com diversos outros temas de nossos outros livros, como "Jornada Business Agility", "Jornada do Ágil Escalado", "Jornada Ágil do Produto" e "Jornada Ágil da Liderança", pois cria um ambiente para o desenvolvimento das pessoas.

Um dos papéis da **Jornada RH Ágil** é a formação de líderes que inspiram pessoas a atingir todo seu potencial. Existe uma forte ligação com o "Manifesto da Liderança Ágil na Era Digital", que foi criado no dia 15 de outubro de 2020 por 32 pessoas com experiências diversificadas e outorgado por 10 líderes de referência no mercado nacional.

O Manifesto foi publicado no livro "Jornada Ágil da Liderança" (2020) e apresenta 10 valores que colaboram para a formação de times protagonistas. Por isso, nós valorizamos:

1. Visão do todo mais que visão das partes
2. Facilitação mais que imposição
3. Competências emocionais mais que somente competências técnicas
4. Orientação por propósito mais que orientação por demanda
5. Inovação e flexibilidade mais que rigidez
6. Relações humanizadas com diversidade e inclusão mais que gestão de recursos
7. Autonomia, orientação e desenvolvimento de pessoas mais que comando e controle
8. Comunicação clara e escuta ativa mais que comunicação padronizada
9. Autodesenvolvimento contínuo mais que zona de conforto
10. Celebração mais que obrigação

Acesse <https://manifestoliderancaagil.com/> e torne-se signatário do Manifesto de Liderança Ágil na era digital.

Conforme será detalhado em cada capítulo, a **Jornada RH Ágil** pode e deve ser iniciada independentemente de quantos anos de experiência cada pessoa tenha em sua trajetória profissional, e consideramos que seus benefícios são bem maiores do que a dedicação necessária para alcançar esse hábito tão importante para inspirar pessoas.

> **A Jornada RH Ágil fortalece o engajamento das pessoas e a sustentabilidade de negócios, que criam organizações melhores, mais competitivas e geram oportunidades para o crescimento de todos!**

Parabéns a todo time de coautores e organizadores: temos certeza de que cada leitor potencializará sua jornada com esse conteúdo incrível!!

Sumário

PARTE V. *CASES* PARA INSPIRAR SUA JORNADA

PARTE I. A IMPORTÂNCIA DO RH ÁGIL

1. Gerações e suas características

Meny Ribas

Um marco na história do mercado de trabalho

Estamos vivendo um marco na história do mercado de trabalho, a convergência de interesses entre gerações: *baby boomers*, geração X, geração Y e geração Z. Uma geração é um grupo de indivíduos que têm mais ou menos a mesma idade e experimentaram, na maioria das vezes como crianças ou jovens adultos, eventos históricos específicos como uma crise econômica, um *boom* econômico, uma guerra ou mudanças políticas significativas. Esses eventos podem influenciar suas visões do mundo (BARROS, 2006). No campo da demografia, no entanto, a definição de uma geração não depende de fatores sociais, econômicos ou políticos; em vez disso, baseia-se exclusivamente no(s) ano(s) em que um grupo de indivíduos nasce.

A Figura 1.1 ilustra essas gerações de acordo com o ano de nascimento:

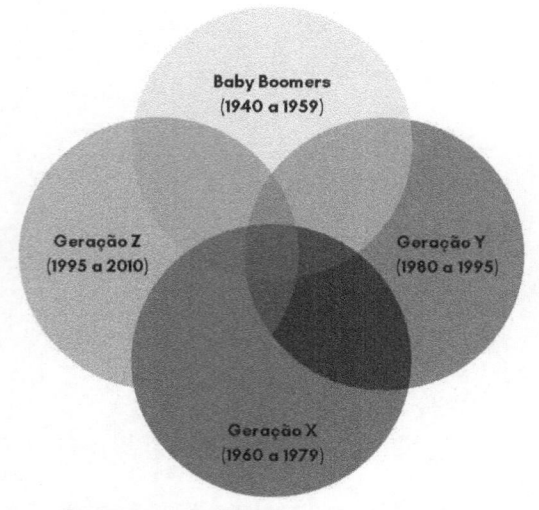

Figura 1.1. Interação entre as quatro gerações.
Fonte: adaptado de Modesto (s.d.).

Quatro gerações: conflitos ou convergência de interesses?

Os *baby boomers* são considerados mais conservadores e competitivos no ambiente de trabalho. Os da geração X se destacam por serem independentes e por saberem equilibrar a vida pessoal com a profissional. Lidam bem com as tecnologias, mas apresentam dificuldades para se comunicar. A geração Y ou *millenials* são considerados também nativos digitais, possuem um perfil empreendedor e justamente por isso são menos engajados com o local de trabalho. E a geração Z, que se "conecta" espontaneamente com o mundo virtual. Estes últimos nasceram no mundo digital e não conseguem "sobreviver" sem a tecnologia. Estão neste momento se inserindo no mercado de trabalho como estagiários.

Diante das características de cada geração, fica claro que o conflito de interesses é inerente, mas o grande desafio das empresas consiste em canalizar as diferenças em prol de um objetivo maior.

A postura profissional dos *baby boomers*, por terem vivido no período "pós-guerra", é marcada pela astúcia: eles não têm medo de confrontação e não hesitam em desafiar práticas estabelecidas. Eles carregam consigo a expectativa de permanecer por muitos anos no mesmo emprego. Por acreditarem na estrutura hierárquica, eles podem ter dificuldade para se ajustar às tendências de flexibilidade no local de trabalho.

Segundo Modesto (s.d.), a geração X se caracteriza por ser mais flexível que a anterior: são dedicados, mas estabelecem o limite entre vida pessoal e profissional. Além disso, ainda segundo Modesto (s.d.), eles são competitivos e respeitam hierarquias e autoridades.

A geração Y cresceu com a tecnologia, *smartphones*, *laptops* e outros *gadgets* – isso faz com que o contato pessoal seja reduzido, e a comunicação entre eles se dê no mundo "virtual". Essa geração é questionadora, imediatista, impaciente, vaidosa, multitarefa, flexível a mudanças e preocupada com o meio ambiente, segundo Modesto (s.d.) e Casarotto (2019).

Os membros da geração Z são considerados nativos digitais, por isso têm como características serem tecnológicos. Além disso, são críticos, comunicativos, multitarefas e buscam a satisfação no local de trabalho, segundo Modesto (s.d.). Casarotto (2019) acrescenta que a geração Z é mais disposta a usar seu o tempo em alguma causa. Além disso, explica, eles possuem uma identidade mais fluida, plural e dinâmica que a geração Y.

Uma quinta geração ainda é objeto de análise, a geração "alfa", dos nascidos a partir de 2010. Mas esta última não será objeto da nossa discussão, que tem como proposta discutir o comportamento organizacional. Os nativos dessa última geração ainda não chegaram no mundo do trabalho, e muitas pesquisas estão sendo desenvolvidas para compreender tendências e comportamentos.

O papel da liderança na interação entre as quatro gerações

A interação entre as gerações requer o exercício de uma liderança que saiba valorizar a expertise e historicidade de cada um desses "quatro conjuntos", potencializando o resultado do time.

Para convergir interesses é necessário abrir mão da visão "funcionalista" do conflito, pois não necessariamente ele é prejudicial. Pesquisas apontam que quanto mais heterogêneo um grupo de trabalho, mais produtivo e colaborativo ele se torna.

Assim, caberá ao líder, por exemplo, estimular um ambiente de troca de experiências para que os *baby boomers* possam interagir de maneira mais espontânea com as outras gerações. Como a tendência é eles serem poucos flexíveis, por sua historicidade, esses colaboradores precisarão de um suporte para valorizar a sua expertise e, ao mesmo tempo, uma ação para criar uma cultura de ambiente mais participativo, onde a experiência de todos poderá ser aceita, testada e validada.

Em relação à geração X, o líder deverá ajudar para que a competitividade seja algo positivo na relação de trabalho. Além disso, deve criar meios para que a vida pessoal, que é tão importante para essa geração, não seja prejudicada.

O líder deverá saber aplicar e valorizar o *feedback* contínuo, uma vez que a geração Y precisa de ser elogiada com frequência. Essa geração sempre está procurando algo melhor e tende a ficar pouco tempo nas empresas; assim, caberá ao líder estabelecer políticas junto à empresa para "reter os seus melhores talentos".

A geração Z tende a se envolver em "projetos" que representem a sua "causa", ou seja, para obter os melhores resultados deste grupo, o líder precisa associar os objetivos aos seus "propósitos" para que eles consigam dar "significado" às suas ações.

Perceber a inserção da geração Z é uma excelente forma de aprendizado organizacional. Pensar em programas de *trainee* que valorizem o convívio e a troca de experiências entre os colaboradores da empresa, de maneira sistematizada, é uma estratégia através da qual a liderança poderá obter resultados positivos.

O principal exercício da liderança é valorizar as trocas de experiências, criando mecanismos para isso. Os líderes precisam mostrar por meio de ações que não existem colaboradores preteridos ou preferidos por estarem inseridos em determinada "geração". Os melhores resultados devem ser elucidados como consequência da interação de uma equipe heterogênea e colaborativa.

Além desses pontos, no Capítulo 29 serão explorados outros aspectos da liderança e como desenvolvê-los.

Desafios para o RH ágil

O RH ágil tem por objetivo torná-lo mais estratégico, cooperando para desenvolver processos cada vez mais produtivos, reduzindo custos e otimizando a experiência do colaborador com a sua empresa. Para isso, torna-se necessário desenvolver e gerenciar as equipes e descobrir quais as principais habilidades que os colaboradores têm a oferecer.

Conhecer as especificidades e o comportamento de um grupo de profissionais por geração já é uma grande vantagem para o desenvolvimento do time. Obviamente, não é apenas isso que determina as escolhas gerenciais; outros elementos devem ser analisados concomitantemente. Mas a observação de um comportamento do grupo pode servir como um importante elemento para as decisões estratégicas da área de RH. Além disso, permite entender melhor alguns conflitos e dificuldades de comunicação na organização.

Ao valorizar esses aspectos, é possível criar empresas mais enxutas, ágeis e adaptáveis às expectativas do mercado. Quando eu potencializo os pontos positivos das pessoas e reconheço a importância do trabalho coletivo, reduzo o risco de o conflito ser destrutivo – e, ao contrário disso, crio uma atmosfera de crescimento e desenvolvimento pautado nas trocas de experiências entre os diferentes componentes de determinado grupo. Sabemos que a tendência atual é a de que a qualidade da entrega esteja acima de qualquer modelo rígido de trabalho ou da idade do profissional. E a cultura do RH ágil é que garantirá o aumento da produtividade, a redução de custos e processos menos burocráticos. Para que isso aconteça é fundamental o engajamento de todos; então conhecer cada uma das gerações contribui para escolhas estratégicas e decisões gerenciais que facilitarão a comunicação intra e interdepartamental na empresa.

2. Mudanças causadas pelos avanços tecnológicos

Bárbara Cabral

Você consegue se imaginar sem um *smartphone*?

A tecnologia tem mudado nosso comportamento a longo prazo, muitas vezes até se confundindo com uma extensão de nosso ser. Você consegue perceber que sai de casa sem guarda-chuva, mas não sai de casa sem seu celular?

Os dispositivos digitais têm moldado comportamentos. Um exemplo disso são os aniversários, onde as pessoas compartilham fotos publicamente e parabenizam através de redes sociais em vez de realizar uma chamada telefônica, que era muito comum cerca de 20 anos atrás. E até mesmo isso está mudando – algumas pessoas já fazem *lives* em redes sociais durante a comemoração de um aniversário.

Outra mudança existente no comportamento causado pelo avanço da tecnologia e das redes sociais é a exposição da vida privada. Hoje, cada vez mais, as pessoas expõem nas redes sociais o que acontece no seu dia a dia. Como parte da vida pessoal, a vida profissional também é exposta. Essa mudança representa novos desafios para as organizações e para o RH, pois uma postagem de um profissional pode refletir positivamente ou negativamente na empresa.

Já faz algum tempo que as organizações possuem uma preocupação com o *branding* da marca focando nos clientes. Agora as organizações, como veremos no Capítulo 18, começam a desenvolver o conceito de *employer branding*. O RH começa a ter preocupação com a percepção da marca empregadora; como consequência, um novo desafio é que as postagens de seus colaboradores em redes sociais refletem diretamente de forma positiva ou negativa essa percepção.

Um outro fenômeno que surge com as redes sociais é a busca por reconhecido através da quantidade de curtidas e comentários. Segundo Hartmann (2016), uma pesquisa de Stanford com adolescentes, publicada na revista *Psychological Science*, mostrou que a parte do cérebro responsável pela recompensa era ativada quando esses adolescentes eram expostos a fotos suas quando ao lado havia número de curtidas e comentários.

Esse comportamento também se reflete no RH. Como veremos no Capítulo 23 (*Inbound recruting*), as organizações começam a usar técnicas de marketing para aumentar sua relevância e atrair mais profissionais. Em contrapartida, como o perfil dos profissionais em rede sociais começa a fazer parte do processo de recrutamento e seleção, vemos que eles buscam organizações que propiciem experiências que possam ser usadas para seu crescimento e empregabilidade, assim como para construir suas marcas pessoais nessas redes.

Essas tecnologias também deixam os colabores visíveis para diversas organizações, o que faz com o que o RH busque novas estratégias para retenção de talentos na organização.

As mudanças tecnológicas têm impactado setores tidos como imutáveis, tendo que enfrentar concorrência de novas empresas que surgem por conta das tecnologias. Podemos ver empresas de corridas por aplicativo, a começar pelo Uber, tomando espaço dos serviços tradicionais de táxi. Além disso, temos também o caso de aplicativos, como WhatsApp e Telegram, que passaram a tomar o espaço das redes tradicionais de telefonia e exigindo uma outra infraestrutura de internet mais rápida e confiável.

Cada vez mais a transformação digital tem se tornado necessária e mais constante nas organizações. Segundo o World Economic Forum (2018), em seu relatório sobre transformação digital, 90% das empresas estão prevendo uma maior concorrência por talentos. Além disso, 80% das capacidades mudarão por conta das tecnologias digitais. Esses fatores exigem do RH mais adaptabilidade e participação estratégica e geram constantes mudanças nas competências necessárias para as organizações continuarem cada vez mais competitivas, fazendo com que o RH pense em novas formas de desenvolver competências ou de adquiri-las.

Nossa rotina se tornou mais "instantânea" e a troca de informações entre pessoas, produtos e empresas ficou mais dinâmica. Além disso, a tecnologia permite que as pessoas hoje tenham serviços muito mais adaptáveis às suas necessidades e características, quase que personalizados para cada pessoa, segundo Camargo (2015). Isso tem demandado do RH processos muito mais rápidos e adaptados às necessidades individuais em vez de processos padronizados.

Assim como pesquisamos em grupos sociais ou na internet quando vamos decidir pela compra de um produto, da mesma forma as pessoas procuram saber sobre as empresas para as quais vão trabalhar. Através de plataformas digitais, grupos de conversa, acompanhamento de notícias em sites, ou mesmo buscas sobre a empresa no Google, elas procuram principalmente saber se os colaboradores estão felizes e satisfeitos. Hoje já existem sites como o Glassdoor, onde você pode ver as notas que as empresas recebem dos atuais ou ex-colaboradores.

Outras influências que o RH sofre da área de produtos são a jornada do usuário e métricas como NPS. Assim como as empresas se preocupam com a experiência dos clientes com seus produtos e medem a satisfação através de NPS, o RH começa a pensar na experiência do colaborador com a empresa e mede sua satisfação através do eNPS, como veremos nos capítulos 17 e 39, respectivamente.

Conectividade, inclusão e as comunidades de prática

Outro ponto que vale a pena citar é o volume de informações gigantesco que tem sido gerado, processado e usado em tomadas de decisão. Empresas têm mais dados para analisar na hora da contratação e durante as rotinas diárias da organização, como em uma avaliação de desempenho, por exemplo. Por conta disso, o RH vem se tornando tão tecnológico como os demais setores, fazendo cada vez mais o uso de tecnologias de *big data*, *machine learning* e inteligência artificial para apoiar a tomada de decisões, como veremos no Capítulo 16, sobre *people analytics*, e o *case* do Capítulo 50. Essas tecnologias podem, por exemplo, melhorar a experiência em um processo de treinamento (UNIVERSIA, 2019).

Com a crescente exigência de as organizações serem cada vez mais inovadoras e inclusivas, o RH tem buscado novas formas de promover maior diversidade e inclusão como um fator crucial para a promoção da inovação. A tecnologia é utilizada nas estratégias de inclusão digital para atrair um maior público para suas vagas. Tais estratégias exigem uma maior conectividade entre empresas e pessoas de diferentes círculos.

A conectividade entre as pessoas aproximou aqueles que se encontram geograficamente distantes e ao mesmo tempo distanciou os que estão geograficamente próximos. Indivíduos que trabalham na mesma empresa se comunicam através de aplicativos em salas diferentes, trocando a linguagem verbal presencial por uma linguagem assíncrona, onde cada pessoa não precisa necessariamente interagir ou responder, ou mesmo participar de mais de uma conversa. Assim como isso cria facilidade em um mundo cada vez mais globalizado, também cria novos desafios. O RH precisa ajudar a criar facilidades para comunicação nas empresas onde é cada vez mais comum haver pessoas em times com fusos horários e culturas diferentes. Além disso, a empresa está concorrendo por um candidato com empresas do mundo todo.

É na ausência dessa proximidade entre os seres humanos que surgem os grupos ou comunidades dentro e fora da empresa para gerar conexão entre as pessoas. As pessoas se unem para se ajudar mutuamente a superar um determinado desafio. Surgem grupos até mesmo de pessoas que estão buscando saúde física e mental em equilíbrio com o trabalho ou querendo melhorar a sua perfomance profissional.

As comunidades de prática surgiram em reuniões presenciais com palestras e dinâmicas em grupo, mas também estão presentes no meio digital para conectar pessoas com determinado interesse em se aprofundar em algum conhecimento que não estão presentes geograficamente. Logo, essas comunidades não necessariamente nascem dentro da empresa, mas geralmente utilizam aplicações como WhatsApp, Telegram, meetup.com e Slack para a troca de experiências profissionais. Isso faz com que um conhecimento que foi gerado em outra parte do mundo possa ser trazido para dentro do ambiente corporativo e proporcione ainda mais conexão e inovação.

3. Evolução do mercado de trabalho

Andresa Fogel
Ananda Rodrigues de Almeida

Ao longo do tempo, o mercado de trabalho passou por diversas transformações, acompanhando descobertas que mudaram o mundo e que apresentaram novos modos de existência e de produção. As relações de trabalho ganharam características que as modificaram e, aos poucos, foram deixando o cenário de total risco do trabalhador em favor de uma condição mais segura. O olhar sobre o ser humano em seu ambiente profissional foi deixando de lado um viés puramente mecanicista e dando lugar a fatores como emoções, motivação e relações interpessoais. A forma de trabalhar e produzir se transformou, progressivamente ganhando escala e agilidade. Entender essas mudanças ajuda a compreender a razão das demandas atuais do RH.

Um pouco de história

Inicialmente o mundo do trabalho foi marcado pela produção artesanal. Nesta fase não existiam fábricas ou máquinas para concentrar e escalar a produção. O trabalho era realizado nas propriedades particulares através dos esforços das próprias famílias. Estas atuavam nas diversas fases do trabalho, desde a produção até a venda do produto.

Com a manufatura e a abertura de oficinas para concentrar os esforços de produção, uma das principais mudanças ocorridas foi a divisão do trabalho. O artesão, trabalhando nas oficinas, deixa de atuar em todas as etapas da atividade laboral. Ele passa a trabalhar para o dono da manufatura mediante pagamento por sua mão de obra, não sendo mais o responsável pela venda da sua produção. Começa a existir uma separação entre o produtor e o consumidor final (MENDES, 2018b).

Na primeira metade do século XVIII, acontece na Europa – sobretudo na Inglaterra – o que ficou conhecido como a Primeira Revolução Industrial. Esta é marcada pela abertura de fábricas, pela potencialização da produção que foi ocasionada pela invenção da máquina a vapor e pelo consequente aquecimento da economia.

O trabalho do proletariado se dava sob supervisão da burguesia, que acumulava os lucros. A mão de obra de cada trabalhador ficava concentrada em pequenas atividades específicas do processo de produção, potencializando-a, mas perdendo a visão do todo e distanciando-se do produto final.

Nesse período em que o trabalho passa a ser realizado no chão de fábrica, o trabalhador tem sua mão de obra vendida como mercadoria desvalorizada. Existia um excedente de trabalhadores disponíveis, fato que era agravado pela política inglesa da época, que fez com que muitos artesãos perdessem as suas terras e fossem obrigados a migrar para a cidade. A mão de obra era trocada por sobrevivência. Os empregados eram mal remunerados, trabalhavam por muitas horas ininterruptas e sob condições arriscadas. Nascia a classe operária.

Tratava-se de uma época em que não se falava de proteção do trabalhador, e acidentes de trabalho eram comuns. Mulheres e crianças se misturavam aos homens no ambiente fabril, sem nenhuma condição especial, a fim de ajudar na renda familiar. Não havia descanso semanal. A burguesia enriquecia às custas da classe trabalhadora.

A Segunda Revolução Industrial também tem seu início na Inglaterra, na segunda metade do século XIX, indo até o final da Segunda Guerra Mundial (1939-1945). A eletricidade, a ampliação das ferrovias e o aperfeiçoamento das comunicações foram alguns dos principais fatores que movimentaram a indústria da época.

A eletricidade permitiu a produção em massa e a automatização do trabalho. A ampliação das ferrovias, com o uso do aço no lugar do ferro, possibilitou maior escoamento de mercadorias. As indústrias naval e de armamento ganhavam força.

Este período é marcado por uma maior racionalização da mão de obra a fim de potencializar a produção com custos ainda menores. Surgem o Taylorismo e o Fordismo (BEZERRA, 2013).

A grande produção proporcionada pelos avanços tecnológicos era maior do que a demanda, o que foi responsável pela diminuição dos lucros. Por outro lado, esses avanços também provocaram impactos positivos na qualidade de vida das pessoas, como o desenvolvimento da indústria química e a produção de remédios e fertilizantes. Nessa época também temos a produção de papel, além da invenção do telégrafo, que facilitou o processo de comunicação e permitiu a exploração de novos mercados.

Houve o fortalecimento do capitalismo e a concentração de lucros em grandes empresas que dominavam setores industriais, provocando uma desvalorização ainda maior da mão de obra operária. Essa situação era agravada pela substituição parcial dos operários por máquinas e processos automatizados, o que provocava tanto aumento da mão de obra excedente e desemprego crescente quanto maior empobrecimento entre os operários.

Sob influência da Revolução Francesa e da Revolução Inglesa, bem como do Iluminismo, as relações de trabalho começam a mudar, mas não sem lutas e greves. Surgem organizações operárias e sindicatos. Melhores condições de trabalho eram reivindicadas pelos trabalhadores.

A era digital

Conhecida como a Terceira Revolução Industrial, a era digital representa um novo paradigma, que rompe com o sistema fordista de produção. Surge em um contexto de crise econômica nos anos 70 e 80, provocado pela indústria do petróleo. Economias industrializadas como a dos Estados Unidos e de países da Europa demonstravam dificuldades de superação (FARAH JÚNIOR, 2000).

Paralelamente, países como Japão e Alemanha implementaram inovações tecnológicas e digitais no mercado, modificando as formas de produção, organização e gestão do trabalho. A potencialização da capacidade de processamento, armazenamento e transmissão de dados determinou o surgimento de um novo modelo de economia, no qual a informação constituía uma enorme vantagem competitiva.

Sob influência das novas tecnologias, verificam-se o aumento da produção e uma forte internacionalização do capital. Empresas locais eram desafiadas a se manter competitivas diante do intenso processo de globalização das economias. Negócios que mantinham estruturas rígidas e robustas, com intenso uso de mão de obra, demonstravam dificuldades de se adaptar às novas condições do mercado – era preciso flexibilidade.

Como chegamos à gestão estratégica de pessoas: as fases do RH

No decorrer da história do trabalho é possível observar uma transformação na forma de considerar as pessoas no ambiente profissional, bem como a criação e o desenvolvimento de um setor ou departamento dedicado especificamente à área humana.

Por muito tempo, a área de recursos humanos foi vista apenas como operacional e burocrática dentro da empresa. Seu papel atualmente tem mais importância e estratégia e passou por muitas mudanças até chegar aos tempos atuais.

A gestão de pessoas é marcada por cinco fases: administração de pessoal; departamento de pessoal; departamento ou administração de recursos humanos; gestão de pessoas; gestão estratégica de pessoas (EQUIPE EDUCAMUNDO, 2019).

Inicialmente, o homem era visto em relação ao seu trabalho tão somente a partir de um viés mecanicista, o que vinha a ser um reflexo da Escola Clássica, que sistematizou os fundamentos da administração no final do século XIX e início do século XX. O foco principal era a potencialização dos mecanismos de produção surgidos com a Revolução Industrial (BEZERRA, 2013).

Trata-se da primeira fase da gestão de pessoas, cujo conjunto de atividades era denominado como **administração de pessoal**. A sua execução ficava a cargo do setor de contabilidade, sendo restrita ao controle de horas trabalhadas, faltas, descontos e cálculo de salários (EQUIPE EDUCAMUNDO, 2019). Segundo Chiavenato (2005), o surgimento do departamento de recursos humanos, que se deu no século XIX, foi motivado pela necessidade de registrar dados como faltas e atrasos dos trabalhadores.

O cenário é modificado entre 1930 e 1950, período em que a atuação de sindicatos conquista vários direitos para a classe trabalhadora. É inaugurada a segunda fase da gestão de pessoas, sendo criado o **departamento de pessoal**. Este se constituía em uma área da organização com profissionais especializados e dedicados exclusivamente às questões jurídicas e administrativas relacionadas aos trabalhadores (EQUIPE EDUCAMUNDO, 2019).

Nesse período, segundo Chiavenato (2014), as empresas adotaram estruturas organizacionais burocráticas, piramidais e centralizadoras. A ênfase era na "departamentalização funcional, na centralização das decisões no topo da hierarquia e no estabelecimento de regras e regulamentos internos para disciplinar e padronizar o comportamento das pessoas" (p. 32). Dessa forma, a cultura organizacional, em uma forma de conservar tradições e valores, considerava pessoas como recursos de produção, quase como uma extensão de suas máquinas.

A área de RH tratava basicamente da relação entre funcionários e empresa, dedicando-se à resolução de conflitos trabalhistas e execução de regras e controles internos para regulação das pessoas.

O início da segunda fase coincide com a Grande Depressão, ocasionada pela quebra da bolsa de Nova York (1929), período em que a Teoria das Relações Humanas ganha espaço e força. Liderada por Elton Mayo, essa teoria surge com a Experiência de Hawthorne (1927-1933), que pesquisava aspectos organizacionais como acidentes, fadiga, rotatividade e influência das condições de trabalho sobre a capacidade produtiva dos trabalhadores. Configurou-se em um movimento de oposição à Teoria Clássica, questionando os seus principais conceitos (BARBOSA, 2015).

Nasce um novo olhar sobre o trabalhador como um ser social e não apenas produtivo e econômico. Passam a ser considerados aspectos como relacionamentos interpessoais, a influência do grupo sobre comportamentos, emoções, motivação e a relação desses fatores com o desempenho profissional (BARBOSA, 2015).

Os anos de 1950 e 1960 são marcados pelo surgimento da administração ou do **departamento de recursos humanos**, que corresponde a um avanço na valorização do fator humano no ambiente empresarial. Nesse momento começa a estruturação de processos de recursos humanos como seleção e recrutamento, avaliação de desempenho, remuneração, entre outros conhecidos ainda nas práticas de hoje.

A nova forma de organização promoveu vantagens na flexibilidade, no dinamismo e na aproximação com o cliente. Entretanto, a forma de organização matricial permanecia rígida e burocrática, uniformizando e padronizando as pessoas, diante das mudanças cada vez mais velozes que continuavam acontecendo.

A década de 80 modificou ainda mais a forma de enxergar as pessoas nas organizações, que passam a ser consideradas parceiras das empresas. As organizações reconhecem a importância das competências pessoais para o alcance de metas institucionais – o funcionário começa a ser chamado de colaborador. O departamento de pessoal cede lugar à **gestão de pessoas**, através da qual são concebidas ações para desenvolvimento e melhoria dos recursos humanos das empresas.

Os anos 90 são marcados por uma mudança de perspectiva na área de gestão de pessoas, que é alçada ao patamar estratégico das empresas. Segundo Chiavenato (2014), o capital intelectual passou a ser o recurso mais importante, lugar antes ocupado pelo recurso financeiro, e isso mudou drasticamente a forma de gerenciar pessoas.

Nesse período surge o termo VUCA, que, considerando as transformações tecnológicas mencionadas no capítulo anterior, impacta o mercado de trabalho e o RH. No próximo capítulo, aprofundaremos o que é VUCA e como ele vai impactar o RH na atualidade.

O *home office* e os novos desafios

Potencializando as condições voláteis, incertas, complexas e ambíguas, o cenário pandêmico provocado pelo novo COVID-19 exigiu um intenso e urgente processo de adaptação das empresas. O isolamento gerou transformações nos modos de existência, bem como na organização do trabalho. O *home office* passou a ser o novo normal laborativo, mediado pelas tecnologias digitais. Muito mais do que antes, empresas precisam demonstrar a sua capacidade de resiliência e flexibilidade para se adaptar e garantir a sua continuidade. Aquelas que ainda procrastinavam na transformação ágil e digital experimentaram os riscos à sobrevivência e à continuidade do negócio.

O novo contexto vem provocando diversos impactos nos negócios, e o RH não ficou imune, tendo que lidar com novos desafios. Primeiramente, manter o foco nas pessoas e apoiá-las em um complexo processo de adaptação. A criação de novas rotinas de trabalho que considerem, além do desempenho e das metas dos times de trabalho, também a necessidade de os colaboradores acompanharem a educação escolar dos filhos – para aqueles que são pais. Nesse cenário, vem sendo fundamental a estreita relação entre o RH e as lideranças para apoiar os times na motivação, no propósito, no bem-estar, na entrega de resultados e no cumprimento de metas.

O RH precisou demonstrar agilidade e flexibilidade. Foi necessário adaptar processos de entrevistas, admissão e *onboard*. Se em um primeiro momento as empresas paralisaram novas contratações para entender o que estava acontecendo, logo depois o cenário começou a mudar sob novas condições.

Certamente, a organização do trabalho não será mais a mesma e algumas empresas já anunciam o fechamento total dos seus escritórios físicos. As distâncias entre cidades e países deixam de ter tanto sentido diante do aumento de vagas *home office*. O consumo, os hábitos, a forma de se comunicar e as prioridades das pessoas estão modificando. Tudo isso apresenta desafios à área de pessoas das organizações, que precisa apoiar a criação de uma nova cultura, mantendo o caráter ágil e digital, o foco nas pessoas e na experiência do colaborador. As novas condições de existência e do mercado conduzem ao fortalecimento de um RH estratégico, protagonista e transformador!

4. Mundo VUCA

Ananda Rodrigues de Almeida

Você já deve ter ouvido falar do mundo VUCA, certo? No capítulo anterior falamos sobre o histórico de evolução do mercado de trabalho até os tempos atuais. Mas como ele e o RH são afetados pelo mundo VUCA?

A palavra VUCA é uma sigla para *volatility*, *uncertainty*, *complexity* e *ambiguity*, e é uma tendência global que está afetando o mundo corporativo, trazendo grandes mudanças na forma de se organizar internamente e lidar com o público externo.

Segundo Sullivan (2012), esses quatro pontos podem ser entendidos como:

- ✓ **Volatilidade (*Volatility*)**: entende-se um mundo que hoje muda rápido, porém a mudança não é preditiva. Todos os contextos, como político, tecnológico, econômico, corporativo e cultural, estão mudando cada vez mais rápido.
- ✓ **Incerteza (*Uncertainty*)**: o que antes era garantia de que ia dar certo, hoje é difícil de prever e se preparar. Mesmo com o grande número de informações disponíveis, não temos garantia de que elas serão úteis.
- ✓ **Complexidade (*Complexity*)**: na medida em que é difícil mitigar todos os fatores envolvidos em uma situação, e com o crescimento do nível que as coisas estão conectadas e interdependentes, o mundo se torna cada vez mais complexo. Com isso fica mais difícil a tomada de decisão.
- ✓ **Ambíguidade (*Ambiguity*)**: como as situações são incertas e possuem pouca clareza, o mundo se torna muito ambíguo. O que é certo ou bom em um contexto pode ser ao mesmo tempo errado e ruim em outro.

O mundo VUCA tem exigido cada vez mais das pessoas e empresas uma capacidade de adaptação aos tempos atuais. Pessoas que não se adaptam a esse novo estilo correm o risco de ficar fora do mercado. Já as empresas correm o risco de falir muito rapidamente.

Outro fator é que, com as mudanças acontecendo cada vez mais rápido, o ciclo de vida dos planejamentos e tomadas de decisões das empresas está cada vez menor. Para atender a essa aceleração de ritmo e capacidade de adaptação, as empresas estão tendo que construir de forma criativa novos serviços, produtos e modelos, atentando para o seu propósito e para a experiência do cliente.

Segundo Dobbs, Manyika e Woetzel (2015), são quatro as tendências que nos levaram a uma mudança global a partir do século XIX: mudança no eixo econômico, aceleração da mudança tecnológica, envelhecimento da população e hiperconectividade.

Como o VUCA afeta o mercado de trabalho

Com a evolução industrial e urbana de mercados emergentes, como a China, o poder econômico está saindo da América e da Europa e indo para a Ásia. Grandes empresas que antes eram sediadas nos EUA agora marcham para o outro lado do mundo. Como se adaptar a esse novo mercado ambíguo, competitivo e com novas culturas envolvidas?

Conforme visto no Capítulo 2, não apenas a aceleração da tecnologia se deu neste século, mas também a sua onipresença. A velocidade da inovação tecnológica se espalhou tanto que potencializou o mundo volátil, atrapalhando a predição usual das pessoas. Esse cenário faz com que uma tecnologia nova se torne obsoleta em pouco tempo, ou então faz com que surja e cresça rapidamente um novo concorrente do seu negócio, o qual pode estar em um nicho totalmente inesperado.

Com o cenário de envelhecimento populacional e queda de fertilidade, segundo o artigo de Dobbs, Manyika e Woetzel (2015), a força de trabalho está ficando menor, o que colocará um ônus maior na produtividade para impulsionar o crescimento e pode nos levar a repensar o potencial econômico.

Já a hiperconectividade é um fenômeno que leva a um mundo ainda mais complexo, pois as redes de conexão e de decisão agora são globais. A dinâmica da globalização permite que pessoas mudem de localização, empresa e carreira com muito mais facilidade.

Outra característica do mundo VUCA para as organizações, conforme visto no Capítulo 1, é que hoje temos dentro de uma empresa pessoas de diversas gerações que possuem características e necessidades muito distintas.

Não bastando esses diversos fatores, a cultura de forma em geral tem mudado muito, o que reflete em mudanças nos valores e nas éticas atuais. Segundo Deloitte Insights (2019), as organizações precisam reinventar a forma de lidar com princípios e valores, passando por pontos como: propósito e significado, ética e justiça, crescimento e paixão, colaboração e relacionamento pessoal e transparência e abertura.

Um dos pontos levantados, de ética e justiça, passa por uma questão crucial: a utilização de dados, tecnologia e sistemas de forma ética para uma tomada de decisão justa, assim como uma transparência no compartilhamento de informações, discutindo dificuldades e erros e pensando em uma liderança que vise ao crescimento.

Como o VUCA afeta o RH

A maneira com que as empresas realizam a gestão de pessoas e da área de recursos humanos vem mudando. Conforme visto no Capítulo 3, o RH surgiu em um mundo com características opostas ao mundo atual. As funções do RH não estão mais restritas a administrar atividades estritamente operacionais, deixando também de enxergar as pessoas apenas como recursos altamente substituíveis. Fez-se necessário que a área de recursos humanos reinventasse o seu foco, direcionando-o às pessoas, para conseguir adequar os novos papéis e necessidades que surgem e que potencializam a produtividade, bem como organizar, agrupar e identificar as melhorias.

A principal mudança dentro das empresas, além da estrutural, foi na forma de pensar e de se relacionar. O papel das pessoas foi afetado pela nova cultura e por padrões comportamentais, e a maneira de administrá-las assumiu novas formas.

A terceirização das atividades operacionais na era da informação possibilitou que a área de Gestão de Pessoas (GP) passasse a atuar como uma consultora em nível tático e estratégico, se tornando cada vez mais ampla e dinâmica no desenvolvimento de seus colaboradores, habilitando-os a estar preparados para a rápida mudança que está acontecendo em nível social e econômico.

Com a visão dos colaboradores como parceiros de negócio, cabe à área de GP criar ambientes organizacionais que proporcionem desenvolvimento não só em nível organizacional e estrutural, mas também no aspecto cultural e comportamental, e, consequentemente, que aumente o bem-estar e a produtividade, muitas vezes entrando em níveis pessoais e particulares das pessoas, que são os seus princípios e valores. Esses pontos serão mais detalhados nos capítulos das partes III e IV.

Tudo isso exige da área de RH uma grande capacidade de se adaptar e de possuir processos adaptáveis. Ao ler alguns capítulos, como, por exemplo, 16 (*People analytics*), 17 (*Employee experience* x *people experience*), 18 (*Employer branding*) e 39 (Aplicação do eNPS), você verá que o RH começa a incorporar cada vez mais competências de outras áreas, como tecnologia, marketing etc.

Essas absorções de competências se fazem necessárias para que o RH consiga gerar valor e continuar cada mais estratégico dentro de um mundo VUCA, onde as organizações estão inseridas. Consequentemente, os profissionais de RH acabam tendo que expandir seu leque de conhecimento.

Este livro certamente trará boas ideias de como lidar com esse novo cenário e como envolver as pessoas para criar um ambiente favorável a todos, que nos permita cada vez mais inovar e prosperar.

5. Manifesto Ágil e sua origem

Felipe Oliveira

Antes de explicarmos o que é o RH Ágil, vamos entender inicialmente o que é agilidade e qual foi a sua origem.

A história por trás do manifesto

Agilidade atingiu a maioridade. É uma expressão engraçada, porém, já faz 19 anos que, em 2001, 17 profissionais sedentos por melhores resultados se reuniram para criar algo que mudaria a forma como desenvolvemos e entregamos produtos. Na época, havia diversas discussões sobre práticas de gestão de projetos e produtos, que colocavam uma certa "divisão" entre métodos. De um lado, os métodos intitulados **pesados**, ou seja, com uma carga de processos e gerenciamento mais burocrática. Na outra extremidade, métodos chamados **leves**, com uma forma de gerenciamento mais enxuta e simples. Até então, profissionais como Kent Beck, Jeff Sutherland, Martin Fowler e diversos outros já trabalhavam com métodos considerados leves, principalmente devido à sua simplicidade, objetividade e capacidade de aproximar as empresas do então sonho de diminuir os crescentes prejuízos em projetos de software.

Em uma pesquisa da mesma época, entre 2001 e 2002 (MAGALHÃES; PINHEIRO, 2007), o Gartner Group chegou ao incrível número de 80% de projetos ou serviços entregues com falhas, seja em prazo, custo ou qualidade, trazendo para o debate, na época, as mais diversas causas, mas principalmente:

- ✓ aplicações não testadas;
- ✓ má gestão de mudanças e riscos;
- ✓ falha de processos e procedimentos;
- ✓ erros de segurança;
- ✓ funcionalidades inúteis ou poucos utilizadas.

Pensando nisso, profissionais da comunidade de um método de desenvolvimento de software chamado *Extreme Programming* – ou simplesmente XP – se reuniram para debater a interação desse método com outros métodos, como **Scrum**, **Feature Driven Development** e **Crystal**.

Em meio a contínuas discussões, Robert Cecil Martin, uma referência no ramo de desenvolvimento de software, criou um encontro para reunir diversas outras pessoas, discutir os métodos leves e, quem sabe, chegar a algum lugar com tudo isso.

Apesar de ter contatado muitas pessoas, apenas 17 foram no encontro: **Kent Beck, Mike Beedle, Arie van Bennkum, Alistair Cockburn, Ward Cunningham, Martin Fowler, James Grenning, Jim Highsmith, Andrew Hunt, Ron Jeffries, Jon Kern, Brian Marick, Robert C Martin, Steve Mellor, Ken Schwaber, Jeff Sutherland** e **Dave Thomas**. Esses profissionais são grandes especialistas em suas áreas, envolvendo desenvolvimento de software, produtos, gestão de projetos e diversos assuntos. Juntos, esses "gurus" criaram nesse dia o que conhecemos hoje como o **Manifesto Ágil**.

O tal do Manifesto Ágil

Lançado em 2001, o Manifesto Ágil foi criado como um acordo, firmado entre os seus 17 signatários, com o objetivo guiá-los continuamente na busca de melhores práticas para criar e desenvolver soluções voltadas aos problemas dos clientes e usuários do presente e do futuro. Obviamente, não seria criar um método específico, então compreendeu-se a criação de valores e princípios que seriam a base para diversas evoluções. Com isso, os métodos leves se tornam, então, os **métodos ágeis** – cujos valores podem ser visualizados na Figura 5.1.

O Manifesto Ágil é um documento simples. É composto de quatro valores e 12 princípios que norteiam a raiz do que seus criadores haviam pensado para que as pessoas pudessem ter como direção. Vamos a eles.

Figura 5.1. Manifesto Ágil.
Fonte: adaptado de BECK et al, 2001.

Primeiro valor – <u>Indivíduos e interações</u> mais que processos e ferramentas

Você já percebeu que diversas empresas, departamentos ou até times parecem preferir atentar mais a processos do que à forma como as pessoas se comunicam? Para Massari (2014), muitas organizações possuem uma postura defensiva, resguardando as pressões e tensões do mundo corporativo em processos e ferramentas. Situações como: "postei na intranet, você viu?", "mas eu te mandei no e-mail!" ou "a história tinha tudo isso" são exemplos claros. Talvez, para propiciar COMUNICAÇÃO, o caminho seja diferente, focando mais em **colaboração, proximidade, inteligência emocional**, buscando sempre pensar que desenvolver produtos é um trabalho incrivelmente humano. E devemos permitir que as pessoas interajam como tal. Processos e ferramentas são importantes? Claro! Mas não tão importantes quanto as pessoas.

Segundo valor – <u>Software em funcionamento</u> mais que documentação abrangente

Quando um cliente entra em contato com a sua empresa, o que ele busca? Um documento, um processo ou a potencial solução para um problema que o tormenta? Quando falamos de software funcionando, precisamos pensar que o cliente busca atender às suas necessidades, através de ferramentas adequadas, soluções inteligentes e simples e uma qualidade elevada. Qualquer forma de controle ou gestão excessiva, ou documentação excessiva, tende a restringir e engessar a capacidade de um time ou organização de entregar algo que o cliente queira e com o qual se satisfaça. No final, quanto maior o foco dado para burocracia, menor o valor entregue para o usuário.

Quem nunca presenciou ou ouviu um colega ou time reclamando da quantidade de documentos que precisa escrever ou preencher antes de começar um projeto? Documentações perfeitas, formulários extensivamente preenchidos e exaustivamente trafegando por e-mails, aprovações, *boards*, reuniões, armazenados em bases de conhecimento jamais acessadas. Documentação é necessária? Com certeza! Mas o seu cliente se importa com o produto, com o problema resolvido. Documente o que é necessário.

Terceiro valor – <u>Colaboração com o cliente</u> mais que negociação de contratos

No dia a dia, é relativamente fácil entender este valor. Nas dezenas de produtos e serviços que adquirimos ou recebemos, vemos contratos de diversos formatos. Esses contratos deveriam ser os mais simples possíveis. Mas como garantimos isso para nossos clientes?

Quando conquistamos um cliente, normalmente é uma troca mútua. O provedor ou parceiro fornece seus serviços e o cliente tem seus problemas resolvidos, enquanto o primeiro recebe os valores combinados.

Em diversas ocasiões, negociar contratos é um "parto", como dizem. A cada necessidade alterada, cada modalidade de serviço tem que ser reavaliada, passar pela área comercial, pela aprovação do financeiro, pela revisão do jurídico, alinhamento entre o cliente e área solicitante, times tentando facilitar as mudanças, etc. Pareceu cansativo, não? Mudanças simples, que implicam muito mais em manter um processo de desenvolvimento que beneficie cliente e fornecedor e um fluxo de trabalho transparente, podem ser conquistadas com uma única palavra: COLABORAÇÃO. Busque isso, fomente isso, construa isso. Contratos são necessários? Obviamente! Porém, apoiar seus clientes na resolução dos problemas envolve aproximar-se deles, sentir suas dores e encontrar o melhor para que ambos possam chegar a um resultado comum.

Quarto valor – <u>Responder a mudanças</u> mais que seguir um plano

Qual o risco de um projeto mudar? Ou de um produto pivotar uma hipótese? Independentemente da probabilidade, sabemos que quanto maior a incerteza, maior a possibilidade de mudança (RUBIN, 2018). Sendo assim, o foco realmente precisa estar no que foi planejado no início do projeto? Se o maior fato sobre planos é que irão mudar com frequência em situações de alta incerteza, o esforço de segui-lo pode significar um grande desperdício para o produto e para a organização, já que o time estaria criando e entregando produtos que não são necessários, que ninguém quer ou que simplesmente não fazem sentido.

Por isso, responder às mudanças se trata muito mais da capacidade que uma empresa, time ou produto tem de se adaptar às novas demandas que o mercado traz e saber lidar com elas. Trata-se de lidar com as incertezas a todo momento e, através de um planejamento contínuo e adaptativo, atender às necessidades do cliente com agilidade. Planos são importantes? SIM! Mas saber lidar com mudanças o quanto antes é de extrema importância para podermos trabalhar com nossos clientes.

Os 12 princípios por trás do Manifesto Ágil

Além dos quatro valores citados, o Manifesto Ágil também conta com 12 princípios que suportam esses valores. Nesse sentido, existem diversos conceitos inerentes a esses princípios, como:

- ✓ Colaboração constante.
- ✓ Proximidade – ou união – da área técnica com a área de negócio.
- ✓ Ritmos sustentáveis.
- ✓ Eliminação de desperdícios.
- ✓ Satisfação do cliente em primeiro lugar.
- ✓ Vários outros aspectos fundamentais.

Primeiro princípio – Nossa maior prioridade é satisfazer o cliente através da entrega contínua e adiantada de software com valor agregado.

Segundo princípio – Mudanças nos requisitos são bem-vindas, mesmo tardiamente no desenvolvimento. Processos ágeis tiram vantagem das mudanças visando vantagem competitiva para o cliente.

Terceiro princípio – Entregar frequentemente software funcionando, de poucas semanas a poucos meses, com preferência à menor escala de tempo.

Quarto princípio – Pessoas de negócio e desenvolvedores devem trabalhar diariamente em conjunto por todo o projeto.

Quinto princípio – Construa projetos em torno de indivíduos motivados. Dê a eles o ambiente e o suporte necessário e confie neles para fazer o trabalho.

Sexto princípio – O método mais eficiente e eficaz de transmitir informações para e entre uma equipe de desenvolvimento é através de conversa face a face.

Sétimo princípio – Software funcionando é a medida primária de progresso.

Oitavo princípio – Os processos ágeis promovem desenvolvimento sustentável. Os patrocinadores, desenvolvedores e usuários devem ser capazes de manter um ritmo constante indefinidamente.

Nono princípio – Contínua atenção à excelência técnica e bom design aumentam a agilidade.

Décimo princípio – Simplicidade – a arte de maximizar a quantidade de trabalho não realizado – é essencial.

Décimo primeiro princípio – As melhores arquiteturas, requisitos e designs emergem de equipes auto-organizáveis.

Décimo segundo princípio – Em intervalos regulares, a equipe reflete sobre como se tornar mais eficaz e então refina e ajusta seu comportamento de acordo.

O Manifesto Ágil é um documento simples, com pequenos ensinamentos que revolucionaram times e empresas mundo afora, ensinando-os a ter comportamentos diferentes, entregas diferentes e focos diferentes. Com esses princípios, diversos produtos, serviços e projetos foram entregues, com erros e acertos, usando novas práticas e novas formas de pensamentos – ou *mindsets* – que provam que a agilidade está aqui para ficar.

Agora você pode estar se perguntando: mas o Manifesto Ágil é sobre desenvolvimento de software. Como aplico fora da TI – por exemplo, em RH? No próximo capítulo veremos que ser ágil não é prerrogativa da TI.

6. Ser ágil não é prerrogativa da TI

Júnior Rodrigues

Nesse mundo de mudanças constantes e cada vez mais intensas, as organizações estabelecem uma verdadeira corrida que, na busca pela transformação organizacional, acaba focando na adoção das melhores tecnologias, crendo que por si só isso bastará para criar vantagem competitiva.

Às vezes, além de utilizarem os sistemas mais renomados, procuram contratar os maiores profissionais do mercado e implementar práticas emergentes para melhorar as entregas a seus clientes. Mas tais iniciativas acabam se restringindo às equipes da área de tecnologia, que em geral assumem o pioneirismo no uso de métodos ágeis.

Isso porque o Manifesto Ágil (2001) se popularizou na área de TI, especificamente em desenvolvimento de software, pois buscava resolver as dores desses profissionais, oriundas da falta de aderência aos métodos tradicionais, como o *waterfall*.

Mas nem sempre os resultados esperados chegam e, na verdade, não é por culpa da área de TI ou da área de operação responsável pela execução das entregas, mas sim porque a agilidade não permeia a empresa como um todo.

Com isso, a visão se amplia para incluir todas as áreas de trabalho do conhecimento, como design, engenharia, marketing e administração, e as práticas gerais de gestão e liderança se expandem horizontal e verticalmente por toda a empresa, com foco na agilidade organizacional.

E os recursos humanos?

Nos últimos anos tem-se visto um crescimento do uso do termo *Agile* associado a outras palavras, como PMO, HR, *strategy* – uma visão que ganhou o mundo desde a publicação do manifesto, passando a ser aplicada em outras áreas das organizações.

As empresas que já entenderam que essa questão vai muito além da semântica estão alcançando um desempenho muito superior e obtendo resultados extraordinários, principalmente nos últimos tempos, onde vem ganhando bastante espaço a área que se relaciona diretamente com as pessoas: a de **recursos humanos**.

Isso porque, quando se fala em agilidade, há um foco especialmente direcionado às pessoas, seja na figura do cliente final, na preocupação com a entrega de valor, seja internamente com o fomento à colaboração, autonomia, autogestão e autorrespon-sabilidade (BECK at al, 2001).

Além disso, a burocracia sempre foi um problema para a agilidade dos processos. Para se tornar ágil, o RH sentiu a necessidade de criar estratégias que solucionassem essa questão.

Até pouco tempo atrás, a prática comum era que todo RH precisava ter um plano estratégico de longo prazo, assim como toda empresa, incluindo plano de sucessão, entre outros. Os sólidos e consistentes planos começam a dar lugar a métodos mais ágeis, orientados aos usuários e adequados em curto prazo, baseados em um *feedback* interativo.

Para tanto, é preciso repensar as ferramentas utilizadas na gestão de pessoas, como as que seguem:

- ✓ A **avaliação de desempenho**, por exemplo, está deixando de ser anual para ser semestral. Um ano é um período muito longo para avaliar o desempenho do colaborador em relação às suas entregas. No Capítulo 35 falaremos mais sobre avaliação de desempenho.
- ✓ O *coaching* é outro exemplo. Realizado em sua maioria por uma consultoria externa, hoje já não podemos negar o dever que todo líder tem de ser *coach* de sua equipe. Deve sempre estar fazendo mais perguntas do que dando respostas, fomentando a criatividade e novos caminhos para solucionar os problemas.
- ✓ A **jornada de trabalho**, que antes era inflexível, com horário rígido de entrada e de saída, passa a ser mais focada na produtividade e nas entregas do cola-borador. Em muitas empresas, o *home office* já é uma realidade e não se exige mais a presença física do indivíduo.
- ✓ A **seleção de pessoas** também está passando por uma revolução. O foco no tempo de experiência e na formação sólida do candidato está dando lugar a uma preocupação com o seu comportamento, como em situações sob pressão, por exemplo. Algumas empresas também já aboliram a obrigatoriedade de graduação.

✓ A **remuneração** também passa por uma quebra de paradigmas. Tendo o colaborador atingido suas metas, entende-se que não se deve demorar para reconhecê-lo financeiramente. No Google, por exemplo, os líderes não pedem que sua equipe faça determinada tarefa para ser recompensada. No lugar disso, a empresa espera que o colaborador crie um novo programa, uma nova plataforma ou um modelo mais atualizado em relação aos modelos que já existem para aí dizer: já que você fez isso, eu o recompenso.

✓ A **motivação** (de fora para dentro) que tanto é falada no engajamento de equipes está dando lugar à inspiração (de dentro para fora). Torna-se fundamental entender de fato o que seduz os colaboradores, o que eles ganham com isso e de que forma podem realizar seus sonhos.

Esses elementos precisam ser muito bem trabalhados pela área de recursos humanos em conjunto com a liderança das demais áreas, como forma de proporcionar um ambiente mais ágil na organização. O RH começa a ter grande importância, pois é responsável por criar um ambiente mais propício para as práticas de agilidade. Além disso, ao adotar os valores e princípios para desenvolver internamente práticas mais adaptáveis, está buscando uma forma de gerar valor para seus clientes, que são a organização e seus colaboradores.

Value Stream Mapping

Como mencionado anteriormente, não é somente a área de TI que deve ser ágil, tampouco a disseminação da agilidade deve ir somente até o RH. Uma organização que pretende ser ágil para entregar valor ao cliente final precisa ter um olhar fim a fim.

O mapeamento do fluxo de valor (*Value Stream Mapping* – VSM) (ROTHER; SHOOK, 1999) é uma ferramenta *Lean* usada como um meio de melhorar o desempenho de sua organização como um todo, e não somente para a melhoria de um processo apartado. Ele se concentra em:

✓ focar esforços nos fluxos de valor que estejam ligados ao objetivo do negócio, buscando uma melhoria significativa para eles;

✓ entender a situação em que se encontra e a causa-raiz dos problemas;

✓ definir metas de melhoria, com indicadores e metas numéricas;

✓ definir em conjunto o estado a ser alcançado no médio prazo;

✓ realizar um plano de ação;

✓ rodar novamente ao alcançar o objetivo, com foco em novas melhorias.

O objetivo do VSM é romper com a visão tradicional e departamentalizada, para enfatizar as ações e suas interrelações para a criação de valor, desde a demanda, passando pelos fornecedores até chegar aos clientes finais.

Com isso, a alta gestão deve estar envolvida diretamente, principalmente na definição do estado futuro, bem como conhecer bem o estado atual, não deixando essa responsabilidade com a equipe operacional, sob o risco de a implementação ficar comprometida.

O mapeamento do fluxo de valor se apresenta, assim, como um meio capaz de apoiar a efetiva transformação das empresas, por meio de sua simplicidade e seu poder de provocar mudanças, servindo como mecanismo de monitoração.

Conclusão

Outros aspectos, como a multidisciplinaridade dos times ágeis ou a formação de *squads* com profissionais de áreas diferentes trabalhando em conjunto em prol de um produto único, como tem-se encontrado frequentemente no mercado, corrobora com a visão de que a agilidade não deve ficar restrita somente à TI.

A integração das diversas áreas, juntamente com o entendimento sobre qual a sua contribuição para a entrega do produto final, e o uso de princípios *Lean* (com menos desperdício e retrabalho, foco nas pessoas e no valor para o cliente) permitem, portanto, a criação de fluxos de valor cada vez mais enxutos.

7. Manifesto do RH Ágil

Ricardo Batista Miluzzi

Atualmente muito se fala sobre agilidade e seus manifestos. Conforme visto nos capítulos anteriores, os princípios e valores do Manifesto Ágil são simples e aplicáveis fora da TI. Justamente por serem simples, algumas pessoas acham que é fácil aplicá-los no dia a dia. Esses princípios e valores, por demandarem uma mudança cultural grande, geram uma dificuldade para dominá-los e distorções de entendimento sobre o que é agilidade de fato.

Com o crescimento do tema agilidade, vêm surgindo diversos manifestos ágeis para contextos específicos, visando facilitar a adaptação dos valores e princípios originais para cada um desses contextos. Com isso, um grupo de 27 profissionais da área de recursos humanos se reuniu e criou o Manifesto para o Desenvolvimento Ágil de RH, (ALMAGRO et al, s.d.).

Trata-se de um manifesto que busca descobrir as melhores maneiras de desenvolver e engajar uma cultura de trabalho, fazendo e ajudando os outros a fazerem. A seguir, na Figura 7.1 encontram-se transcritos os seis valores desse manifesto:

Estimular		Combater
Redes colaborativas	mais do que	Estruturas hierárquicas
Transparência	mais do que	Sigilo
Adaptabilidade	mais do que	Prescrição
Inspirar e comprometer-se	mais do que	Gerenciar e reter
Motivação intrínseca	mais do que	Recompensas extrínsecas
Ambição	mais do que	Obrigação

Figura 7.1. Valores do Manifesto para o Desenvolvimento Ágil de RH.
Fonte: adaptado de Almagro et al, s.d.

O valor dos itens à direita é reconhecido, porém os itens da esquerda são mais valorizados.

A valorização de redes colaborativas permite a adoção de uma estrutura mais fluida, onde as pessoas conseguem obter o máximo de aproveitamento das relações sociais. Em rede nos sentimos melhor, mais livres e mais confiantes. O combate às estruturas hierárquicas gera um maior senso de pertencimento e colaboração.

Favorecer uma cultura de transparência em vez de uma cultura baseada em sigilo promove mais discussões, maior participação, maior entendimento e mais objetividade nos assuntos a serem discutidos e priorizados. A liderança deve entender o seu papel e conduzir as pessoas de forma clara e direta.

Um modelo baseado em adaptabilidade gera maior criatividade das pessoas quando comparado ao modelo prescritivo, permitindo uma reação mais adequada às constantes transformações exigidas cada vez com mais frequência. No modelo prescritivo há baixa tolerância ao erro, que deve ser combatido ao máximo. No modelo adaptativo, o erro é visto como uma oportunidade de aprendizado e crescimento.

O modelo de gerenciar e reter as pessoas foi muito comum na gestão 1.0 e na gestão 2.0. Com o surgimento das novas formas de trabalho e da gestão 3.0, o modelo de gestão sofreu uma alteração para um modelo de inspiração e comprometimento, obtendo cada vez mais engajamento e retenção.

Uma cultura baseada em recompensas extrínsecas fortalece a necessidade de recompensas ou incentivos externos para que as pessoas se sintam motivadas a agir. Já na cultura baseada em recompensas intrínsecas, é o motivador pessoal que move cada indivíduo, fazendo com que ele foque em sua evolução profissional, buscando alcançar suas metas e seus sonhos, independentemente de motivações externas. A motivação intrínseca tende a ser mais duradoura e verdadeira do que a motivação extrínseca (MASLOW, 1962). No Capítulo 37 aprofundaremos mais o assunto.

As equipes movidas pela ambição tendem a ter uma entrega e uma dedicação maiores, pois normalmente compartilham de uma mesma visão e objetivo. As equipes movidas pela obrigação tendem a não conseguir compartilhar dos mesmos objetivos; cada indivíduo terá suas próprias motivações.

Segundo Laloux (2017), para que uma empresa tenha destaque e crescimento nos dias atuais, ela deve ter uma cultura centrada em propósito, redes colaborativas, transparência e adaptabilidade. De acordo com Pink (2011), as motivações mudaram ao longo do tempo e devem ser revistas para os novos modelos de trabalho. Os valores do Manifesto para o Desenvolvimento Ágil do RH apoiam todos esses pontos.

O Manifesto para o Desenvolvimento Ágil do RH é regido por cinco princípios (ALMAGRO et al, s.d.), conforme Figura 7.2:

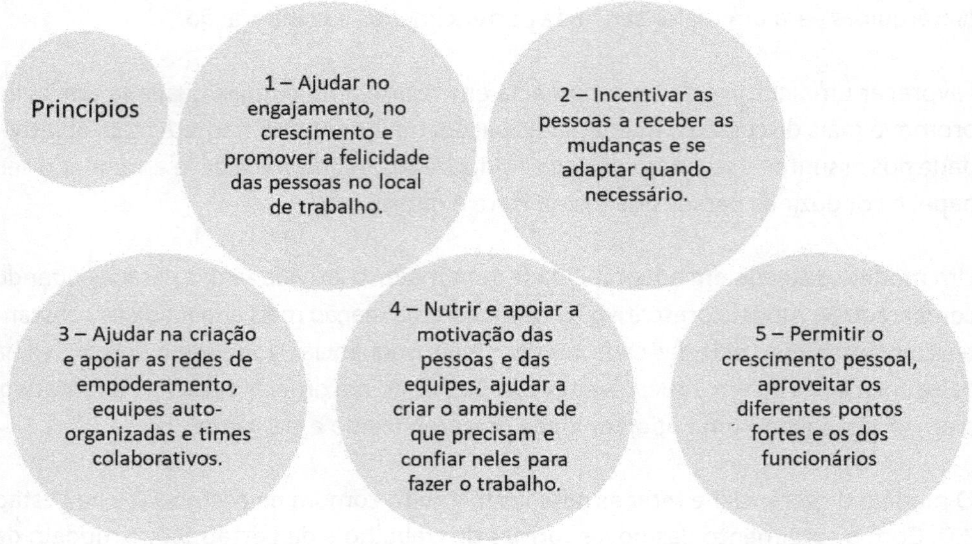

Figura 7.2. Princípios por trás do Manifesto para o Desenvolvimento Ágil do RH.
Fonte: adaptado de Almagro et al, s.d.

O RH tem forte influência na disseminação desses cinco princípios. Além disso, deve fazer com que toda a organização entenda os benefícios e os motivadores da sua adoção na totalidade.

O **primeiro princípio** fomenta basicamente o cuidado, o desenvolvimento, o engajamento e a felicidade das pessoas no ambiente de trabalho. Trata-se da preocupação com o ser humano.

O **segundo princípio** fomenta a necessidade de as pessoas entenderem, aceitarem e se adaptarem às mudanças quando necessário, aprendendo a analisar os motivos e os benefícios dessa flexibilidade.

O **terceiro princípio** fomenta a criação de redes de empoderamento, a adoção de equipes auto-organizadas e o trabalho em times colaborativos. O fortalecimento das redes e do trabalho em equipe gera mais resultados e mais felicidade no trabalho, conforme evidenciado no livro "How to change the world: change management 3.0", de Jurgen Appelo (2012).

O **quarto princípio** fomenta a necessidade de motivar as pessoas e as equipes, criando ambientes confortáveis e ideais de trabalho e gerando uma cultura baseada em confiança e colaboração.

O **quinto princípio** fomenta a necessidade de investir no crescimento pessoal dos colaboradores, cabendo ao RH orientar os gestores e os próprios indivíduos sobre como podem aproveitar os seus pontos fortes e talentos da melhor forma possível.

Segundo Appelo (2012), devemos nos preocupar com as pessoas entendendo alguns pontos importantes: como motivar os colaboradores? Como fazer com que suas equipes aceitem as responsabilidades? Como aumentar o envolvimento da equipe? Como você pode ser ágil se a sua empresa não é? Como podemos mudar a cultura da empresa? Os princípios do Manifesto para o Desenvolvimento Ágil do RH tentam dar uma direção para essas perguntas. No decorrer do livro, você encontrará algumas práticas do *Management* 3.0 que ajudam nessas perguntas.

A adoção de um **RH ágil** é muito mais do que simplesmente uma lista de valores e princípios. É a implementação de uma cultura com base em colaboração, trabalho em equipe, transparência, confiança e empoderamento, visando a geração de valor para a organização e os colaboradores.

A liderança tem papel fundamental nesse momento de transição, pois participará da cocriação com o RH e apoiará a execução das iniciativas, dando autonomia e liberdade para que os times trabalhem de forma mais livre e transparente.

O Manifesto para o Desenvolvimento Ágil do RH prega sair de um modelo de controle e implementação de padrões para um modelo de suporte, *coach* e agilidade organizacional. Prega um RH mais proativo e menos reativo. Com a visão proposta pelo manifesto, o RH passa a desenvolver uma cultura de colaboração e transparência, própria do *mindset* ágil, conforme afirma Pia-Maria Thoren no livro "Agile People: A radical approach for HR & managers (that leads to motivated employees)", de 2017. Os *feedbacks* passam a ser constantes através de uma liderança inspiradora e motivadora, promovendo mais trabalhos em equipe e menos competições individuais.

Como é possível observar, o RH passa a ser uma parte fundamental para a execução estratégica da empresa, pois promove uma cultura de engajamento e crescimento, baseada em pessoas, relacionamentos, confiança e com foco no cliente. Deve auxiliar na criação e no fortalecimento de uma cultura baseada em desafios, times de alta performance, redes de relacionamentos e liderança servidora. O RH passa também a ser o protagonista das ações que apoiam e estimulam o desenvolvimento das pessoas e das suas potencialidades dentro da organização, focando em permitir a criação de ambientes propícios a experimentação, evolução contínua e aprendizado constante.

Agora é a hora de você mudar o seu RH. O que você está esperando? Na próxima parte mostraremos por onde você pode começar e como pode preparar uma estratégia para adoção de um RH ágil.

PARTE II. POR ONDE COMEÇAR?

8. Cultura

Andresa Fogel
Elizabeth Borges
Lídia Frossard

O conceito de cultura organizacional

Conceitualmente, estamos falando do conjunto de atitudes e regras conscientes e inconscientes que regem o que dizem, como agem, o que sentem e como pensam os colaboradores de uma determinada organização ou parte de uma organização – conjunto este que pode se modificar ao longo do tempo, segundo valores pessoais e organizacionais atuais e/ou desejados.

Podemos encontrar diferentes referências nos conceitos de cultura organizacional; o mais importante é que, em sua grande maioria, essas descrições conceituais concordam que cultura organizacional é composta de uma parte explícita, falada, escrita e exposta por todos e a todos, e uma outra que é apenas percebida, sentida e só pode ser entendida através dos comportamentos.

De acordo com Groysberg et al (2018), a cultura possui alguns atributos que independem de diferenças conceituais, sendo: compartilhada, difundida, duradoura e implícita. Ou seja, a cultura caracteriza-se por ser um fenômeno grupal, que se dissemina nos diversos níveis da organização, influenciando comportamentos e pensamentos de longo prazo, fisgando e conectando as pessoas que respondem de forma quase instintiva.

A cultura organizacional é resultado de um fluxo de ações e reações que está sujeito ao modo como cada colaborador reage a diferentes situações. Por essa razão, é altamente influenciável por comportamentos pessoais, mudança de visão, opiniões, crenças, rituais e normas adotadas por ele próprio (colaborador) ou pela organização.

A origem

A utilização do termo cultura, relacionado à expressão interna de um ambiente de trabalho, não é propriamente uma novidade. No livro "The changing culture of a factory", editado em 1951, de autoria de Dr. Elliott Jaques, este termo já era utilizado para descrever o estudo de análise e desenvolvimento do comportamento corporativo.

De acordo com o Dr. Elliott Jaques, "a cultura da fábrica é sua maneira habitual e tradicional de pensar e fazer as coisas, que é compartilhada em maior ou menor grau por todos os seus membros, que novos membros devem aprender, ou pelo menos parcialmente aceitar, a fim de serem aceitos na empresa" (1951, p. 251).

Os componentes da cultura organizacional

- ✓ **Valores.** Os valores indicam o que é importante para os colaboradores, enquanto indivíduos e cidadãos, e indicam o que é importante para a organização, seu propósito e existência. Ou seja, representam a promessa da marca, como a organização pretende ser vista e entendida por seus clientes, fornecedores, colaboradores e todos que compõem o ambiente onde se insere. Os valores organizacionais são refletidos no modo como fazem negócio, como produzem e direcionam as decisões tomadas pelos gestores. Nas palavras de Gonçalves (2020), "definir os valores de uma empresa é escolher o caminho. Ao saber para onde vai, a organização consegue disseminar a direção entre os seus colaboradores e tirar o discurso do quadro pendurado na parede para colocá-lo em prática nas atividades empresariais".
- ✓ **Comportamentos.** A cultura organizacional regula os comportamentos aceitáveis e não aceitáveis, como interagir, tratar eventos e atividades no ambiente de trabalho.
- ✓ **Códigos.** Em algumas organizações, encontramos de forma explícita e documentada, aquilo que pode ser chamado de "código de cultura" – os valores organizacionais, o esclarecimento do que é cada valor, os princípios orientadores do trabalho e tomadas de decisão, os comportamentos a serem incentivados e modelos de relacionamentos interpessoais desejados. Os códigos incluem direcionamentos éticos (código de ética) e direcionamentos de conduta.
- ✓ **Histórias.** Os sucessos e insucessos, as superações vividas e a marca do fundador ficam na lembrança das pessoas que costumam contar o que viram e viveram nas empresas. São casos que ficam na emoção das pessoas. Tanto podem servir de incentivadores para a superação de novos desafios como

podem dificultar mudanças organizacionais que poderiam criar novas histórias de sucesso.

- ✓ **Rituais e cerimônias.** Atividades e eventos recorrentes que reforçam os valores e comportamentos, tais como confraternizações de final de ano, movimentos solidários de cunho filantrópico, reuniões recorrentes de alinhamento estratégico, eventos ligados a programas de reconhecimento, celebração de aniversário de empresa e todo e qualquer ritual que reforce a cultura da organização e fortaleça os vínculos entre os colaboradores.
- ✓ **Símbolos materiais.** O desenho físico do interior da organização, seu mobiliário, as cores e os espaços constituem símbolos materiais que facilitam ou dificultam os graus de relacionamentos, expressam espírito de igualdade, diferenciação ou hierarquia entre os colaboradores. Refletem o estilo colaborativo ou individualista; conservador ou aberto à inovação.
- ✓ **Linguagem.** As organizações, ao longo do tempo, criam seus jargões e seus hábitos. A linguagem é mais uma das marcas da cultura organizacional, seja por evitar o uso de linguajar chulo no ambiente de trabalho ou por fortalecer o uso de expressões de significado comum entre colaboradores, fornecedores e clientes.

Diferentes tipos de cultura organizacional

Organizações que possuem culturas fortes costumam possuir valores compartilhados intensamente pela maioria dos funcionários, influenciando comportamentos e expectativas. Os colaboradores literalmente "vestem a camisa", compartilham do propósito e criam jargões e linguagem interna própria. Em muitas delas, o traço da personalidade do fundador pode ser facilmente identificado. Os líderes icônicos costumam deixar sua marca nas empresas que fundam e criam culturas fortes.

De acordo com Gonçalves (2020), "priorizar uma cultura forte é fundamental para atrair e reter talentos, para ter as pessoas alinhadas ao objetivo da empresa e para atender bem os clientes".

Por sua vez, as organizações que possuem culturas fracas são mais adaptáveis, criam ambientes mais receptivos à comunicação de novos métodos de gestão e de valores – o que geralmente ocorre nas empresas em início e formadas por vários fundadores.

A cultura organizacional pode ser abordada, ainda, por outras óticas, como cultura tóxica, cultura saudável, cultura de experimentação, cultura colaborativa, entre outras.

São aspectos que impactam em algum grau o desafio de implantar a transformação ágil em uma organização, tendo em vista a sua influência no processo.

Transformação da cultural organizacional

Considerando o conceito de cultura organizacional, podemos concluir que estamos lidando com um aspecto dinâmico, sempre sujeito à capacidade adaptativa e reativa, cumulativa da experiência das pessoas que integram a organização.

Crenças, valores e comportamentos se perdem e outros tantos se adicionam em tempos e velocidades diferentes, nas várias áreas das organizações. Isso pode ocorrer tanto através da introdução de novos valores, comportamentos e conceitos como pela extinção e substituição ou fusão com novas culturas, ou ainda pela absorção de mudanças culturais externas.

Por natureza, as mudanças costumam provocar resistência nas pessoas, por tocarem, na maioria dos casos, em valores e crenças. Mas não devemos ver a resistência à mudança apenas pelo ângulo negativo, pois pode também ser fator de equilíbrio que irá direcionar a organização, de modo que somente mudanças realmente benéficas e proveitosas sejam adotadas, evitando o esforço de adotar práticas que seriam rapidamente descartadas ou que poderiam até prejudicar a empresa.

O papel da área de recursos humanos

Com as mudanças ocorridas no mercado – impulsionadas pelo mundo VUCA e potencializadas pelos inúmeros avanços tecnológicos, conforme visto nos capítulos 4 e 3 respectivamente –, as organizações estão diante da necessidade de se transformarem para se manterem competitivas. Muitas delas estão investindo em um processo de **transformação ágil**, que envolve sobretudo cultura. Assim, as práticas ágeis deixam de ser exclusividade da área de tecnologia da informação e passam a ser uma abordagem para toda a organização.

Os princípios do Manifesto Ágil extrapolaram a área da tecnologia e passam a influenciar fortemente as outras áreas das organizações, conforme visto nos capítulos 5 e 6, interferindo na própria cultura. O RH não ficou imune a essa influência, passando a ter que transformar as suas práticas e o seu papel.

Nesse contexto, a área de recursos humanos (ou gestão de pessoas, diretoria de gente, ou qualquer que seja o nome adotado) passa a ter um posicionamento estratégico e tem como atribuição-chave entender e responder às necessidades de negócio, atuando como uma catalisadora de novas ideias.

Os valores do Manifesto para o Desenvolvimento Ágil de RH (ALMAGRO et al, s.d.), apresentados no Capítulo 7, e, posteriormente, os princípios do RH Ágil criados pela Associação Brasileira de Recursos Humanos – RS (ABRH-RS, s.d.) foram pensados e construídos para atender às necessidades das empresas nesse novo cenário – o da agilidade como cultura e gestão do negócio.

Considerando que agilidade não se restringe à aplicação de *frameworks* nem de ferramentas, e que o seu principal componente diz respeito às pessoas, o RH não poderia ser deixado de lado nesse processo. Assim, o RH assume a missão de ser o grande propagador da agilidade como *mindset* organizacional – entretanto, ele próprio precisa se tornar ágil.

Nesse contexto, a área de RH se encontra diante de um duplo desafio: tornar os seus próprios processos ágeis (recrutamento, remuneração, avaliação de desempenho etc.) e difundir a cultura ágil na organização – ambos de extrema importância.

Tornar uma organização ágil implica na disseminação de uma cultura que incentive a criação de ambientes mais colaborativos, transparentes, adaptáveis a mudanças, abertos à experimentação e focados no cliente – porém, isso não é tudo. Existem muitas estratégias que precisam ser implementadas, como as listadas a seguir (CAPPELLI; TAVIS, 2018; GROYSBERG et al, 2018):

- ✓ Revisão do modelo de negócio, formatado ao modo de comando e controle.
- ✓ Ter a agilidade como foco desde as ações de recrutamento de pessoal.
- ✓ Reavaliar formas de recompensas.
- ✓ Repensar o sistema de carreiras e cargos (será mais explorado no Capítulo 36).
- ✓ Criar um sistema de *feedback* contínuo entre as pessoas (será mais explorado no Capítulo 34).
- ✓ Realizar um trabalho que envolva especialistas em métodos ágeis tendo em vista que, embora o processo de transformação cultural não se resuma ao uso de ferramentas e métodos, estes também são importantes.
- ✓ Criar um ambiente de confiança mútua, tendo em vista que mudanças profundas no modelo de negócio e na cultura organizacional podem gerar inse-

gurança e, consequentemente, resistências nas pessoas (será mais explorado no Capítulo 12).

✓ Vencer resistências psicológicas ocasionadas por possíveis mudanças na hierarquia de poder, que suscitam defesa do *status quo*.

✓ Desenvolver uma cultura de experimentação, tolerante a erros, compreendendo que estes não são objetivos, mas podem acontecer no processo de criação (no Capítulo 15 você entenderá melhor a importância da tolerância ao erro).

✓ Promover a geração de conhecimento *bottom-up* e permitir que pessoas de vários níveis hierárquicos estejam envolvidas na criação de novas diretrizes organizacionais.

✓ Desenvolver líderes para que exerçam a função de *coach*, sendo capazes de treinar e desenvolver outras pessoas (será mais explorado no Capítulo 29).

✓ Inspirar, motivar, envolver e engajar as pessoas no processo de transformação, fazendo delas parte fundamental.

São muitos os desafios da área de recursos humanos para difundir os valores ágeis e transformar a cultura de uma organização. Mas o envolvimento e o engajamento das pessoas, certamente, são os aspectos mais críticos e fundamentais de todos. São elas que realizam as mudanças, praticam novas formas de executar o trabalho e de gerir. Sem as pessoas, nenhum método, abordagem ou ferramenta é implementada, melhora resultados ou faz algum sentido. Pessoas precisam estar motivadas e inspiradas para que, efetivamente, as mudanças não se restrinjam ao campo do discurso e se tornem realidade, transformando as organizações. Sem as pessoas, que fazem parte da cultura, nenhuma transformação acontece!

Conforme visto, a cultura é essencial para adoção de métodos ágeis na organização e adoção de um RH ágil. Nos capítulos 9, 10 e 11 veremos algumas técnicas que podem ajudar no trabalho da cultura organizacional.

9. *Management 3.0 – Culture book*

Ricardo Batista Miluzzi
Isabel Coutinho

No capítulo anterior falamos sobre a importância da criação de uma cultura forte que apoie as transformações pelas quais as organizações estão passando. Segundo Peter Drucker, "a cultura devora a estratégia no café da manhã". O *Management* 3.0 fez uma adaptação desta frase e a transformou em "a cultura devora tudo no café da manhã".

A cultura de uma empresa é criada através de seus colaboradores e pode ser definida respondendo a perguntas simples, como por exemplo: com o que nos preocupamos? Quem queremos ser? Como queremos agir? Quais são os nossos valores?

Segundo Rosabeth Moss Kanter (2011), grandes empresas criam *frameworks* que usam valores sociais e humanos como critérios de decisão. Uma vez identificados, os valores devem ser encorajados ou desencorajados. Com essa iniciativa, a empresa deixará claro o que incentiva e o que desincentiva.

Segundo Gray e Wal (2012), quando se trata de linguagem, protocolos, cultura e valores, você não quer variabilidade, você quer consistência. Para apoiar esse trabalho, o *Management* 3.0 propõe a criação de um *culture book*, ou **guia de cultura**.

O guia de cultura ajuda a solidificar e disseminar a cultura de uma organização. Ele é um recorte dos valores e princípios das equipes e das pessoas. É um documento vivo, que deve ser escrito e mantido com a participação dos colaboradores.

Robert F. Hurley (2012) enfatiza que quando existe uma ausência da clareza da cultura e da identidade comuns na organização, é muito mais fácil que as diferenças e não as semelhanças moldem as relações.

Para o *Management* 3.0, existem dois tipos de valores que são percebidos e devem constar no guia de cultura: os **valores essenciais,** que são os valores que nascem com você, que fazem parte da sua personalidade, e os **valores desejáveis**, que são os valores que você deseja ter.

Como criar um guia de cultura?

O guia de cultura é uma mescla de valores, comportamentos, desejos e direcionamento da organização. Algumas incluem também um guia de boas-vindas.

O *Management* 3.0 possui uma dinâmica para a criação do guia de cultura. A seguir, detalhamos o passo a passo por eles orientado.

1. Peça a todos os colaboradores para escreverem histórias de valor (*value stories*) que exemplificam a cultura da empresa. Você encontrará detalhes de como criar as histórias de valor no Capítulo 10 deste livro.
2. Imprima e distribua a lista de valores essenciais. Peça para todos escolherem seus valores fundamentais e seus valores desejáveis. Veja na referência "**The Management 3.0 Big Values List**" o link para *download* da lista do *Management* 3.0. Você encontrará detalhes de como utilizar essa lista de valores nos Capítulo 10 deste livro.
3. Realize uma votação com o time para concordar com uma lista mais curta. Devem escolher de cinco a sete valores fundamentais que representam a equipe atualmente e de cinco a sete valores desejados pela equipe.
4. Garanta que esses valores sejam visíveis a todos. Crie apresentações visuais como uma *Work Expo*[1], por exemplo. Apresentações visuais ajudam, pois a equipe cria uma representação gráfica desses valores, incluindo histórias, fotos e anotações.
5. Reúna todos os exemplos dos valores de maneira estruturada e os apresente. Deixe-os claros também para novos integrantes.
6. Com os valores bem claros, incentive os colaboradores a participar da atualização do guia de cultura.

Jason Fried e David Heinemeier Hansson (2010) falam que "você não cria uma cultura, ela acontece. A cultura é um subproduto de um comportamento consistente". A cultura é feita pelas pessoas e não é uma coisa imposta. A organização deve ter uma ideação de cultura e realizar ações de conscientização objetivando alcançar o nível desejado.

---

[1] *Work Expo* é uma técnica presente no *Management* 3.0 e pode ser encontrada em <https://management30.com/practice/work-expo/>.

Mas por que as empresas devem possuir um guia de cultura?

Dan Ariely, no seu livro "Predictably Irrational" (2009), diz que "quando somos re-movidos de qualquer referência do pensamento ético, tendemos a nos desviar para a desonestidade. Mas se nós somos lembrados da moralidade no momento em que somos tentados, então é muito provável que sejamos honestos". Ou seja, o guia de cultura ajuda a organização a manter os comportamentos desejáveis sempre em foco e a reforçar continuamente os comportamentos a serem combatidos.

O guia de cultura também serve para deixar todos os colaboradores cientes de qual a cultura desejada pela empresa e quais ações serão feitas para atingir os objetivos. Tão importante quanto criar o guia de sua organização é criar o plano de ação para evolução constante.

A principal função do guia de cultura dentro da organização é reforçar os compor-tamentos através dos valores, sempre desencorajando os maus comportamentos e encorajando os bons.

Qual o papel da liderança no guia de cultura?

O livro "School Culture Rewired" (2015), de Gruenert e Whitaker, diz que a cultura de qualquer organização é moldada pelo **pior comportamento** que os líderes estão **dispostos a tolerar**. O *Management* 3.0 tem outra abordagem, defendendo que a cultura da organização é moldada pelo **melhor comportamento** que os líderes estão **dispostos a amplificar**.

Como saber se você está alinhado aos valores da organização?

O livro "The Fifth Discipline" (2006), de Peter Senge, propõe que no final de cada dia todas as pessoas se perguntem como a visão e os valores influenciaram as decisões tomadas no dia de hoje.

Com essa simples pergunta, é possível criar um termômetro do seu alinhamento com a cultura.

Esse termômetro servirá também para as discussões futuras sobre evolução e atuali-zação do guia. Nunca se esqueça de que o guia não pode ser um documento estático, ele é um documento que deve ser revisado e atualizado constantemente.

10. *Management* 3.0 – *Value stories*

Fabrício Gama
Isabel Coutinho
Ricardo Batista Miluzzi

O que é valioso para você? E para a empresa em que você trabalha, você saberia responder? E mais: será que a sua equipe saberia responder o que é mais valioso para você? É mais tranquilo viver em um ambiente em que os nossos valores estão alinhados com os da empresa. Mas para isso é preciso conhecê-los!

Existem dois tipos de valores: os fundamentais e os desejáveis. Os fundamentais são aqueles que fazem parte de nossa essência, aqueles que nos definem. Já os valores desejáveis são aqueles que no momento ainda não possuímos, mas desejamos um dia tê-los. E quando falamos em valores organizacionais, antes mesmo de pensarmos em ir em busca de novos valores desejados, é essencial visualizar, proteger e propagar o que já é valioso. Segundo Robert F. Hurley (2012), as relações de confiança podem ser moldadas mais facilmente através das diferenças do que pelas semelhanças. Por isso é tão importante que cultura e valores devam ser constantemente observados, nutridos e repetidos. A repetição ajuda a tornar um hábito. E podemos ajudar muitos através do exemplo.

Para nos ajudar a encontrar nossos valores, o *Management* 3.0 possui uma prática chamada de *value stories*. É um jogo que ajuda pessoas, times e organizações a encontrar o que há de mais valioso e que precisamos proteger. Como podem existir inúmeros valores com os quais nos identificamos, e essa lista pode ser muito vasta, o *Management* 3.0 possui a Grande Lista de Valores (*The Big Value List*) que pode nos nortear quando temos muitos valores em mente. A seguir, na Tabela 10.1, seguem alguns exemplos de valores disponíveis na lista.

Tabela 10.1. Parte dos valores da grande lista de valores.
Fonte: adaptado de Management 3.0 (s.d.).

Atenção plena	Maturidade	Persistência	Resiliência	Habilidade	Tranquilidade
Meticulosidade	Inovação	Persuasão	Resolução	Solidariedade	Transcendência
Curiosidade	Iniciativa	Tolerância	Filantropia	Resolução	Rapidez
Esclarecimento	Sacrifício	Confiança	Modéstia	Brincadeira	Desenvoltura
Espiritualidade	Confiabilidade	Inspiração	Motivação	Prazer	Respeito
Espontaneidade	Verdade	Integridade	Limpeza	Poder	Responsabilidade
Estabilidade	Compreensão	Inteligência	Restrição	Regularidade	Pragmatismo
Simplicidade	Pontualidade	Transparência	Domínio	Perseverança	Coragem
Responsividade	Status	Singularidade	Introversão	Abertura	Precisão
Mente aberta	Furtividade	Unidade	Intuição	Otimismo	Preparação
Controle/Cuidado	Rigor	Valentia	Inventividade	Ordem	Privacidade
Imparcialidade	Força	Variedade	Alegria	Família	Proatividade
Profissionalismo	Segurança	Sucesso	Vigor	Justiça	Organização
Autocontrole	Suporte	Visão	Bondade	Originalidade	Prudência
Autodisciplina	Simpatia	Vitalidade	Conhecimento	Estranheza	Pontualidade

A lista completa você pode encontrar em <https://management30.com/download/22939/>.

De posse da lista, podemos iniciar o jogo. Existem algumas formas de colocar em prática essa dinâmica. A seguir, alguns exemplos:

Exemplo #1:

1. Cada membro do time seleciona três valores pessoais.
2. Ele apresenta esses valores para os demais membros do time.
3. Com base nos valores pessoais, os membros do time discutem quais valores têm em comum ou próximos, para, assim, eleger os valores do time.
4. Por fim, selecionam quais valores representam melhor a equipe com base nos valores listados por todos.

Exemplo #2:

1. De posse da lista de valores, individualmente ou em grupo, reduza a lista para apenas 20 valores que são considerados os mais importantes.
2. Em seguida, reduzir para 10 valores.
3. Depois, reduzir para cinco valores.
4. Discutir com o time os cinco valores finais e selecionar alguns valores desejáveis.

Exemplo #3:

1. Em um *flipchart* ou quadro, desenhar um grande círculo chamado de "valores pessoais".
2. Dentro desse círculo, desenhar um círculo menor, chamado de "valores do time".
3. Cada membro do time seleciona alguns valores pessoais, escrevem em notas adesivas e colam no grande círculo.
4. Em seguida, o time decide como refinar os valores pessoais em valores do time. Pode ser através de discussão, votação ou agrupamento por similaridade.
5. Fora dos círculos, escrever "valores desejados" e pedir que o time coloque em notas adesivas aqueles valores que são desejáveis para o time.

Em todos os casos, é muito importante o time discutir os valores, pois um único valor pode dar diversas percepções para os integrantes do time. Além disso, pensar em conjunto nos valores desejados, ou seja, naquilo que o time quer se tornar, é uma tarefa muitas das vezes difícil de se realizar. Por isso, devemos encorajar o time a repensar os valores desejáveis algumas vezes ao longo do ano.

Outra atividade que ajuda o time (e até mesmo a organização) a definir seus valores é o *storytelling*, onde as pessoas irão compartilhar histórias e *cases* do passado. O time pode utilizar essas histórias para exemplificar aquilo em que mais acredita e aquilo que é essência do time/organização.

Ter definidos os valores apenas não basta, pois dificilmente o time irá lembrá-los o tempo todo. É importante ter os valores ilustrados, ou até mesmo materializados, e, se possível, espalhados pelo escritório ou mesa do time. Aqui vale fomentar a criatividade das pessoas. Podemos fornecer como sugestão que o time crie um vídeo em que apresente de forma lúdica quais são seus principais valores. Outra prática é criar um desenho, imagem, logotipo ou até mesmo procurar um avatar ou objeto que reflita o time e seus valores. Veja no próximo capítulo uma técnica do *Management* 3.0 que pode ajudar nessa identificação.

Uma boa prática é que os valores e os *storytellings* identificados componham o guia de cultura (*culture book*) da empresa, como visto no capítulo anterior. Tal guia deve ser preferencialmente mantido pelo(s) time(s) e não pelo departamento de recursos humanos ou qualquer outro.

11. *Management 3.0 – Identity symbols*

Isabel Coutinho
Ricardo Batista Miluzzi

Neste capítulo vamos falar sobre a importância de criar uma identidade para unir uma equipe.

Uma identidade aumenta o envolvimento dos colaboradores da empresa, gerando um maior senso de pertencimento.

Nós, seres humanos, somos tribais, nos identificamos com uma ou várias tribos e nos sentimos conectados por características parecidas com nossos valores, gostos, jeito de vestir e agir, e assim nos aproximamos de pessoas parecidas.

Ao entrar em uma empresa sem conhecer ninguém, ficamos observando pessoas e comportamentos a fim de identificar pequenos detalhes que se parecem conosco. Pode ser um jeito de vestir, a forma de falar, a disciplina de trabalho. No momento em que nos identificamos, vamos nos aproximando e sentimos que pertencemos àquele ambiente. Começamos aos poucos a mostrar detalhes sobre nós, como a forma de trabalhar, a personalidade e assim imprimimos nossa identidade para as pessoas próximas a nós.

É importante saber que é preciso valorizar a pessoa como indivíduo único que pertence a um grupo de pessoas que trabalham em prol de algo.

Segundo Jurgen Appelo (2011), gerenciar identidade significa gerenciar pertencimento. Para as pessoas sentirem que fazem parte de um grupo, é necessário o equilíbrio entre as necessidades do grupo e as necessidades pessoais. O pertencimento em times é bom porque aumenta o engajamento e a motivação das pessoas. Quem nunca participou de um projeto no qual se dedicou mais por trabalhar com alguém com quem se identifica, por ter um líder inspirador ou por ter um valor pessoal seu refletido no trabalho?

Se só vemos nossas atividades como trabalho e o fazemos junto com outras pessoas, somos uma equipe. Quando nos sentimos que pertencemos a um grupo, isso automaticamente desperta o senso de time. Na linha dos três mosqueteiros, um por todos e todos por um. Um time de fato se conhece, sabe os seus pontos fortes e fracos, conhece as competências uns dos outros e consegue trabalhar em plena sinergia se apoiando e entregando os resultados esperados. É um trabalho dos líderes e das pessoas facilitadoras, através de dinâmicas para construção de time, ajudar as pessoas para que criem esses elos de forma plena. Identidade e símbolos fazem parte disso, pois, através de um nome e um símbolo, conseguimos representar aquele grupo de pessoas que consegue ver seus valores e gostos em comum e seu propósito enquanto time refletidos na identidade do grupo.

Ikigai

Para auxiliar os colaboradores na definição das suas necessidades pessoais, existe um conceito japonês chamado *Ikigai* que pode ser utilizado (GARCÍA; MIRALLES, 2018). No Capítulo 48 tem um *case* que explica melhor o conceito e como você pode usá-lo no seu dia a dia.

Identificando símbolos

O *Management* 3.0 tem algumas dinâmicas para auxiliar as pessoas da corporação a aumentar o seu senso de pertencimento ao grupo. As atividades a seguir são referentes à dinâmica para identificar símbolos:

1. Encontre uma forma de perguntar ao time sobre um símbolo que identifica o grupo.
2. Para ajudar na criatividade das pessoas, deixe alguns símbolos (bons e ruins) impressos. Evite permitir aos grupos colocar nomes de departamentos ou áreas.
3. Distribua os símbolos e peça para as pessoas se associarem aos que mais se identificam. Caso alguns símbolos não sejam escolhidos, descarte-os.
4. Comece a utilizar os símbolos em todas as comunicações internas daquele time.

A definição dos símbolos será um importante aliado para aumentar o engajamento dos seus times. Gera maior senso de pertencimento e identificação dos membros do time.

Aliando os símbolos com o *Ikigai*, a companhia conseguirá extrair o melhor das pessoas e das equipes.

12. Importância do ambiente para disseminação da cultura ágil

Marcelo Antonelli
Samara Marques

Até aqui você leu sobre a grande mudança pela qual nosso mundo está passando. Falamos de mudanças geracionais, do nosso mundo VUCA, do Manifesto Ágil e seus desdobramentos. A implantação de uma mentalidade ágil precisa começar pela avaliação e transformação da cultura da empresa, passar pelo modelo de gestão e impactar diretamente a qualidade do ambiente onde trabalhamos. E é exatamente sobre isso que falaremos daqui em diante neste capítulo.

O ambiente de trabalho

Agora você deve estar se perguntando: ambiente é algo muito abrangente. O que quer dizer com isso? O que seria "ambiente de trabalho"?

Ambiente é o espaço onde as pessoas se reúnem para desenvolver atividades em comum. Sendo assim, ambiente de trabalho é o local onde pessoas se reúnem para desenvolver atividades profissionais, com o objetivo de atingir os resultados e objetivos propostos pela empresa em que atuam. No entanto, esse espaço não é sempre igual, inclusive é bem diferente dependendo da área em que a companhia atua.

Temos as chamadas **condições insalubres**, que podem estar relacionadas com qualidade do ar, iluminação, nível de ruídos, frio, calor, etc. Ou seja, atividades que afetam a saúde do trabalhador.

Também temos as **condições perigosas**, causadas por trabalhos com explosivos, materiais inflamáveis, radiação, entre outras coisas. Ou seja, atividades de alta periculosidade que oferecem risco de vida ao trabalhador.

E temos, enfim, o **clima organizacional**, que se baseia na cultura da empresa e busca atender a necessidades, preocupações e percepções do grupo de colaboradores da companhia.

E é exatamente este último que iremos abordar ao longo deste capítulo.

Importância do ambiente de trabalho no resultado da companhia

Um ambiente de trabalho saudável é muito importante para que uma empresa atinja, de forma sustentável, seus objetivos. Quando os colaboradores estão em uma empresa que os faz sentir felizes e satisfeitos, tendem a se dedicar muito mais e a realizar suas atividades com muito mais garra e entusiasmo, pois eles começam a sentir como se a empresa fosse a extensão de sua própria casa, um lugar aconchegante e ótimo de se estar. Passa a ver seus colegas de trabalho como extensão de sua família. **Passa a ver os objetivos da empresa como seus próprios objetivos**, iniciando até um intraempreendedorismo. Chamamos disso de **engajamento**, comportamento fundamental para uma empresa no mundo de hoje. O colaborador precisa se sentir querido e valorizado no seu ambiente de trabalho, e não sentir que aquilo ali é um verdadeiro fardo, comemorando a chegada da sexta-feira e lamentando a segunda-feira. Por isso é fundamental que a empresa proporcione um clima organizacional tão bom e agradável que gere satisfação de estar ali e de pertencer àquela companhia.

Por outro lado, quando o colaborador não possui um ambiente que o propicie a se sentir em casa, com harmonia e um bom clima organizacional, começa a insatisfação, o que traz problemas não somente para o colaborador, como também para a própria empresa.

Os ambientes e os gestores tóxicos

Você certamente já ouviu falar de pessoas que foram constrangidas, perseguidas ou humilhadas em seus locais de trabalho. Também já deve ter ouvido sobre profissionais que são submetidos a metas inatingíveis e sofrem todos os dias com a pressão de estarem sempre "correndo atrás do prejuízo". Esses locais de trabalho, infestados de pessoas que sofrem com assédio moral, são o que chamamos de **ambientes tóxicos**.

Acreditamos que o alto índice de desempregados no Brasil, há muitos anos superior a sete dígitos (isso mesmo, mais de 10 milhões de desempregados!!!), contribui para que a existência desses ambientes perdure até os dias de hoje. Com um número tão grande de profissionais disponíveis para substituição rápida, muitos colaboradores assediados se calam e aceitam a rotina tóxica para não correr o risco de fazer parte da estatística assustadora da massa desempregada.

A grande maioria ainda tem receio de denunciar **gestores tóxicos**, mesmo após saírem dessas empresas, pois muitos acreditam que podem ser preteridos por uma empresa por ter processo contra outra.

Muitos estão em ambientes como esses e nem percebem. Acostumam-se com isso e acabam confundindo esses maus tratos com a cultura da empresa. Para facilitar a identificação de um ambiente tóxico, vamos comentar alguns sinais de que isso pode estar ocorrendo.

1. Absenteísmo

Trabalhadores podem ficar doentes, podem ter problemas pessoais. Tudo está previsto na legislação atual. Porém, quando essas exceções passam a ser mais frequentes, tanto o profissional quanto a empresa precisam ligar o alerta.

Existe um tipo de absenteísmo que é mais difícil de ser medido: a ausência mental. Isso ocorre quando um profissional comparece ao local de trabalho, mas sua cabeça está "em outro lugar". Ele não presta a devida atenção na execução de suas atividades.

2. Falta de respeito por parte dos superiores

Algumas pessoas com cargos hierarquicamente superiores podem faltar com o respeito aos funcionários ou então utilizar demasiadamente de cinismo e sarcasmo no trato com os demais colaboradores.

Normalmente isso ocorre através de críticas não construtivas, estímulo à competição entre os pares ou piadas fora de hora. Nesses casos, o trabalho em equipe é preterido e no seu lugar aparecem o medo, a insegurança e o mal-estar.

3. Problemas de comunicação

Comunicação é algo conhecidamente crucial para o sucesso ou o fracasso. Como não poderia deixar de ser, é fundamental no ambiente corporativo.

No trabalho, problemas de comunicação ocorrem quando a comunicação é incompleta, quando não é direta e quando a mensagem não corresponde à verdade. Enfim, se a mensagem não for clara, direta, honesta, franca, e, acima de tudo, real, a comunicação sofre ruídos que podem causar incerteza e interpretações com duplo sentido. Essa situação cria armadilhas para os envolvidos, o que pode diminuir sua produtividade.

Para você é comum receber uma atividade que não esteja clara em relação ao resultado esperado? Acontecer isso de vez em quando é compreensível, mas adivinhar com frequência o que seu gestor espera de você pode causar um desestímulo aliado a uma frustração. Daí em diante é um passo bem pequeno para que a desmotivação tome conta do profissional.

4. Falta de perspectivas para o colaborador

Existe também a situação onde a empresa presta muito pouca atenção no seu empregado. O maior foco é em indicadores, resultados, clientes, etc. O interesse dos colaboradores tem muito pouca relevância. Nessas empresas o profissional trabalha anos a fio sem ser promovido, sem um plano de carreira nem políticas internas para sua maior satisfação.

5. O líder ditador

Existem lideranças que não se preocupam muito com a opinião de seus comandados. As decisões são tomadas sempre com base apenas nos conhecimentos e habilidades do líder. Nessas situações os profissionais se sentem inseguros de dar uma opinião contrária à do seu chefe.

> *Não faz sentido contratar pessoas inteligentes e dizer a elas o que elas devem fazer; nós contratamos pessoas inteligentes para que elas possam nos dizer o que fazer. (Steve Jobs)*

6. Assédio moral

Esta é certamente a situação mais comum dentro de um ambiente de trabalho tóxico. Ocorre quando uma liderança ou pessoas da mesma equipe agem voluntariamente para prejudicar o trabalho de uma pessoa, através da interposição de obstáculos pessoais e profissionais. Isso é uma causa bem comum de estresse em ambientes de trabalho.

Doenças causadas por ambientes tóxicos

Certamente você ou algum conhecido seu já esteve em uma situação em que a empresa empregadora era fortemente orientada a resultados. Nesses tipos de ambientes a pressão é fortíssima e em algum momento as pessoas acabam realmente ficando doentes.

Essas doenças vão desde transtornos psicológicos, passando por problemas dermatológicos e até complicações cardiovasculares.

Em uma recente pesquisa com 18 mil executivos, a seguradora Omint constatou que 96,12% dos entrevistados informaram que não se alimentam direito. Além disso, mais de 40% deles não praticam atividades físicas e estão acima do peso (LG, 2014). Dessa forma, está claro que funcionam como bombas prestes a explodir.

Para finalizar, doenças psicológicas também fazem parte do problema causado por ambientes tóxicos, como **ansiedade** e **insônia**.

No entanto, existem outras doenças importantes causadas pelo estresse, tais como:

- ✓ **Síndrome de *burnout***, que ocorre quando há um esgotamento completo e o profissional não consegue mais desempenhar suas atividades normais.
- ✓ **Síndrome do pânico**, que se caracteriza como momentos de extremo medo sem qualquer razão aparente.
- ✓ **Depressão**, conhecida como mal do século. A pessoa pode ser acometida por desânimo, isolamento e, em casos mais graves, pode levar ao suicídio.
- ✓ **Problemas cardiovasculares**, que normalmente surgem em função do estresse crônico, provocando o fechamento das veias e artérias do coração. O infarto e o AVC (acidente vascular cerebral) são os problemas mais comuns e letais encontrados.

Construindo um ambiente fértil para disseminar a cultura ágil

Empresas nascidas antes da era digital têm muita dificuldade de se adaptar a esse mundo VUCA, já comentado em capítulos anteriores.

Acreditamos que as empresas devem aplicar mais fortemente o conceito de *business agility*, ou agilidade organizacional, que propõe que as organizações respondam rapidamente às mudanças de mercado, adaptando sua configuração inicial.

Não existem mais soluções prontas para serem aplicadas. Nesse mundo só existem os problemas para serem resolvidos por PESSOAS. E são essas pessoas que precisam estar felizes, engajadas, comprometidas e motivadas para serem criativas e inovadoras.

Mudar a cultura de uma empresa que está há anos no mercado fazendo sucesso utilizando práticas tradicionais é muito difícil.

Não é à toa que empresas como Uber, Airbnb, Spotify e Nubank utilizam na essência práticas ágeis. Elas surgiram assim, são disruptivas por natureza. O que as empresas tradicionais precisam é de um choque de cultura. E as chances aumentam muito se essa mudança vier *top-down* (através das camadas superiores da empresa).

Espaços abertos, times multidisciplinares e decisões colaborativas precisam de ambientes saudáveis onde as falhas fazem parte do processo de criação de novas soluções para os problemas corporativos. Esse é um típico ambiente de uma empresa que passou por um processo de transformação. Se você enfrenta problemas de ambiente como os citados aqui, não conseguirá adotar uma cultura ágil.

Nessa jornada o RH precisa ser ágil, aprender com seus erros e buscar, interna ou externamente, profissionais e processos que propiciem essa grande mudança.

13. Como criar uma organização inclusiva

Amanda Bucar

Quando falamos sobre organização inclusiva, logo pensamos em inclusão de determinados grupos, tais como mulheres, negros e pessoas com deficiências. Mas será que falar de organização inclusiva é somente pensar nesses grupos e inseri-los na organização de forma aleatória? O que é de fato a inclusão no ambiente profissional?

Pesquisas realizadas pelo Censo Oficial e o Instituto Ethos mostram que "a diversidade étnico-racial no meio corporativo é afetada por um problema social do Brasil. Os negros – denominação que inclui pretos e pardos – são 54% da população (...). Entre eles, 67% recebem até 1,5 salário mínimo por mês" (FILIPPE, 2019).

Também foi encontrado que a disparidade salarial entre homens brancos e mulheres negras é de 63% contra 24% quando comparado entre homens e mulheres brancos.

Pensar em organização inclusiva é pensar além dos grupos. Claro que eles são importantes, mas ainda é necessário ir além, enxergar não somente a falta de profissionais desses grupos nas organizações, mas como eles são admitidos dentro do ambiente organizacional. Ao considerarmos somente a entrada dos grupos minoritários, deixamos de lado o enorme impacto que a diversidade traz para o negócio e a forma como a diversidade e a inclusão serão tratadas no dia a dia do ambiente de trabalho.

Entre as pessoas que encontram dificuldades de acesso às organizações estão pessoas obesas ou fora do padrão de beleza atual, mulheres provedoras de família monoparental, religiosos de diferentes culturas – incluindo religiões de origens africana e também sabatistas, público LGBTI+, estrangeiros de países subdesenvolvidos e refugiados.

O que não é inclusão?

Apesar de listarmos aqui minorias que enfrentam desafios no mercado de trabalho, inclusão em um ambiente corporativo não é somente priorizar a contratação de pessoas desses grupos, seja por cotas ou lei. Ambientes inclusivos vão além de apresentar profissionais diversos; esses profissionais precisam colaborar com o valor da empresa, ou seja, a empresa precisa dar voz para que seus colaboradores estejam todos alinhados quanto ao valor da diversidade.

Ser inclusivo não significa empregar qualquer profissional para cumprir metas de diversidade ou a lei. O que faz o ambiente inclusivo é buscar os profissionais certos em diferentes lugares, independentemente de suas características físicas, culturais ou crenças.

O instituto Ethos, no Guia EXAME de Diversidade (FILIPPE, 2019), concluiu que o valor encontrado na diversidade está relacionado aos estágios de maturidade das organizações. Quanto mais maduras elas são, maiores são suas iniciativas de inclusão e compromisso social.

A pesquisa aponta que 82% das 109 empresas participantes têm promoção da diversidade e inclusão no planejamento estratégico; 72% consideram a promoção da diversidade em avaliações institucionais; 59% priorizam o uso de desenho universal em instalações e produtos; e 89% têm políticas de não discriminação nos processos de RH.

Ainda na pesquisa, um ponto de atenção é que, apesar de 89% das empresas pesquisadas possuírem políticas de não discriminação nos processos de RH, ainda não há, ou há pouco, políticas de inclusão durante a seleção e contratação. Os números apontam que apenas 28% das empresas pesquisadas dispõem de iniciativas para contratação de pessoas pretas, 14% dispõem de iniciativas para contratação de pessoas LGBTI+, em oposição de 72% que dispõem de iniciativa para contratação de mulheres e 68% para contratação de pessoas com deficiência. Esses números levantados apontam para um gargalo de políticas de inclusão e diversidade entre o público étnico-racial e LGBTI+.

Por que pensar em inclusão dentro da minha organização?

As empresas que promovem a diversidade e a inclusão não o fazem por mero bom-mocismo. Uma pesquisa da consultoria McKinsey, realizada globalmente com 1.000 companhias e divulgada no ano passado, revelou que empresas com diversidade de gênero no time executivo obtêm, em média, lucros 21% maiores do que as demais. Entre as que valorizam a diversidade racial, essa diferença sobe para 33%. (FILIPPE, 2019)

Houve um tempo em que era mais comum exigir foto no currículo e levar em consideração as características físicas do candidato durante a seleção. Hoje o cenário tem mudado e os departamentos de recursos humanos tem priorizado as experiências profissionais e até as qualidades comportamentais para realizar seleções mais justas e enxutas – as *soft skills* em comparação com as *hard skills*. O recrutamento ajuda também nesse cenário com a priorização na busca por profissionais que se destacam no mercado devido a sua capacidade de entrega.

Com os avanços da tecnologia, a cultura corporativa está mudando e as empresas estão se adequando ao novo cenário. Com a chegada de novos modelos de negócios, tais como as *startups*, a mentalidade a respeito da inclusão tem mudado e hoje se enxerga que times diversos geram inovação através de diferentes perspectivas. Soluções criativas são encontradas com maior facilidade, inovando não somente em soluções produto/serviço, mas em processos e cultura organizacional.

Vale ressaltar que o mercado consumidor também se encontra em mudança. Os consumidores já não buscam somente preço e qualidade, mas empresas com valores similares aos seus. Criar um ambiente de inclusão aproxima a organização desse novo mercado consumidor.

Como criar uma organização inclusiva?

Tudo começa na cultura organizacional. Não há como criar ambientes inclusivos dentro da organização se não houver a mudança de mentalidade de todos os colaboradores e da gestão, pois, muito além de contratar grupos minoritários, é importante incentivar a colaboração mútua, o respeito e a empatia no dia a dia do trabalho. A mudança da cultura, colocando o colaborador em posição de grande relevância para organização, contribui para a manutenção de um ambiente de trabalho saudável.

Durante a seleção, seja por uma empresa com um departamento de recursos humanos estruturado ou em uma pequena empresa que não detém um departamento específico de contratação, é importante considerar uma seleção enxuta, que foque não somente nas experiências profissionais ou no currículo acadêmico, mas que através de entrevistas e testes situacionais, por exemplo, possa analisar as características comportamentais do candidato.

O recrutamento ativo é uma opção que deixa mais justo o processo seletivo, uma vez que o candidato é abordado pela empresa e não ao contrário, promovendo assim uma busca por qualidades essenciais aos valores da empresa com base nas experiências reais do candidato e não somente no que foi apresentado em seu currículo.

Há também o recrutamento às cegas, que será mais aprofundado no Capítulo 21, que é uma modalidade de recrutamento onde são utilizados softwares que minimizam a visualização de partes do currículo que deem brecha para discriminação, ou seja, é mostrado somente o que é relevante para a análise técnica do candidato, tornando assim a seleção mais diversa e imparcial.

Além de considerar a cultura da empresa no processo seletivo, a busca pelo candidato deve vir de diferentes lugares e cenários: buscar sair do padrão de contratação e procurar perfis diferentes e complementares é importante para a construção de ambientes com diversidade. Nesse momento vale utilizar tecnologia, redes sociais profissionais, plataformas de recrutamento, comunidades de profissionais da área, mas também é interessante ter políticas de recebimento de currículo de forma contínua em uma base de talentos da empresa, facilitando assim a busca por perfis que já se interessaram em um primeiro momento em trabalhar na organização em questão.

Cotas de contratação é uma alternativa viável no cenário atual, principalmente para grandes corporações onde a gestão é descentralizada e o departamento de RH não consegue comportar todas as seleções, ficando a cargo do gestor. Nesse sentido, as cotas são válidas a fim de ter o número esperado de diversidade, porém este não deverá ser o único critério de seleção.

Lembre-se de que não é só contratar com diversidade; o desenvolvimento do profissional é tão importante quanto a contratação, pois gera retenção e confiança na cultura da empresa. Investir em capacitações se torna importante para a manutenção da diversidade, não somente em conhecimentos técnicos, mas também em habilidades sociocomportamentais. Por último, a manutenção do profissional dentro do ambiente organizacional é de suma importância – aqui entra a cultura de valorização do ser humano, inclusão no dia a dia do trabalho e também equiparação salarial.

14. Estratégia para implantação de um RH ágil

Júnior Rodrigues
Thayana Brider
Robertha Magalhães Rodrigues

A capacidade de adaptação precisa se tornar um mantra tanto para as organizações quanto para as suas áreas internas e, principalmente, para os profissionais que nelas atuem, fazendo com que as abordagens ágeis ganhem cada vez mais espaço e permeiem todas as áreas da empresa.

Nesse contexto, as pessoas ganham uma relevância exponencialmente maior, uma vez que processos e tecnologias não são suficientes para lidar com a complexidade existente, tampouco possuem a capacidade de criar e inovar por si só.

Portanto, não poderia ser diferente que uma área diretamente ligada às pessoas, como a de recursos humanos, tivesse a necessidade de se reinventar e se adaptar às abordagens ágeis, necessárias para sobreviver no mundo atual.

Sendo assim, que estratégia é possível adotar para a implementação do RH ágil?

Contexto

Na esteira do Manifesto Ágil escrito em 2001, outros documentos foram redigidos e assinados no mesmo sentido por profissionais de outras áreas. O intuito era de absorver o *mindset* ágil às suas realidades e disseminá-lo para suas operações, a fim de acompanhar as mudanças que a agilidade trouxe (ver Capítulo 7).

Habilitando a agilidade

De nada adianta investir em sistemas, ter o suprassumo da infraestrutura, tampouco contratar os melhores profissionais do mercado. É necessário compreender que a transformação ágil não é baseada em tecnologia, mas em pessoas em primeiro lugar.

E como habilitadores dessa transformação, têm-se quatro passos imprescindíveis para que os resultados sejam alcançados:

- ✓ **Compreender a necessidade de mudar a cultura:** a alta gestão precisa apoiar uma mudança cultural que alcance toda a organização.
- ✓ **Promover um *mindset* ágil:** a transformação irá ocorrer a partir da formação de um ambiente onde a agilidade esteja presente, com eliminação de desperdícios e retrabalhos, e o fomento à colaboração e cocriação.
- ✓ **Eliminar vaidades hierárquicas:** um ambiente ágil se baseia na autogestão e na liderança, onde cargos deixam de ter importância.
- ✓ **Focar no valor para o cliente:** a transformação não será efetiva se não se traduzir em uma entrega de valor em seus produtos e serviços aos clientes.

Portanto, pessoas precisam ser lideradas dentro desse movimento organizacional e cultural em busca da agilidade necessária para a entrega de valor ao cliente.

Papel dos líderes

O modelo tradicional e hierarquizado cada vez mais perde espaço nas organizações. Com as abordagens ágeis e conceitos como horizontalização, *Management* 3.0 e liderança servidora, as empresas trilham um caminho totalmente oposto.

Mesmo em ambientes que ainda se apoiam no comando e controle, os gestores precisam ampliar sua visão para além das fronteiras de suas áreas. Essa mudança de *mindset* por parte dos gestores é de suma importância para a sua adaptação nesse contexto atual, onde uma abordagem de liderança deve falar mais alto.

Sendo assim, a agilidade é um estado de ser – não só o que fazemos. E líderes que têm um *mindset* ágil podem melhorar a agilidade organizacional e obter mais sucesso em sua implementação nas empresas.

O RH precisa atuar interagindo junto aos líderes para garantir que as equipes ágeis (incluindo *Scrum Masters*, *Product Owners*, *delivery managers*, gerentes e outros), dependendo da abordagem utilizada, possuam o alinhamento necessário com os objetivos de negócio. O RH também deve permitir a autonomia de seus colaboradores, buscando um nível máximo em cada frente para obter entregas de valor.

Figura 14.1. Alinhamento x autonomia.
Fonte: adaptado de Mendes (2018a).

Interação com as equipes

Uma vez que se supõe que o talento, a liderança e as pessoas são o que permitem uma vantagem competitiva, os processos de RH precisam se adaptar à realidade do *agile*.

É preciso descobrir o propósito de vida das pessoas, para que, assim, as organizações estabeleçam práticas alinhadas com esses propósitos visando criar um ambiente onde as pessoas se sintam realizadas e consequentemente queiram permanecer.

Dessa forma, a empresa cria uma cultura ágil o suficiente para olhar grupos e não mais indivíduos. E o RH, por sua vez, passa a ter a responsabilidade de acompanhar essas equipes e garantir que elas possam trabalhar de forma eficiente.

Existem quatro pontos principais em que o RH pode atuar diretamente:

- ✓ **Formação dos times:** apoiando na identificação dos indivíduos que possuam perfis complementares e no *team building*.
- ✓ **Fomento à realização de reuniões:** as retrospectivas permitem a identificação de melhorias no trabalho. Os fóruns também são importantes para a troca de boas práticas.
- ✓ **Plano de ação:** apoiar as melhorias identificadas que devem ser implementadas, que podem incluir treinamentos.
- ✓ **Comunicação e mudanças:** as entregas dos projetos podem necessitar de um apoio mais forte em sua comunicação, dependendo do porte.

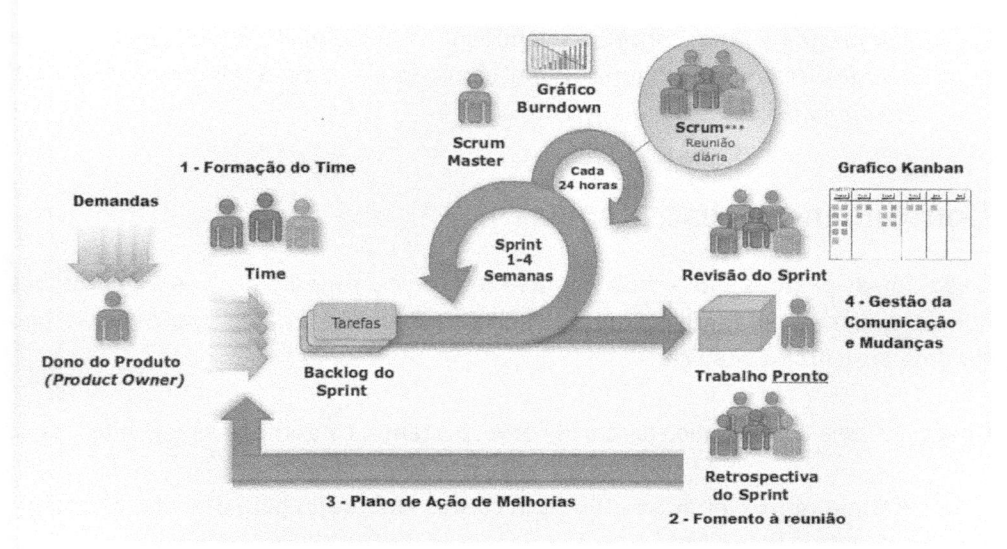

Figura 14.2. Exemplo de apoio às equipes com *Scrum*.
Fonte: os autores.

Capacitação dos colaboradores

Além das necessidades observadas nos planos de ação resultantes das retrospectivas das equipes, faz-se necessária a criação de programas regulares de capacitação para a aquisição e disseminação do conhecimento internamente.

Não se pode, ademais, depender somente de treinamentos patrocinados pelo orçamento do RH ou das áreas, muitas vezes restrito, devendo-se adotar estratégias de menor custo para compartilhar conteúdos relevantes.

Nesse sentido, é importante para o RH atentar para as seguintes oportunidades:

- ✓ **Realização de *meetups*:** esses eventos são uma grande chance de convidar profissionais atuantes do mercado para realização de palestras na empresa.
- ✓ ***Webinars* programados:** há uma infinidade de exibições *on-line* acontecendo diariamente, muitas ainda são gravadas, permitindo que se programe um dia da semana para transmiti-las na empresa.
- ✓ **Fomento ao compartilhamento interno:** criação de um programa na própria empresa onde os profissionais que possuem conhecimento de um dado assunto possam compartilhar com os demais, seja por meio de *workshops*, palestras, *webinars*, etc.

✓ **Pair programming**: conceito advindo do XP (*Extreme Programming*), permite que profissionais mais juniores possam adquirir conhecimento trabalhando em conjunto com os mais seniores.

Consolidando a estratégia

Dado que as pessoas são o mais importante, principalmente para as organizações que desejam realizar a transformação ágil, não há como essa área ficar de fora e não ter uma posição estratégica.

Uma estratégia bem definida para o RH deve, portanto, contemplar as seguintes fases:

✓ **Planejamento:** onde se utiliza um *canvas* elaborado para planejar estrategicamente o RH.
✓ **Execução:** no apoio às equipes para as entregas de resultados dos projetos.
✓ **Avaliação:** quando serão identificadas as melhorias necessárias para que o RH se adapte continuamente às necessidades da organização.

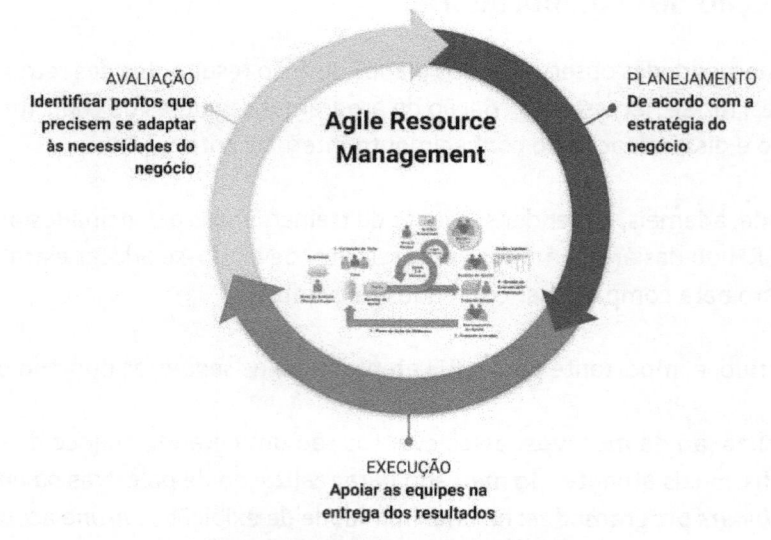

Figura 14.3. *Agile Resource Management*.
Fonte: os autores.

Dessa forma, o RH se credencia junto à liderança da organização para guiar as ações relativas às pessoas, rumo ao alcance dos objetivos, assumindo um protagonismo importante na era digital.

ARM *Canvas*

A definição de um modelo de negócios é um item extremamente necessário para o direcionamento estratégico de qualquer empresa, ou mesmo de suas áreas. O BMC (*Business Model Canvas*, de Osterwalder e Pigneur, 2011) é uma ferramenta importante para apoiar nessa definição, sendo de fácil visualização, em uma só página.

Modelos assim, chamados de *one page*, permitem uma maior agilidade no entendimento das informações consolidadas sobre determinados pontos. Seguindo essa mesma direção, foi pensado o ARM (*Agile Resource Management*) *Canvas*:

ARM Canvas

Propósito do RH - Golden Circle		
Seleção de Pessoas	Flexibilidade no Trabalho	Medição de Desempenho
	Programas de Capacitação	
Rede de Parceiros e Recursos	Alinhamento com o Negócio	Motivação/Engajamento/Recompensas
Remuneração e Benefícios	Autonomia de Decisão	
	Conduta dos Colaboradores	

Figura 14.4. ARM Canvas.
Fonte: os autores.

A ideia é que se defina o propósito do RH, tomando-se por base o Golden Circle do Simon Sinek (2018), o que irá basear todo o desenvolvimento das demais estratégias que pretendem cobrir todo o ciclo de vida do colaborador na organização. Veja a seguir:

✓ **Antes**
- **Seleção de pessoas:** criar formas adequadas para o recrutamento e a seleção de pessoas que tenham aderência aos valores e à cultura da organização.
- **Rede de parceiros e recursos:** instituições e organizações que possam preparar, direcionar e indicar profissionais, bem como fomentar conhecimentos e demais habilidades necessárias a estes.
- **Remuneração e benefícios:** definição de padrões justos e atrativos que motivem as pessoas a ingressar e, principalmente, a permanecer na empresa.

✓ **Durante**
- **Flexibilidade no trabalho:** uma cultura de trabalho para permitir que as pessoas tenham um maior equilíbrio entre a vida pessoal e profissional.
- **Alinhamento com o negócio:** desenvolver a capacidade das pessoas trabalharem em prol dos objetivos da organização e para a entrega de valor.
- **Autonomia de decisão:** empoderar os indivíduos para que possam tomar suas próprias decisões para o bem do negócio, de acordo com as restrições.

✓ **Durante/Depois**
- **Programas de capacitação:** manter ações regulares que permitam a disseminação de conhecimento, seja por meios externos ou internos.
- **Conduta dos colaboradores:** definir limites claros para os comportamentos e as atitudes das pessoas, dentro do bom senso.

✓ **Depois**
- **Medição de desempenho:** utilizar meios efetivos que privilegiem o coletivo, como OKRs, para medir o desempenho por meio de resultados.
- **Motivação/Engajamento/Recompensas:** fomentar o uso de elementos que inspirem as pessoas a dar o seu melhor, sem condicionar a aspectos financeiros.

Dessa forma, é possível que o RH atue mais estrategicamente para assumir um protagonismo cada vez maior na transformação ágil, permitindo que as pessoas e, consequentemente, a organização alcancem resultados superiores.

15. Importância do ciclo de melhoria

Coaracy Gomes da Silva Junior
Juliano Granadeiro

A experimentação é algo inerente em nós humanos desde os primórdios dos tempos e vem sendo essencial para nossa evolução. Vide como exemplo a descoberta do fogo, as invenções da roda, do avião, de máquinas industriais, evoluções na área médica, etc., as quais contribuíram para melhorar nossa qualidade de vida.

Vivemos em uma sociedade onde as mudanças são cada vez mais velozes e drásticas, criando novas necessidades e exigindo novas formas de atendê-las. A experimentação se torna cada vez mais constante e próximas umas das outras, diminuindo nosso tempo de absorção e evolução do aprendizado. Uma forma de lidar com esse contexto atual é o conceito de ciclos de melhoria.

Segundo Monteiro (2018), ciclo de melhoria é o conceito de avaliar os processos, produtos e serviços de uma organização visando identificar possíveis problemas e as respectivas mudanças necessárias para sua melhoria. Como esses ciclos não são um programa com início e fim definidos, mas uma cultura onde a melhoria é algo constante, eles se repetem um após o outro, em um *loop*.

Um ponto importante é que o foco está em reconhecer a(s) causa(s) de um problema ou situação, visando identificar as mudanças necessárias para sua evolução a um novo patamar.

Nessa nova realidade, o RH vem sendo demandado cada vez mais a ter uma participação maior no nível estratégico das organizações. Hoje a adaptação constante exige uma maior adequação do planejamento estratégico com a cultura organizacional, visando encontrar um equilíbrio na busca dos resultados almejados. Entender que o conceito de ciclo de melhoria pode ajudar a chegar ao objetivo desejado.

Agora apresentamos três elementos que julgamos ser importantes para fazer com que o ciclo de melhoria faça parte do dia a dia das organizações.

Cultura de experimentação

Quando falamos em ciclo de melhoria, é necessário entender que alguns problemas são mais complexos de resolver do que outros; consequentemente, nem todas as melhorias serão alcançadas na primeira iniciativa. Muitas das vezes serão necessárias diversas mudanças até chegar a um ponto desejado. Com isso queremos dizer que algumas melhorias falham porque não atingem o resultado desejado. O ponto principal é: qual é a postura da organização ou gestor diante de uma falha?

Muitos de nós já ouvimos histórias de pessoas ou equipes que foram expostos em público por iniciativas que deram errado ou sofreram punições ou retaliações por isso. Em ambientes de punição ao erro e exposição das pessoas, ninguém vai ter a coragem ou iniciativa de tentar novas coisas. Como resultado, seus processos não melhoram, sua organização não inova ou então surgem melhorias com poucas chances de falhas e que não apresentam valor de fato.

Um ponto essencial é entender que não se trata de um incentivo ao erro de maneira irresponsável, mas de um alto nível de maturidade da organização ao tratar as falhas. A essência da cultura de experimentação é inicialmente realizar uma análise para saber qual experimento será realizado e o momento. Isso compreende avaliar os riscos e se a organização tem como suportá-los, qual será o ganho, o nível de importância para organização e o objetivo do experimento. Em uma cultura de experimentação a organização ganha quando o experimento dá certo e produz um resultado ou ganha quando falha, pois gera um aprendizado que evitará a mesma falha novamente.

Redução do ciclo de *feedback*

Neste livro já falamos sobre mundo VUCA, histórico de mudanças de tecnologias e sociedade. O mundo está mudando cada vez mais rápido. Você leitor, se trabalha com RH, pode estar familiarizado com o conceito de *feedback* dado para um colaborador. O ciclo de *feedback* de que estamos falando neste capítulo é outro, é o que é usado pelas organizações na construção de produtos e serviços, que também se aplica aos ciclos de melhoria.

Segundo Ries (2012), no modelo de *startup* os seus produtos são consequência dos *feedbacks* recebidos de seus clientes e da aprendizagem sobre como construir uma empresa sustentável. Esses conhecimentos gerados possuem um grande valor para o negócio. Ries (2012) acrescenta ainda que o ciclo do *feedback* é compreendido por três etapas: construir, medir e aprender. Reduzir o tempo deste ciclo deveria ser o foco da organização. A ideia central é evitar o desperdício de tempo e dinheiro criando produtos que não estão adequados às necessidades do mercado.

Esse mesmo conceito é usado quando falamos em ciclos de melhoria. Não adianta ter um período longo de planejamento e desenvolvimento das mudanças para ver apenas no final que a solução não era necessária. Quem nunca viu o desenvolvimento de um projeto em RH que durou muito tempo e no final não resolveu o problema? Ou então que a necessidade já tinha mudado?

Quanto menor for esse ciclo, mais rápido terá a informação do que as pessoas querem e precisam e consequentemente menos tempo e dinheiro são gastos em coisas que não serão necessárias. Uma possível estratégia para conseguir reduzir esse ciclo é focar em problemas pontuais e em experimentos que visam trabalhar uma hipótese por vez.

Vale (2020) apresenta a fórmula da eficácia, conforme Figura 15.1, que se baseia na redução do tempo entre a definição da hipótese e sua validação. Segundo ele, em ambientes complexos onde se faz necessário trabalhar com aleatoriedade, essa diminuição ajuda no aumento de objetividade e na redução de riscos.

Figura 15.1. Representação da fórmula da eficácia e diminuição no tempo de ciclo.
Fonte: adaptado de Vale (2020).

Cultura de dados

Um outro fator importante para trabalharmos com melhoria é a cultura de dados, pois ela permite quantificar ações e resultados. Com o RH se aproximando cada vez mais do estratégico e consequentemente do C-*level*, fica cada vez menor o espaço para discussões que não tenham uma base em fatos ou dados. Quando a conversa é em torno do "eu acho", prevalecerá sempre a opinião de quem tem mais influência.

Existem diversos fatores internos e externos que influenciam uma iniciativa de melhoria e o seu resultado, o que acaba aumentando a complexidade. O uso de dados é a maneira mais confiável de comprovar o sucesso de uma iniciativa. Veja um exemplo para ilustrar a importância do uso de dados.

Imagine que sua organização resolveu conduzir uma iniciativa para redução do tempo de conclusão de vagas. Ela contrata uma consultoria, treinamento e aquisição de ferramentas. Após seis meses foi apresentado o resultado do gráfico da Figura 15.2, e todos festejam o resultado.

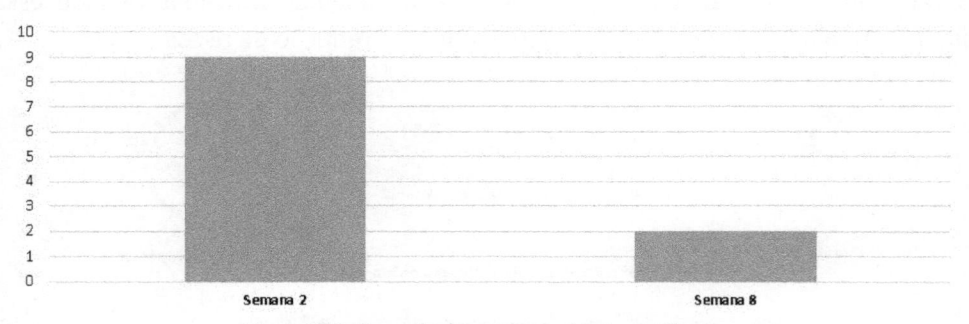

Figura 15.2. Exemplo do resultado de uma melhoria.
Fonte: os autores.

Agora será que realmente ocorreu melhoria? Ou será que o tempo e o dinheiro gastos em seis meses foram um desperdício?

Se você e sua organização possuem uma cultura de dados, é possível fazer análises mais profundas, conseguindo identificar situações conforme a Figura 15.3. Os números da semana 2 e 8 são os mesmos da Figura 15.2, mas temos quatro situações diferentes.

- ✓ **Análise 1:** houve uma melhoria e a organização fez um bom investimento.
- ✓ **Análise 2:** não houve melhoria, pois continua com uma variação e o resultado da semana 8 foi uma coincidência.

✓ **Análise 3**: houve um desperdício, pois a organização já tinha o processo em um patamar baixo. O resultado da semana 2 foi algo pontual e não uma característica do processo.

✓ **Análise 4**: houve um desperdício. O processo já estava em queda, provavelmente algo anterior gerou a melhoria e não essa iniciativa.

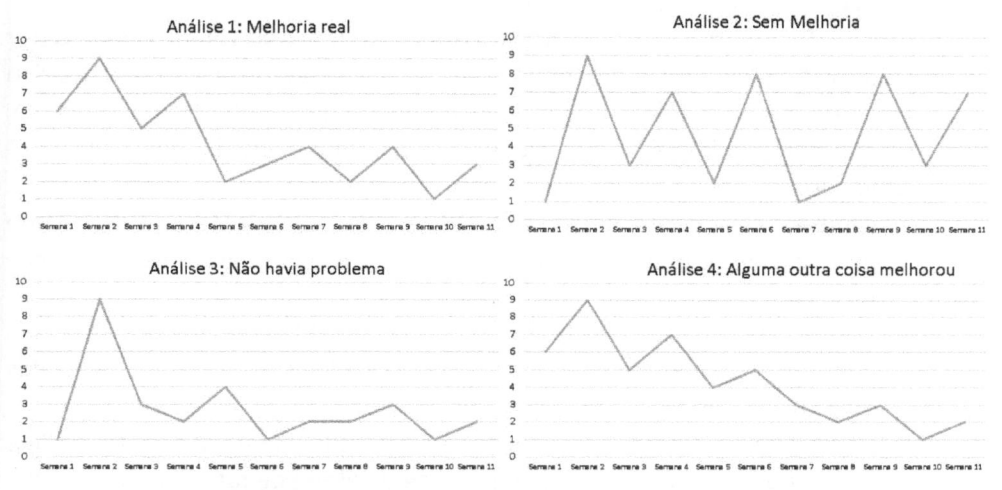

Figura 15.3. O poder do uso de dados na decisão e análise de melhorias.
Fonte: os autores.

No mercado existem diversas metodologias que o ajudarão a desenvolver os conceitos apresentados neste capítulo. Apresentaremos aqui algumas delas:

✓ **Ciclo PDCA**: muito útil para análise de problemas que não têm uma causa tão aparente. O nome surgiu da sigla no inglês para *Plan, Do, Check e Act*. No *Plan*, o objetivo é definir o problema que será abordado, as hipóteses para a causa do problema e respectivas ações. No *Do* você realizará a implementação da ação. No *Check*, avaliará os resultados das ações implementadas. No *Act*, verificará se os resultados atendem às suas necessidades, coletará as lições aprendidas e decidirá entre adotar as ações implementadas ou iniciar outro ciclo PDCA para aprofundar a análise ou investigar as novas hipóteses que possam ter surgido.

✓ ***Lean Six Sigma***: é a união da cultura do *Lean* com a metodologia *Six Sigma*. Ele planeja e orienta as melhorias baseando-se em controles e análises estatísticas. O seu ciclo se chama DMAIC, que é oriundo do inglês *Define, Measure, Analyze, Improve* e *Control*. No *Define*, você definirá o problema que será abordado, o objetivo da melhoria, qual o entendimento do que é qualidade e o processo que será melhorado. No *Measure*, você medirá o processo que tem hoje para obter dados estatísticos que mostram o comportamento atual do processo. No *Analyze*, levantará as possíveis hipóteses de causas do problema e identificará as possíveis mudanças. No *Improve*, serão executadas as mudanças identificadas em uma escala menor, será avaliado se é uma melhoria e se teve efeito desejado. No *Control*, a mudança será planejada para ser aplicada em larga escala, padronizando assim a melhoria.

✓ *Kaizen*: Segundo o site Kaizen Institute (s.d.), o termo foi introduzido por Masaaki Imai no livro chamado "Kaizen: A chave para o sucesso competitivo japonês". Segundo Imai, *kaizen* significa melhoria, mas vai muito além disso; é a melhoria aplicada de forma contínua em tudo e envolvendo a todos. O *kaizen* possui cinco fundamentos:

- **Conheça seu cliente.** O foco é identificar o que seu cliente considera como algo de valor e assim melhorar sua experiência com produtos e serviços da organização.
- **Deixar fluir.** O foco é entender o fluxo e permitir que ele flua de forma contínua. Isso acontece reduzindo os desperdícios gerados pelos gargalos do processo, que atrasam a entrega de valor.
- **Vá ao *gemba*.** *Gemba* é o local onde o trabalho acontece de fato, onde a operação é executada. O *gemba* é onde o valor é de fato gerado, então é preciso estar nele e conhecê-lo de perto.
- **Empodere pessoas.** Para resultados melhores, é necessário preparar as pessoas. O *kaizen* possui uma forte orientação ao respeito entre pessoas e as organizações. Para obter respostas rápidas em um mundo em constantes mudanças disruptivas, é preciso equipes preparadas para o convívio com respeito e focadas no resultado coletivo.
- **Transparência.** A performance e melhoria precisam ser tangíveis e visíveis, e a comunicação deve acontecer com dados reais.

Existem outras metodologias, e cada uma tem suas vantagens e desvantagens. Cabe agora a você identificar qual melhor se adapta ao seu contexto. O importante acima de tudo é ter os elementos básicos e melhorar continuamente.

16. *People analytics*

Bruno Leonardo Rosa
Marcio Luiz Reis e Pimenta
Regiane Moura Mendonça

A história não dá passos, ela dá saltos a partir de eventos inesperados que mudam o paradigma daquele tempo e lugar (TALEB, 2015).

As palavras de Nassim Taleb parecem ecoar como trovão nesses tempos confusos, onde a necessidade de escolhas mais responsáveis parece ser a única forma das empresas navegarem, com um mínimo de responsabilidade e sucesso, em um mar de desafios sociais, econômicos e de gestão.

Tais escolhas, em todos os aspectos da dinâmica corporativa, tendem a ser a cada dia mais e mais fundamentais para a longevidade e até mesmo a sobrevivência das organizações. Frases como: "o melhor negócio do mundo é uma companhia de petróleo **bem administrada** e o segundo melhor é uma companhia de petróleo **mal administrada**", atribuída a John D. Rockefeller, já não encontram mais lugar na sociedade.

Nesses tempos em que as organizações necessitam de ações mais efetivas e mais eficazes por parte de seus gestores e líderes, a relevância destes se torna inegociável e indiscutível.

O papel desses gestores e líderes é tal que, em 2017, uma pesquisa realizada pelo Sebrae em conjunto com a Associação Brasileira de Recursos Humanos (ABRH), com o título "O Real Impacto do Talento" (INSTITUTE FOR LEARNING & PERFORMANCE BRASIL, 2017), revelou que "empreendedores que praticam uma boa gestão de talentos conseguem resultados melhores em suas empresas, independentemente da região ou do tamanho da empresa" – isso após a análise de mais de 1.900 empresas, de todos os portes e em todos os cantos do país.

Tal afirmativa não é exatamente uma novidade. Um estudo em 2007 do Hackett Group (JOYCE; HERREMAN; KELLY, 2007) descobriu que empresas que se destacam em gerenciar talentos faturam cerca de 15% a mais que seus concorrentes. A pesquisa vem em consonância com outra realizada pela consultoria McKinsey (CHAMBERS, 1998), uma das maiores e mais prestigiadas do planeta. A primeira pesquisa extensa com empresas sobre gestão de talentos conseguiu verificar a importância dos talentos para o sucesso, a longevidade e a rentabilidade dos negócios.

Diante de tantas evidências sobre a relevância dos talentos nas organizações, diversos profissionais da área de recursos humanos, da área de tecnologia e de outras áreas começaram a desenvolver projetos em conjunto, para o apoio à tomada de decisão sobre diversas questões relevantes para os processos de recrutamento, seleção, desenvolvimento etc. O objetivo era apoiar a nova "era" do RH que se iniciara no início dos anos 90.

Após a onda de reestruturações nos anos 80, que acarretou na eliminação de milhares de empregos, as políticas econômicas fundamentadas no neoliberalismo começam a dar sinais de esgotamento na década de 90.

A intensificação das tecnologias informacionais no trabalho, o aumento do individualismo, a maior separação entre os países ricos e os países pobres, a internacionalização da economia, o incremento do consumo e da lógica do consumo e, por fim, a ênfase nos consumidores e não mais nos produtores eram fatores suficientes para o questionamento dos modelos de gestão vigentes.

Foi justamente essa conjunção única de elementos que criou as condições necessárias para o estabelecimento de um modelo de gestão estratégica associado à área de recursos humanos.

É importante ressaltar aqui o papel vital dos professores David Norton e Robert Kaplan na realização de estudos que, mesmo abordando de forma tangencial o setor de RH, mudaram para sempre a percepção das organizações acerca da natureza fundamental da gestão de pessoas.

Foi em 1992 que o modelo de "Indicadores Balanceados de Desempenho" ou *Balanced Scorecard* (BSC) foi desenvolvido pelos professores Kaplan e Norton. Esse modelo ampliou a visão de gestores e líderes sobre a importância da perspectiva do aprendizado e crescimento para o sucesso e crescimento das organizações e influenciou para sempre a gestão nas organizações.

A era da gestão estratégica de recursos humanos mudou para sempre o papel do RH nas organizações. O reconhecimento do capital intelectual como um ativo estratégico das organizações e da necessidade de uma gestão competente deste capital, integrado à estratégia da organização, tornou-se elemento fundamental na construção dos times de trabalho.

Contudo, ao longo do tempo, diversos questionamentos foram formulados a respeito da "natureza intuitiva" de diversos dos processos e atividades existentes na área de RH. Nesse contexto, o desenvolvimento de ferramentas e métodos que permitissem a quantificação dos impactos do fator humano nas organizações e no seu desempenho competitivo constitui-se um dos maiores desafios acadêmicos e empresariais.

Com os recursos cada vez mais escassos e a competitividade cada vez mais acirrada, a evolução das ferramentas de comunicação e análise de dados criou o cenário ideal para a gestão de recursos humanos se desvincular de crenças e empirismos e fundamentar-se cada vez mais em dados para a tomada de decisão.

Nesse cenário, com uma abordagem quantitativa para a gestão do capital humano, o *people analytics* é vislumbrado como uma das tendências mais promissoras do mundo corporativo atual na geração de diferencial competitivo, portando-se como uma abordagem revolucionária que pode alavancar ganhos expressivos nos resultados dos negócios através de uma gestão objetiva do fator humano que beneficie todos os *stakeholders*.

Mas o que é o *people analytics*?

O *people analytics* consiste em muito mais do que a mera e simples utilização de uma ou várias ferramentas para o apoio à tomada de decisão das questões relacionadas ao RH. Ele é uma forma inteiramente nova de pensar todo o processo de tomada de decisões em RH.

A premissa básica do *people analytics* considera que as decisões de gestão de pessoas são as decisões mais importantes e impactantes dentro de uma organização; isso porque pensar em produzir resultados superiores sem que seus líderes tomem as decisões corretas na gestão de seus times é uma ilusão.

Em virtude das consequências estratégicas destas, as decisões de P&D, marketing ou alocação de recursos financeiros são, talvez, as decisões mais impactantes. No entanto, cada uma dessas decisões de negócios é tomada por um colaborador, ou seja, uma pessoa. Assim sendo, dentro do *mindset* do *people analytics*, se você contratar e reter pessoas incapazes de gerar grandes resultados, é possível presumir que eles tomarão decisões ruins em cada uma dessas importantes áreas de negócios, bem como nas decisões de gestão de pessoas. O resultado dessa sucessão de decisões equivocadas obrigatoriamente será refletido no balanço e no sucesso das organizações.

Para os entusiastas do *people analytics*, o argumento é simples. Ninguém em finanças, suprimentos, marketing, etc. jamais proporia uma solução em sua área sem uma infinidade de tabelas, gráficos e dados para apoiá-la – contudo, as decisões de RH, por vezes, parecem estar baseadas em diversos valores intangíveis, como, por exemplo, a confiança. Adicionalmente, os custos com pessoas geralmente se aproximam de 60% dos custos variáveis corporativos. Portanto, faz sentido gerenciar um item tão custoso de forma analítica.

Outro grande viés do RH para os entusiastas é a dependência tradicional de relacionamentos. Os relacionamentos são a antítese da tomada de decisão analítica. A "moeda" de tomada de decisão para a maioria das decisões de negócios tem sido dados, mas, até agora, o RH contava com uma moeda diferente: a construção de relacionamentos.

Apesar de ser completamente orientado por dados, o *people analytics* tem o poder de resolver problemas intrinsecamente humanos, como insatisfação no local de trabalho, frustração pela má gestão e fraca cultura empresarial.

O *people analytics* apresenta tamanha versatilidade que se propõe a ajudar a manter as pessoas felizes e satisfeitas ao mesmo tempo em que otimiza os processos de RH.

Os fatores que proporcionaram a sua expansão são vários:

- ✓ As melhorias na tecnologia e no software levaram a uma quantidade maior de dados disponíveis.
- ✓ A pressão das organizações por resultados mais expressivos das decisões estratégicas do RH.
- ✓ A pressão social por decisões mais equânimes e menos enviesadas do RH na seleção e no desenvolvimento de lideranças.

Mas como funciona o *people analytics*?

O *people analytics* ajuda a identificar maneiras mais eficazes de recrutar funcionários, tornando o processo mais rápido e fácil. Ao aplicar processos baseados em dados para encontrar novos candidatos, o *people analytics* impede a existência de vieses inconscientes nos processos decisórios.

As principais aplicações do *people analytics* são:

1. Avaliação de desempenho

A avaliação de desempenho é um componente essencial do *people analytics*. O desempenho pode ser medido de muitas maneiras diferentes, mas a forma como a medição do desempenho é realizada hoje em dia em muitas empresas implica que o resultado é mais valorizado do que o processo. Esse é um fator humano que frequentemente se interpõe na avaliação correta do desempenho. O *people analytics* ajuda a eliminar esse fator.

A avaliação de desempenho é baseada em quatro componentes principais: regressão à média, tamanho da amostra, independência do sinal e processo *versus* resultado. Com o *people analytics*, os profissionais de RH podem separar a sorte da competência real.

Os profissionais que estão constantemente ocupados são normalmente considerados de alto valor, contudo isso não é necessariamente verdade. O *people analytics* reduz o risco associado ao fator humano na avaliação de desempenho, criando assim uma imagem mais clara, estruturada e honesta do desempenho da organização.

2. Recrutamento

Uma das funções mais importantes do RH é recrutar, ou, em outras palavras, encontrar pessoal certo quando as empresas precisam de ajuda. Na área de recursos humanos, o *people analytics* lida com três componentes: contratação, mobilidade interna e progressão na carreira.

O *people analytics* permite que o recrutador identifique informações sobre eventuais candidatos consultando dados muito além do currículo, como postagens em redes sociais, fotos, atividades, relações pessoais e outros, tudo em instantes, podendo assim auxiliar no conhecimento do candidato bem antes de sua seleção.

3. Colaboração

A colaboração é outra área na qual o *people analytics* pode ser útil. Mesmo que você pense que a colaboração não pode ser medida, há uma infinidade de dados usados para descrever e avaliar a eficácia da colaboração. Nomeadamente, o *people analytics* permite criar um mapa organizacional de colaboração que mostre os padrões que as pessoas seguem quando trabalham juntas em um projeto ou tarefa.

4. Gestão de talentos

Um desdobramento esperado e menos enviesado da avaliação de desempenho resulta em uma organização mais direcionada a resultados. O próximo passo é ajudar as pessoas a se desenvolverem dentro da empresa. Os esforços da empresa em apoiar e promover seus próprios funcionários costumam ser referidos como gerenciamento de talentos. O *people analytics* auxilia o gerenciamento de talentos de muitas maneiras diferentes: revelando os padrões de comportamento dos funcionários, acompanhando o desenvolvimento dos funcionários dentro da empresa e identificando os pontos altos e baixos no engajamento.

Quais são os desafios da implementação?

Obviamente, um posicionamento tão quantitativo como esse, apoiado em um pensamento reducionista de grande parte dos processos e práticas do RH, gera uma rejeição imediata, e por vezes justa, dos profissionais mais seniores de muitas organizações, mesmo sendo fato que uma abordagem baseada em dados pode apoiar substancialmente uma tomada de decisão eficaz.

Tal rejeição pode encontrar justificativa em alguns elementos como cultura organizacional, área inicial de formação da equipe de RH, nível de capacitação dos times, falta de ferramentas de tecnologia, dentre outros fatores.

As questões são tão sensíveis que, recentemente, a PricewaterhouseCoopers, outra grande consultoria mundial, realizou um estudo em parceria com a Fundação Getulio Vargas (PWC; FGV, 2016) que apresenta uma perspectiva interessante sobre os atuais níveis de maturidade de implementação do *people analytics* nas organizações.

A pesquisa identificou que 71% das organizações não capacita os funcionários em análise de dados voltadas ao RH. E mesmo as que capacitam e utilizam o *analytics*, o fazem de forma ainda tímida, com 58% dos dados sendo pouco utilizados na tomada de decisão ou utilizados apenas para a tomada de decisão dentro do RH.

Conclusão

Por mais que o *people analytics* surja como uma das principais tendências do RH para o ano de 2020, é fato que muito ainda precisará evoluir em diversos aspectos para que sua aplicação seja hegemônica nas organizações. Da mesma forma, a evolução na implantação das práticas e ferramentas será vital para reduzir eventuais dúvidas, que ainda persistem, sobre a capacidade da análise de dados em RH e trazer as respostas a que se propõe.

PARTE III. COMO ATRAIR E DESENVOLVER TALENTOS

17. *Employee experience* x *people experience*

Marcela Pimenta
Samara Marques
Elisete Vasconcelos
Laura Delgado

A experiência do colaborador é uma tendência que cresce globalmente. As empresas têm um enorme desafio no futuro do trabalho, como alta performance, conseguir os melhores talentos e pessoas engajadas. A forma de estruturar e obter vantagem competitiva para esse desafio é criar experiências que impulsionam o envolvimento dos colaboradores, melhorando assim a conexão das pessoas, aumentando a produtividade e atraindo mais talentos.

Employee experience ou **experiência do colaborador** é a soma de todas as experiências dos colaboradores por meio de sua conexão com a empresa, ou seja, todas as interações desde o primeiro contato até o seu desligamento. O EX (*employee experience*) é uma abordagem que coloca as pessoas no centro e será a próxima evolução do RH. Vivemos na era da experiência, onde o poder está nas mãos dos clientes, e esse comportamento gera impacto em todas as áreas, fazendo com que essa adaptação em relação às pessoas seja necessária.

Porém, há uma certa confusão sobre o que realmente significa a experiência do colaborador, pois o termo é relativamente novo e no Brasil temos pouca literatura sobre o assunto. Além disso, outros termos são parecidos e se encaixam como parte da estratégia do EX. São eles:

- ✓ *Employee engagement*: uma estratégia geralmente feita de ações de curto prazo para aumentar o engajamento dos colaboradores.
- ✓ *Employer branding*: sobre a marca e como a empresa divulga e reforça as ações internas para o público externo, conforme veremos no Capítulo 18.

Entretanto, nosso objetivo é traduzir de forma simples como fazer o EX na prática, pois ele fomenta uma mudança significativa no desenho da jornada, desde atração, recrutamento e seleção, integração, desenvolvimento, até reconhecimento, retenção e desligamento, exigindo um novo *mindset*: colocar o colaborador no centro.

E para investir nessa estratégia, usaremos a mesma abordagem do CX (*customer experience*), pois o objetivo é o mesmo. Enquanto o CX foca em melhorar a jornada do cliente, o EX visa melhorar a jornada de seu colaborador. As seis disciplinas do CX são: estratégia, conhecimento do cliente, design da experiência, mensuração da experiência, governança e cultura, conforme Figura 17.1. Essas disciplinas trazem de forma bem completa como o CX está fazendo essa experiência acontecer e por isso vamos detalhar cada uma delas:

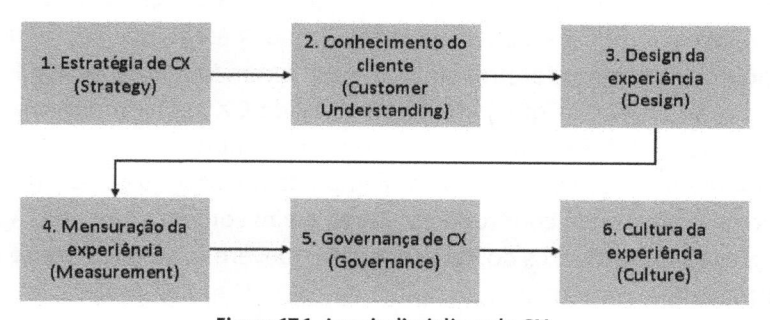

Figura 17.1. As seis disciplinas do CX.
Fonte: adaptado de Mello; Moraes (2017).

✓ **Estratégia de CX:** a pergunta mais importante deve ser realizada no momento em que os líderes definem a estratégia de EX. Qual a experiência pretendida para o meu colaborador? Define-se a estratégia, alinhando-a e compartilhando-a, desenvolvendo ações sustentáveis que passam por modelos diversos. Nesse momento é importante analisar a equação do EX que citaremos mais adiante. É fundamental que a estratégia da empresa esteja coesa com o modelo de CX e EX.

✓ **Conhecimento do cliente:** no caso do EX, trocamos clientes por colaboradores: é preciso conhecê-los bem, o que eles gostam, como eles agem e o que é valor para eles. As práticas mais comuns que já fazemos são fundamentais, como: solicitar *feedbacks*, ouvir suas experiências, reunir informações através de pesquisas ou entrevistas, conduzir estudos de pesquisa e desenvolver personas. Você conhece seus colaboradores? Qual foi a última vez que utilizou os dados para desenvolver uma ação?

✓ **Design da experiência:** o ponto mais crítico e complexo, pois é cheio de detalhes, vivo e dinâmico. Realizar o mapeamento da jornada do colaborador é um processo que ajuda a identificar todos os pontos de contato do colaborador até o encerramento de sua jornada. Mostraremos detalhadamente o que deve ser considerado nessa jornada, contemplando todos os subsistemas de RH.

✓ **Mensuração da experiência:** aqui conseguimos qualificar de forma quantitativa e qualitativa informações que ajudam a entender como está a experiência do colaborador. Nem tudo é medido, mas o que importa precisa ser gerenciado e mensurado. Depois que a jornada foi desenhada, é preciso explorar os indicadores que irão mostrar se a empresa está tendo sucesso ou não na experiência entregue. O NPS é uma das práticas mais comuns, e nesse caso usamos o eNPS. No Capítulo 39 você verá mais detalhes e informações sobre como calcular. Porém, quando entramos na área de pessoas, já temos outras métricas e modelos que podem ser usados para atender à estratégia de EX.

✓ **Governança de CX:** A governança é uma das áreas que são estruturadas depois que as outras forem definidas e estiverem implementadas. Percebe-se que até as empresas que já têm estrutura de CX estão adaptando o design organizacional. Não tem certo e errado, cada empresa vai entender como encaixar melhor a governança do EX. É importante dizer que a construção do EX precisa ser realizada com todas as áreas, e não somente com RH. As áreas da empresa são os clientes do RH e, portanto, devem fazer parte desse processo.

✓ **Cultura da experiência:** a disciplina da cultura reforça práticas e comportamentos que estimulam os colaboradores a oferecer uma ótima experiência ao cliente. A cultura faz parte da equação do EX, sendo assim não apenas uma disciplina, mas uma das forças para execução da estratégia.

Para seguir com a estratégia de EX, precisamos entender as forças que são fundamentais para a sua implantação. De acordo com Morgan (2015), os três fatores são: ambiente cultural, tecnológico e o ambiente físico, conhecido como a equação do EX, conforme Figura 17.2.

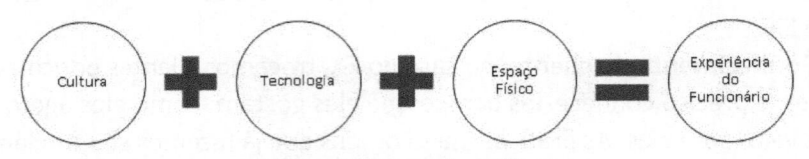

Figura 17.2. Equação do EX.
Fonte: adaptado de Morgan (2016).

✓ **Cultura:** tem a ver com o estilo de liderança e com a estrutura da organização, tem a ver com as pessoas que estão inseridas nesse ambiente. Cultura é sobre sentir. Algumas perguntas devem refletir se a cultura é forte o suficiente para o diferencial competitivo da empresa: a empresa é vista positivamente?

As pessoas se sentem valorizadas? As pessoas têm senso de propósito? As pessoas se sentem parte de uma equipe? A empresa acredita na diversidade e na inclusão? A empresa trata os funcionários de maneira justa? A empresa se preocupa com a saúde e bem-estar dos seus colaboradores?

✓ **Tecnologia:** refere-se às ferramentas que os colaboradores utilizam para realizar seus trabalhos. Isso inclui desde rede social interna, conferências, ferramentas de aprendizagem e aplicativos. Perguntas essenciais: a tecnologia está disponível para todos? As pessoas conseguem usufruir dessa tecnologia? A tecnologia atende às necessidades dos funcionários e aos requisitos de negócios?

✓ **Espaço físico:** deve ser um reflexo da cultura. Os valores da organização precisam estar refletidos no ambiente. Além das questões voltadas à socialização e colaboração, as vantagens físicas também são consideradas. As empresas têm investido em seus escritórios, trazendo espaços mais dinâmicos que se conectam com o bem-estar das pessoas e aumentam o sentimento de pertencer. Perguntas essenciais que ajudam a refletir se o local é atrativo e agradável: o ambiente oferece flexibilidade? As pessoas conseguem se concentrar para realizar as atividades? O espaço oferece alternativas para colaboração?

Ao alinhar os ambientes culturais, tecnológicos e físicos, garantimos uma excelente estrutura de EX, pois, para o colaborador, esses três ambientes refletem a realidade de como é trabalhar na empresa. Perceba como o EX é profundo: além de passar pela abordagem das seis disciplinas do CX, é fundamental gerenciar os fatores dessa equação de Jacob Morgan como base para seguir nessa jornada. Para ilustrar o design da experiência, detalhamos os principais momentos da jornada do colaborador.

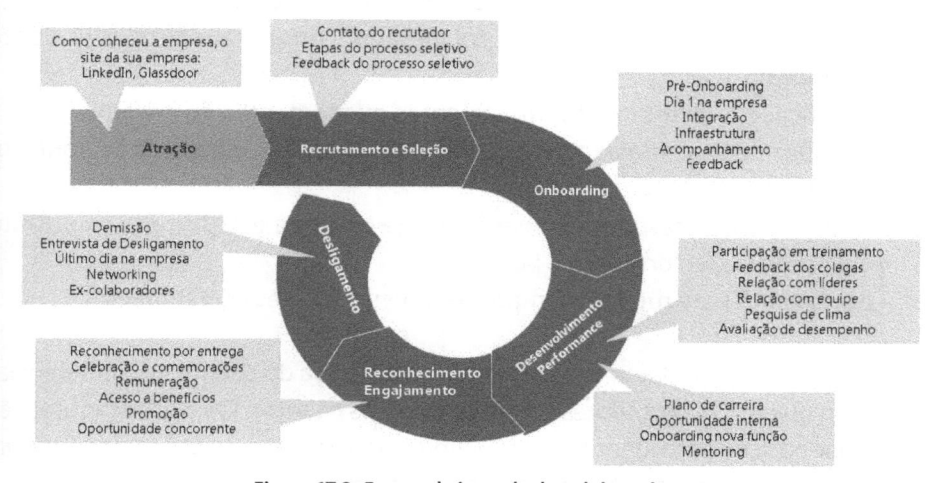

Figura 17.3. Etapas da jornada do colaborador.
Fonte: adaptado de Morgan (2017).

Durante a jornada do colaborador, existem momentos que ajudam a criar a conexão das pessoas com a empresa. Em cada etapa o colaborador demonstra emoções e cria suas percepções. No CX conhecemos como momento da verdade. No EX conhecemos como momentos que importam. Classificamos três tipos diferentes de momentos, segundo Morgan (2017) e Liley, Feliciano e Laurs (2017):

- ✓ **Momentos específicos que são importantes:** etapas que são marcantes, como a integração e o primeiro dia de trabalho, a compra da sua primeira casa, o nascimento de um filho e a promoção.
- ✓ **Momentos contínuos que importam:** as coisas que acontecem no dia a dia, como um agradecimento ou reconhecimento.
- ✓ **Momentos criados que importam:** dias de folga corporativa, calendário de ações com festas de Natal, por exemplo, ações sociais e outros eventos específicos que geram impacto.

Esses momentos que importam são voltados à vida profissional e pessoal. É o ponto crítico em que o colaborador forma uma opinião pessoal do que se espera da organização. Ele compara aquilo que ele esperava e o que foi prometido com a realidade que está percebendo naquele momento, além de comparar com as boas práticas de outras empresas. Perceba que durante a jornada cada colaborador vive uma experiência diferente, e a soma dessas experiências é o que chamamos de EX.

Algumas dicas para realizar o EX:

1. Considerar experiências para todos os níveis da organização.
2. Desenhar a jornada com foco no colaborador considerando todos os pontos de contato.
3. Identificar e criar momentos importantes ou momentos de impacto.
4. Ser capaz de avaliar a experiência "no momento" entre pontos de contato e jornadas.
5. Acompanhar os resultados: *feedbacks* de maneira estruturada e contínua, avaliações de performance e pesquisas.
6. Usar o eNPS para medir o comprometimento dos seus colaboradores.

Employee experience impacta diretamente a experiência do cliente, pois influencia o tratamento que os colaboradores fornecem para os clientes. Os colaboradores têm uma melhor posição para identificar problemas e desenvolver soluções significativas, além de causar impacto positivo na percepção da marca.

As empresas que investem em EX fortalecem sua cultura e melhoram a qualidade de vida do colaborador, além de se tornarem mais lucrativas. Podemos dizer que as empresas bem-sucedidas serão aquelas que conseguirem de fato colocar o cliente no centro, gerando experiências em momentos que importam e humanizando suas marcas, e isso acontece de dentro para fora. Portanto, um *employee experience* eficiente tem como base conhecer os colaboradores e sua jornada. Descobrir seus interesses e necessidades, em qual estágio estão vivendo e seus momentos de verdade.

Conseguimos concluir que:

✓ Não existe uma experiência única para cada colaborador, há muitas experiências.

✓ EX não é algo estático, é um alvo em movimento.

✓ EX trata da emoção que o colaborador tem ao longo de seu relacionamento com a empresa. Quando a experiência não é boa, o risco de *turnover* é alto, e a soma de experiências ruins vai levar ao *turnover*. No Capítulo 26 (*Onboarding*), veremos um caso sobre o que uma experiência ruim do colaborador pode causar.

✓ EX não é apenas a construção da jornada.

✓ Engajamento é o objetivo final e EX é o caminho. As ações de engajamento aparecem ao longo da jornada.

✓ EX é diferente de *employer branding*: não se trata da reputação da marca da empresa, ou seja, o lado externo (tema que será tratado no próximo capítulo).

✓ EX é diferente de EVP (*Employee Value Proposition*), que é uma estratégia para atrair e reter profissionais do mercado que se enquadrem com o perfil da empresa e tenham o "fit" cultural. No Capítulo 41 falaremos mais sobre EVP.

✓ Embora o CX forneça um modelo para definir e entender o EX, o relacionamento e a proposição de valor entre empregador e colaborador *versus* marca e cliente têm suas diferenças.

18. *Employer branding*

Danielle Massad
Ana Carolina Eloy

Durante muito tempo as empresas tiveram uma posição passiva em relação à contratação de profissionais. O volume de bons candidatos que concorriam a uma vaga era extremamente grande e não havia nenhum questionamento em relação a valores, princípios ou ideias daquela empresa. Para muitos, as posições eram encaradas como simplesmente um emprego para pagar contas, que não precisava de muito investimento profissional para ser aprovado.

E, então, com o que a empresa realmente se preocupava? A maior preocupação da empresa era sua imagem em relação ao seu cliente. O que sua marca transmitia a seus clientes? Como ela viraria uma *brand equity*, ou seja, uma marca forte, exclusiva e favorável, que faria inveja a todos os concorrentes? Dessa forma, todo o trabalho era voltado para o fortalecimento da marca perante seus consumidores.

Hiller (2012, p. 55) apresenta o conceito de *branding* como "uma postura empresarial, ou uma filosofia de gestão que coloca a marca no centro de todas as decisões da empresa". Para o autor, tudo que envolver a empresa se comunicando com o meio faz parte do *branding*. Com o tempo, a escassez de profissionais qualificados e a necessidade de contratação de profissionais mais aderentes à cultura da empresa, com pensamento ágil e preparados para as mudanças que acontecem a cada segundo, trouxeram a necessidade de expandir o conceito de *branding*, voltando sua atenção para como a empresa se comunica com seus colaboradores e seus possíveis candidatos.

O termo *employer branding* foi usado pela primeira vez por Simon Barrow, da People in Business, em uma conferência em 1990. Em 1996 Simon Barrow escreveu, juntamente com Tim Ambler, o artigo "The Employer Brand" no *Journal of Brand Management*, sendo a primeira tentativa de juntar técnicas de *branding* e marketing à gestão de recursos humanos.

Nos anos 2000, o conceito de melhores empresas para se trabalhar começou a ser difundido entre organizações, colaboradores e candidatos, fazendo com que o empregador olhasse de dentro para fora e refletisse em perguntas como: por que as pessoas escolheriam a minha empresa para trabalhar? Por que os melhores candidatos recusam minha proposta de trabalho? Por que eles escolhem o concorrente?

Para abrir espaço e sobreviver em um mercado competitivo possuindo os melhores profissionais, que preferem cada vez mais "propósito de vida" a "remuneração e benefício", foi necessário que o empreendedor olhasse para dentro e entendesse realmente sua cultura e seus valores, traçando estratégias sobre como e onde ele conseguiria comunicar essas informações para seus potenciais candidatos.

A partir disso houve o nascimento do conceito de *employer branding*, impactando diretamente nos processos de atração e retenção dos talentos. A Tabela 18.1 nos mostra algumas comparações e correlações entre *branding* (marketing) e *branding* (RH):

Tabela 18.1. Comparação e correlação entre *branding* de marketing e *branding* de RH. Fonte: as autoras.

	Branding (Marketing)	*Branding* (RH)
Significado	Prática de atribuir o nome da marca a um produto, que ajuda os consumidores a reconhecer e identificar a empresa que o produz	Prática de atribuir uma identidade para a empresa com base em sua cultura e seus valores, ajudando o colaborador a identificar seu desejo de pertencer.
Para quem?	Consumidores	Colaboradores e possíveis candidatos
O que faz?	Atração e cultivo de clientes	Atração e retenção de talentos
Influências?	Decisão de compra deixando o impacto na mente do consumidor	Decisão de querer pertencer através de impactos positivos em seus colaboradores
Estratégia	Saber se comunicar e evidenciar seus maiores diferenciais	Saber comunicar sua cultura e valores tanto internamente quanto externamente de forma a impactar positivamente

É importante salientar que todas as empresas possuem uma marca empregadora, ou seja, todas as empresas transmitem uma imagem tanto para o funcionário quanto para o mercado. Isso não quer dizer que todas as empresas façam gestão de sua marca empregadora trabalhando para que ela seja positiva. Nesse ponto não podemos vincular, necessariamente, o reconhecimento positivo de uma marca pelos consumidores com uma boa marca empregadora.

Algumas empresas, como Netflix, Google e até algumas *startups* recentes, têm mostrado preocupação com a gestão de sua marca empregadora. Essa preocupação está bastante relacionada à disputa com outras empresas por profissionais qualificados e alinhados à cultura ágil dessas empresas.

Para desenhar uma estratégia de marca empregadora eficaz, é necessário se preocupar com alguns pontos:

- ✓ **Reconhecimento e entendimento de qual é a cultura organizacional e seus valores:** estar claro quais são os conjuntos de práticas, princípios e preceitos que todos que estão inseridos nesse ambiente vivenciam e quais são as premissas básicas de crenças e atitude de seus colaboradores.
- ✓ **Estar claro qual é a estratégia do negócio:** qual o planejamento estratégico para esse ano? Aonde queremos chegar? Quais são as pessoas-chave necessárias para atingir os objetivos?
- ✓ **Entender os colaboradores:** lembra dos valores do Manifesto Ágil, explicado no Capítulo 5? Ele ajuda muito nesse ponto. É necessário que o RH esteja bastante alinhado também com o conceito de RH Ágil, focando nesse momento em indivíduos e interações e conseguindo deixar de lado processos e ferramentas. Quem são as pessoas que estão dentro da empresa? Quais são as pessoas que ainda precisam ser contratadas? Quais são os "colaboradores-chave" que precisam ser retidos para conseguir atingir os objetivos?
- ✓ **Defina seu *candidate persona*:** também um conceito que surgiu do marketing. No marketing o conceito de "cliente persona" está relacionado ao cliente ideal almejado. Não muito diferente, no RH o *candidate persona* é o candidato ideal para as vagas que a empresa está ofertando. Definirão essa persona características tanto relacionadas a competências comportamentais quanto a quesitos técnicos. O entendimento da persona é muito importante para direcionar quais são os canais principais para se comunicar e atrair esses candidatos "ideais". No Capítulo 19 falaremos mais sobre essa persona e como encontrar o candidato perfeito.
- ✓ **Qual a imagem que sua empresa passa para os colaboradores atuais:** um dos pontos mais cruciais é conseguir medir e entender de onde estamos partindo, ou seja, o que sua marca transmite hoje para os colaboradores que já trabalham na empresa. Os colaboradores são a principal peça da marca empregadora, pois são os embaixadores orgânicos com o poder de fortalecer ou enfraquecer a gestão de uma marca empreendedora. Existem algumas ferramentas para medir o nível de satisfação do colaborador, como, por exemplo, o eNPS, que será detalhado no Capítulo 39. Essa é uma ferramenta usada para medir a

satisfação de colaboradores internos de uma empresa. Hoje temos também organizações que classificam as melhores empresas para se trabalhar, como GPTW, autoridade global no mundo do trabalho.

Outro conceito interessante usado na área comercial e que o *employer branding* pode incorporar é o funil de vendas transposto para o RH, conforme explicado na Figura 18.1:

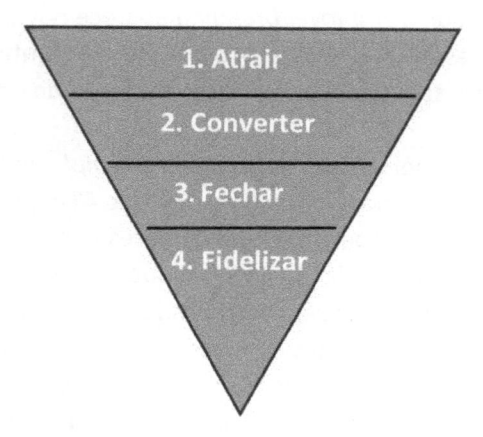

Figura 18.1. Funil da experiência do colaborador – da atração à retenção.
Fonte: as autoras.

- ✓ **Atrair:** está diretamente relacionado ao *employer branding*. Encantamento do candidato entre tantas empresas no mercado. Essa estratégia é importante não para atração em volume, mas para atração dos melhores candidatos.
- ✓ **Converter:** a fase de conversão também está relacionada ao *employer branding*, pois, além de o candidato querer trabalhar na empresa, ele precisa se aplicar à vaga.
- ✓ **Fechar:** o fechamento está mais relacionado à experiência do candidato no processo seletivo, fazendo com que este aceite a proposta da empresa.
- ✓ **Fidelizar:** a retenção de colaboradores está diretamente relacionada ao *employer branding*. Se aquele colaborador, além de ter tido uma boa experiência como candidato, está também alinhado com o perfil da empresa e se sente satisfeito e engajado, certamente será um grande embaixador da marca empregadora.

Pensemos em uma feira de recrutamento. Muitas empresas em exposição com grandes concorrentes ao lado. Nesse momento você precisa possuir uma forte marca empregadora para que possa chamar a atenção para seu estande. Não é o tamanho dela, mas o que ela representa. Ao entrar no estande o aluno vai tentar saber mais sobre a empresa e suas oportunidades. Esse é o momento do encantamento, mostrando como a empresa irá impactar em sua carreira e de que maneira aquele trabalho está alinhado com seu propósito intelectual e financeiro. Quando esse trabalho é bem feito, conseguimos converter o candidato e fazer com que ele se aplique às oportunidades. Durante o processo seletivo esse encantamento deve se afirmar em todas as etapas. É na fidelização ou na retenção dos colaboradores o momento de comprovar todo o processo vivenciado. Aqui, o *employer branding* aparece novamente. Caso o que foi mostrado no processo esteja alinhado com o que ele realmente vivencia, ele será um grande embaixador da marca e será parte orgânica da gestão da marca empregadora.

Um dos conceitos mais importantes relacionados ao *employer branding* é o *Employer Value Proposition* (EVP), que será explicado no Capítulo 41 e que responde a perguntas como por que um colaborador permanece na empresa, traduzindo o real diferencial competitivo de atração e retenção. O EVP é o que torna a estratégia de *employer branding* sólida e consistente para ser comunicada ao mercado. Para que o EVP faça sentido, é necessário usar ferramentas como as já citadas anteriormente para medir a satisfação do colaborador. Segundo Arins (2019), o EVP ideal estabelece um equilíbrio entre recompensas tangíveis (como remuneração e benefícios) e recompensas intangíveis (como propósito de trabalho, cultura da empresa e seu clima organizacional), que respondem perguntas como: por que eu deveria trabalhar nessa empresa? O que ela tem de diferencial para me oferecer?

É muito importante que haja realmente uma preocupação com o EVP, pois com todas as ferramentas tecnológicas e grande acesso das pessoas às redes sociais é muito difícil controlar qual conteúdo será disseminado por um ex-colaborador ou um colaborador, e isso impacta diretamente no *employer branding* e no resultado da empresa. Mesmo com grandes investimentos em conteúdos e no controle da imagem da marca, o que realmente decidirá o poder da marca empregadora serão as atitudes que a empresa terá com os colaboradores, tanto no dia a dia quanto em momentos mais delicados, pois eles são os maiores embaixadores que uma marca pode ter.

19. Como encontrar o candidato perfeito? Estratégias na busca por profissionais

Vanessa Tchalian

Por muito tempo acreditou-se que recursos humanos era o único responsável pelo processo de recrutamento e seleção de novos talentos, e talvez por isso ainda exista dificuldade de implantar uma área mais estratégica do que operacional. Mas qual é o caminho que esses profissionais precisam trilhar para sair do perfil tradicional para o ágil e conseguir encontrar o candidato ideal?

Uma boa reflexão para essa pergunta é quando surge a necessidade de novas posições dentro das organizações, seja pela necessidade de implantar novos projetos, por mudanças no mercado em que a empresa atua ou a substituição de colaboradores, e a equipe de RH é acionada para as devidas providências.

O fluxo tradicional de recrutamento é quase sempre o mesmo: a liderança do projeto entra em contato com a equipe de RH apenas para informar quais são as características do colaborador que deseja contratar, ou seja, qual a receita do bolo que precisa entregar ao cliente final. Devemos considerar aqui que o perfil da equipe já existente não foi levado em consideração, e os responsáveis pelo mapeamento não foram envolvidos em nenhuma reunião para entender as particularidades dessa nova iniciativa da empresa.

Imagine então que, com a receita em mãos, inicia-se a procura pelo profissional sem nenhuma das informações essenciais, como, por exemplo, o perfil do cliente desse projeto, qual área de atuação, qual o *ranking* no mercado em que atua ou quais são os principais concorrentes, etc. A problemática se estende ainda mais quando o RH faz a publicação dessa oportunidade sem ter conhecimento dos devidos dados estratégicos.

Qual a probabilidade de entrega de resultados adequados nesse cenário? Eu arrisco dizer que é bem baixa. Quando uma empresa decide pela divulgação de novas oportunidades, o seu principal objetivo precisa ser encantar o novo talento e atentar para o perfil compatível com as demandas do negócio. É recomendável entender quais as condições ideais para o candidato se aplicar à posição oferecida e se é necessário o uso de linguagem própria para aquele grupo alvo.

A importância de anunciar a vaga de emprego corretamente está relacionada com a maneira que a audiência avalia o produto ou serviço oferecido ao mercado, pois é o canal de comunicação onde se conhece a marca empregadora. É preciso ter ciência de que o candidato é o consumidor final e de que todas as áreas envolvidas precisam ter sinergia para atendê-lo da melhor maneira, a começar pelos ganhos e valores ao participar do processo seletivo.

A dificuldade de encontrar profissionais adequados ao negócio começa pela criação da posição, onde o RH muitas vezes não é envolvido desde o início. Realizar reuniões de governança e discutir os diferenciais antes de anunciar a vaga é o passo mais importante para encontrar o candidato ideal. É importante ressaltar que hoje os talentos têm mais poder de escolha e sai ganhando a organização que usa a tecnologia para adequar sua forma de comunicação ao perfil procurado.

O contexto que nos encontramos hoje em dia é que as organizações, independentemente da área de atuação, precisam se adaptar de forma rápida e constante para sobreviver à nova realidade de mercado, onde as mudanças e ofertas de tecnologias são exponenciais. De acordo com Taurion (2019), todos os setores serão afetados e quem ficar atrasado em relação à transformação digital corre o risco de sair do mercado.

Uma alternativa é elevar o conceito de *agile* ao negócio e evitar trabalhar em silos organizacionais, tornando os times parte da solução estratégica. O gerenciamento das mudanças começa com a aproximação das áreas dentro da empresa, para diminuir divergências e construir juntos valor para o cliente/candidato, cada qual na sua especialização, mas com o mesmo objetivo: as equipes de hoje precisam ser multifuncionais e trabalhar em prol da automatização de processos.

As práticas ágeis no recrutamento e na seleção (R&S) surgem como opção para atrair e entregar novos talentos de forma estratégica, deixando de lado a ideia de que as informações precisam ser fragmentadas, pois cada um tem uma missão diferente dentro da empresa. O RH precisa deixar de ser uma área que cuida apenas de políticas, normas e regras para se tornar proativo em colocar em prática a escuta ativa: do que o cliente final precisa?

É importante aceitar a cultura de agilidade em relação ao *feedback* recebido das áreas em relação às entregas, pensar na melhoria contínua dos processos de recrutamento (quantas planilhas usamos hoje que poderiam ser substituídas por sistemas?) e garantir que realmente estão sendo contratados profissionais com as competências necessárias para o projeto ou o negócio.

A transformação digital requer transformação dos modelos de negócios, onde a linguagem utilizada precisa ser de fácil acesso a todos os envolvidos, sejam eles colaboradores ou alvos de contratação. A tecnologia no processo seletivo é uma excelente aliada para a eficiência de processos, mas para ser possível precisa ser em conjunto com a interação entre pessoas. No Capítulo 20 exploraremos mais os benefícios da tecnologia no recrutamento.

Para encontrar o candidato perfeito é essencial participar ativamente do negócio, entender que a área de recursos humanos lida com gente e gestão, muito mais do que apenas com processos burocráticos da contratação. Como patrocinador do *candidate experience* (experiência do candidato) durante o processo seletivo, apresentado na Figura 19.1, o time de recrutamento precisa adotar métodos para que as pessoas possam se aproximar da cultura da empresa – e uma boa sugestão é se aproximar das demais áreas da organização para criar sinergia.

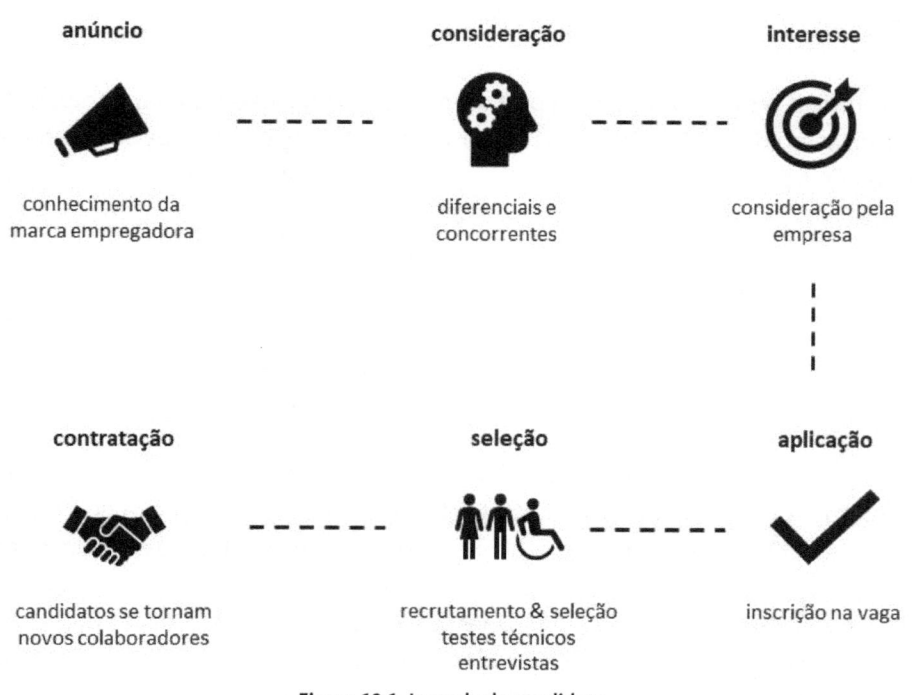

Figura 19.1. Jornada do candidato.
Fonte: a autora.

Como estratégia para entrega de valor, o *mindset* (atitude mental) é o foco no cliente. Saber priorizar quais são as competências organizacionais que serão avaliadas durante o processo seletivo é essencial para a escolha do perfil que se pretende contratar. Só se pode encontrar aquilo que se está procurando de forma planejada e objetiva.

Outra alternativa é adotar o conceito de *candidate persona* (persona do candidato) no recrutamento. Segundo Antunes (2017), é a representação do candidato ideal a partir de um personagem fictício e é a técnica utilizada em *recruiting marketing* (marketing de recrutamento) para a escolha do perfil com a mensagem a ser publicada. Apresenta dados além dos geográficos (localização, referências espaciais) e sociodemográficos (idade, gênero e raça), um perfil mais humanizado e específico para o recrutador entender quais os melhores canais de comunicação com o público-alvo.

Exemplo: desenvolvedor Java

- ✓ idade/localização/educação/experiência
- ✓ objetivos de vida/inspiração de carreira
- ✓ motivações/valores/normas/condutas
- ✓ investimentos/influências/habilidades
- ✓ canal de comunicação em que está mais ativo em redes sociais

Ao identificar o perfil que se está procurando, se faz necessário criar conexão para que o discurso do recrutador possa servir como motivação à pessoa selecionada. A **jornada do herói** é uma estratégia para o recrutador contar sua história e influenciar pessoas. Nas próprias palavras de Teixeira (2014):

> O conceito da Jornada do Herói foi criado por Joseph Campbell, estudioso norte--americano de mitologia e religião comparada. Neste conceito, Campbell cria um modelo de como seria o passo a passo do percurso de transformação do homem como herói, com todas as provações que surgem no meio do caminho.

Ao entrar em contato com a pessoa interessada, o primeiro passo é o chamado: o que fez com que você, recrutador, despertasse interesse na empresa que trabalha atualmente? O segundo passo é o encontro com o mentor: quem é a sua inspiração dentro da organização e por que você quer seguir carreira para atingir o mesmo patamar profissional dessa pessoa? O terceiro passo é a revelação, contar sobre os seus talentos e como a empresa te apoiou nesse processo (existe alguma avaliação de desempenho, *feedbacks*?). O quarto passo são os obstáculos, contar como foi sua jornada e como você conseguiu construir resultados positivos.

O principal objetivo da mudança do modelo que é adotado hoje para os métodos ágeis é conseguir contratar pessoas que atendam ao *fit* cultural, e para que isso seja possível é importante que a marca esteja em evidência. A jornada do candidato começa com a percepção positiva do *employer branding* (marca do empregador), que, segundo Dias (2020), é uma estratégia para reforçar pontos positivos de como é trabalhar na organização.

Uma ótima sugestão para despertar interesse de novos talentos é compartilhar em redes sociais notícias recentes da empresa na mídia. Caso ela tenha algum destaque, é importante que exista o compartilhamento da informação entre os funcionários nas suas próprias redes sociais, para gerar valor, aumentando assim o alcance das informações. Os novos talentos podem fazer parte do *networking* do próprio colaborador.

Pode existir até mesmo uma política de premiação para funcionários que indicarem amigos para trabalhar na empresa, aumentando assim a sinergia do grupo. É um excelente método para promover a valorização de pessoas, o incentivo à produtividade, o preenchimento mais efetivo de vagas e a melhora no clima da empresa.

A estratégia essencial para encontrar o candidato ideal é que este deve ser visto como o consumidor final de uma organização, por isso é preciso entender qual o perfil desejado desse público-alvo e as ações necessárias para atraí-lo a comprar a aplicação às nossas vagas.

E caminhando para uma conclusão de ideias do capítulo, é essencial reforçar que dentro de qualquer empresa é importante ter colaboradores adequados para cada função, a fim de ter melhor desempenho a longo prazo. Porém, encontrar o candidato ideal para preencher vagas requer esforço de todas as áreas, além da atuação dos profissionais de RH.

20. A tecnologia e seus benefícios na atuação de processos seletivos

Regiane Moura Mendonça
Jaqueline Monteiro

Colaboradores com valores alinhados aos da organização diminuem significativamente a curva de aprendizado e possibilitam soluções cada vez mais integradas aos objetivos estratégicos da organização. (Rogério Machado Moraes)

Klaus Schwab (2016), presidente do Fórum Econômico Mundial, criou o conceito da Quarta Revolução Industrial, integrando a Indústria 4.0. Para acompanhar essa evolução, os recursos humanos chegam na sua versão 4.0 também.

Recursos humanos 4.0

Para entender melhor o conceito de RH 4.0, vamos começar sintetizando os conceitos de Indústria 4.0.

A Indústria 1.0 surgiu por volta de 1784, com a mecanização na produção e uso de energia hidráulica. A Indústria 2.0, a partir de 1870 aproximadamente, trouxe a produção em massa, com a linha de montagem e o uso da eletricidade. Então, a Indústria 3.0, iniciada por volta de 1969, passou a integrar a computação e a automação. Chegando na Indústria 4.0, nos dias atuais, temos a IOT – *Internet of Things* (em português, internet das coisas), o *cloud*, inteligência artificial, *big data*, entre outros.

A área de recursos humanos acompanhou essa evolução:

- ✓ **RH 1.0:** girava em torno do departamento de pessoal, atuando como pagadoria, cuidando de legislação e dos benefícios.
- ✓ **RH 2.0:** mantém o perfil operacional, envolvendo mais subsistemas, como recrutamento, treinamento, remuneração, benefícios e comunicação.
- ✓ **RH 3.0:** era da gestão integrada de talentos, com a utilização da gestão por competências, desempenho e performance.

✓ **RH 4.0:** modelo estratégico onde o RH atua como parceiro de negócio, impul-
sionando-o e utilizando ferramentas como o *people analytics* (vide Capítulo 16).

No RH 4.0, há o incentivo à automatização dos processos operacionais, para que o
time possa buscar soluções e resultados de forma mais estratégica. Esse momento
segue a ideia de Schwab (2016), que diz que estamos vivenciando uma revolução
tecnológica, onde a forma como realizamos nossas atividades será alterada. As atividades deixam de ser realizadas de forma lenta, demorada, e são automatizadas.

Recrutamento e seleção 4.0

Para acompanhar o mercado, os processos seletivos tiveram que se adequar, considerando o novo perfil dos profissionais.

Algumas ferramentas podem realizar um estudo de competências, para identificar
se um determinado profissional possui o perfil para exercer determinada função.

Falamos agora de *hard skills*, que são as competências técnicas, e *soft skills*, que são
as competências comportamentais.

Com o perfil proativo do RH 4.0, os processos seletivos não dependem necessariamente da abertura de vaga, ou seja, profissionais deixam de ser captados apenas
para ocupar uma função conforme seu surgimento. Há uma captação contínua de
candidatos, onde o perfil é alinhado para demonstrar aos recrutadores a aderência
do profissional à empresa.

O uso de tecnologias inteligentes e estratégicas garante o melhor alinhamento das
competências e habilidades que atendem às exigências da organização, levando o
recrutamento e a seleção a conseguir os melhores talentos e a reduzir distâncias
nos processos seletivos pela realização de entrevistas e até mesmo a aplicação de
testes à distância.

O uso da tecnologia nos processos seletivos

Na pesquisa "As Perspectivas de 2017" (SOCIAL BASE et al, s.d.), realizada com
368 empresas brasileiras, 68,5% delas pretendiam aumentar os investimentos em
iniciativas do RH. E das 75,1% das empresas que dizem alocar até R$ 25 mil para

investimentos em tecnologia ao ano, 10,3% disseram que investiriam em recrutamento e seleção (R&S).

Essa pesquisa nos mostra que o investimento ainda é pequeno, embora aos poucos as empresas estejam percebendo essa necessidade.

Começa com o uso básico da internet, redes sociais, *blogs* e outros que favorece a aproximação e a atração de profissionais e empresas, muito utilizado no *inbound recruiting* (Capítulo 23).

Em seguida, temos as plataformas de recrutamento, com destaque para os ATSs, sigla do termo em inglês *Applicant Tracking System* – em português, traduzido como "sistema de rastreamento de candidatos", que mapeia o banco de talentos, buscando os profissionais de acordo com os perfis requeridos. Isso torna o processo mais objetivo. Ele é mais que um simples sistema, pois atua em todas as etapas do processo seletivo, desde a atração do profissional até a admissão dos aprovados.

O uso do ATS também permite aplicação de testes, gerenciamento do processo seletivo e até realização de entrevistas, além da integração com redes sociais e gerenciamento da comunicação com os candidatos. Com isso, é possível também conseguir indicadores dos processos, identificando custos e ferramentas com melhores resultados.

Outras ferramentas que passaram a ser mais usadas nos últimos anos são as que possibilitam videoconferência. Com o crescimento do teletrabalho, é comum empresas contratarem colaboradores em outras regiões e realizarem as entrevistas por vídeo.

Com a grande onda de *gamification*, o uso da tecnologia para jogos virtuais no processo seletivo também é muito positivo, principalmente se forem considerados os perfis das gerações mais novas. No Capítulo 32 falaremos mais um pouco sobre o que é *gamification* e seu uso no desenvolvimento de competências.

Grande parte dos recursos tecnológicos utiliza *big data*, que se refere a grandes conjuntos de dados, e inteligência artificial (IA), que é um segmento da ciência da computação que simula a capacidade humana de pensar.

Encontra-se também o uso de *cloud computing*, que é o armazenamento nas nuvens, em servidor externo, eliminando necessidade de espaço e, principalmente, promovendo o acesso externo, com toda a segurança necessária. Em termos de processos de recrutamento e seleção, leva à descentralização do processo e à agilidade na sua realização.

A Solides (2020), consultora que oferece tecnologia para processos de recursos humanos, traz em seu site institucional de forma direta: "modernizar os processos de seleção utilizando sistemas significa aumentar as possibilidades de contratação de talentos certos para o seu negócio e, consequentemente, aumentar toda a produtividade interna".

Benefícios da tecnologia nos processos seletivos

Atualmente, as empresas vêm investindo no uso da tecnologia nos processos seletivos, com foco em realizar uma contratação bem-sucedida, encontrando o melhor profissional e gerando um melhor resultado na produtividade da equipe.

A seguir, detalhamos os benefícios com o uso da tecnologia em processos seletivos:

- ✓ **Logística:** a tecnologia facilita a comunicação entre empresa e candidatos, reduzindo distâncias e agilizando processos, já que diminui a necessidade de deslocamento.
- ✓ **Automatização das atividades:** com a tecnologia, as atividades mais operacionais, como a triagem de currículos, são automatizadas. O recrutador, então, pode focar em etapas mais estratégicas do processo, após maior eficácia no cruzamento do perfil.
- ✓ **Organização do processo seletivo:** torna-se possível gerenciar e acompanhar as fases e os processos em aberto, identificando dificuldades, ferramentas mais adequadas e eficiência.
- ✓ **Redução de tempo:** começando pela triagem, torna-se mais rápida a análise do perfil do profissional *versus* o perfil procurado. Também há ganho de tempo na comunicação, pois é possível integrar redes sociais, recrutadores, profissionais e requisitantes.

Os benefícios podem ser maiores ou menores, dependendo da forma como o processo de recrutamento e seleção está estruturado. Porém, para ter resultados positivos, é importante que seja adequado à cultura da empresa.

No Capítulo 50, temos um *case* de uso de algumas tecnologias aplicadas no processo de recrutamento e seleção e os resultados gerados para a organização.

21. Seleção às cegas

Ieda Sales

O Lançamento do Perfil Social Racial e de Gênero das 500 Maiores Empresas do Brasil pelo BID e Instituto Ethos (INSTITUTO ETHOS, 2016) trouxe a informação de que: "das 500 maiores empresas brasileiras: apenas 13,6% dos quadros executivos são compostos por mulheres e 4,7% por negros"[2].

Numa época de globalização, onde as distâncias estão se reduzindo, com intensificação da integração mundial, seja política, cultural, etc., os temas de diversidade e inclusão social vêm ganhando força e cada vez mais espaço nas empresas no Brasil, sendo reflexo do que está acontecendo no mercado mundial.

Diante desse quadro, como buscar por novos talentos no mercado? A seleção às cegas é uma das soluções para atuar com diversidade e inclusão social sem premissas ou preconceitos, focando no principal que é priorizar as competências técnicas e comportamentais dos candidatos, o que realmente importa para o desempenho da função em questão.

Outros valores são a ética e justiça na contratação de profissionais, e a fidelidade aos aspectos profissionais definidos no perfil e pelas necessidades da empresa.

A seleção às cegas é uma prática de recrutamento e seleção que tem se tornado cada vez mais comum no Brasil e já faz muito sucesso no exterior, apresentando grandes resultados nos países europeus.

É um método de seleção automatizado, com um maior aproveitamento, criado na Europa e que tem se popularizado ao redor do mundo, propondo uma forma mais ética e objetiva de abordar novos talentos por meio de um processo seletivo. Na

---

[2] Pesquisa do Instituto Ethos em cooperação com o BID e em parceria com a Secretaria Municipal de Igualdade Racial (SMPIR), a ONU Mulher, a OIT, a FGV, e o IPEA. São Paulo, maio de 2016.

França, existe até lei que obriga empresas com mais de 50 funcionários a utilizar o regime de contratação às cegas. E na Constituição Federal do Brasil de 1988 também existe o artigo 5º, Princípio da Igualdade, que proíbe qualquer prática discriminatória e limitativa quanto ao acesso à relação de trabalho.

Observa-se que na seleção tradicional há dois atores, o entrevistador e o entrevistado, sendo que o entrevistador é uma pessoa física, com um conjunto de princípios, educação e pré-conceitos, podendo consciente ou inconscientemente discriminar um candidato ou fazer uma avaliação parcial, influenciando diretamente no resultado da avaliação.

Já na nova proposta teremos o uso de tecnologia específica para a contratação de novos profissionais. O objetivo do recrutamento às cegas é ser uma ferramenta para aumentar a diversidade dentro das organizações.

O Brasil pode ser visto como cenário adequado para esse tipo de seleção, uma vez que a sua diversidade cultural e social deve ser um atrativo, jamais um obstáculo. As empresas, após estabelecerem o perfil do candidato e as perspectivas para a contratação, utilizam uma plataforma de vagas eficiente que deve conter recursos e informações necessárias a esse tipo de seleção. Dessa forma, pode realizar o processo de triagem com base nas informações profissionais do candidato (*soft* e *hard skills*), ignorando seus aspectos pessoais.

Como funciona?

A seleção às cegas visa trabalhar com foco em valores pautados na diversidade, integridade, sustentabilidade, gestão de alta performance, entre outros, que façam parte da cultura organizacional da empresa.

Dessa forma, o RH terá que estar alinhado com a visão estratégica da empresa para direcionar adequadamente o perfil que a empresa deseja ou precisa e alinhá-lo a seus valores (cultura organizacional).

Lembrando que, como o trabalho de conscientização é mais amplo, a cultura organizacional deve ser difundida a todos os colaboradores da empresa e a diversidade deve ser praticada diariamente. Os recrutadores devem ser capacitados para atuar de forma eficaz para esse tipo de seleção, que envolve capacitação interna e alinhamento.

Essa cultura deve ser compreendida pelos colaboradores já contratados, que já deverão estar alinhados com valores como diversidade, sustentabilidade, gestão produtiva, entre outros.

Passo a passo da seleção às cegas

Deverá ser definida qual vai ser a ferramenta ou solução automatizada a ser usada no processo seletivo.

A solução deverá bloquear automaticamente toda e qualquer informação que possa ser alvo de preconceito. Caso a empresa queira ter acesso a algum dado pessoal, a solução poderá disponibilizar, mas só após as primeiras etapas de seleção.

O candidato poderá acompanhar a solicitação da vaga em tempo real, bem como todo o processo seletivo.

A organização deve preencher uma espécie de perfil para a vaga, com os requisitos (*soft* e *hard skills*) que ela acredita serem mais relevantes para o cargo ofertado.

A solução deverá fazer uma busca na base dos profissionais cadastrados e indicar aqueles que possuem maior proximidade com a descrição, sendo analisados outros aspectos dos candidatos, como competências, experiências pessoais, identificação com a cultura organizacional e expectativas para a carreira.

Até esse momento a seleção foi automatizada; após esta etapa, cabe à empresa decidir quais vão ser as etapas finais. O processo seletivo pode se encerrar aqui, ou ainda com o último filtro de currículos realizado pelos próprios recrutadores.

Mas uma entrevista presencial não está descartada como um último recurso, se a empresa preferir ter um contato mais próximo e cara a cara antes de tomar uma decisão.

Quais as vantagens?

Seguem algumas vantagens proporcionadas pela proposta da seleção às cegas:

✓ **Maior produtividade.** A partir do momento em que o perfil com todos os requisitos está definido, o processo de seleção avaliando experiência, conhecimento e perfil comportamental do profissional tende a aumentar a objetividade, e consequentemente os níveis de produtividade também tendem a aumentar.

✓ **Mais diversidade.** A diversidade é a principal vantagem da seleção às cegas, mas também é uma tendência natural entre as empresas para se manterem competitivas no mercado. Romper com preconceitos e vícios nos processos seletivos e com estereótipos que defendem que só existe um tipo de trabalhador ideal para ter times diversificados é um diferencial importante. Deixar transparente que o importante é a competência e seus predicados técnicos, sem discriminar pela cor da pele, gênero, orientação sexual, raça, religião, etc. Desta forma, o processo se torna mais imparcial na avaliação dos currículos.

✓ *Employer branding.* Conforme apresentado no Capítulo 18, este é um termo em inglês que tem a ver com a boa imagem que a empresa tem de "boa empregadora" perante os seus colaboradores. A diversidade também contribui para a imagem da empresa entre o público interno e a comunidade. Além disso, ajuda a promover satisfação no trabalho e faz com que a empresa se torne bem vista, como uma boa empresa para se trabalhar, sem discriminação, valorizando os seus colaboradores e propiciando um bom ambiente profissional.

✓ **Objetividade.** Nesse tipo de seleção o foco está nos aspectos técnicos dos profissionais e nas necessidades da empresa solicitadas no perfil do novo colaborador. Por consequência, torna-se um processo mais objetivo de seleção, aumentando as chances de contratação adequada.

✓ **Redução de custos.** O processo em si torna-se mais ágil e automaticamente reduz custos, evitando a realização de novos processos seletivos. A economia de tempo fica evidente, pois, com o perfil mais adequado, o colaborador novo poderá não ter a necessidade de um treinamento específico para se adaptar.

✓ **Valorização do profissional.** Se as competências técnicas e comportamentais são valorizadas em detrimento de outras informações, como idade, gênero, etc., pode-se entender que ganha a empresa, que terá um funcionário com o perfil aderente ao desejado, e ganha o colaborador, que percebe a valorização do seu perfil profissional, que é o que importa e pode efetivamente impactar no seu resultado no dia a dia.

Quem está aplicando?

Segundo Basilio (2018), a Nubank adota esse tipo de processo seletivo desde 2016, iniciado com cargos específicos de alguns setores da organização, como a tecnologia da informação. A Votorantim Cimentos realizaria a seleção de 10 novos *trainees* às cegas naquele ano.

Ainda segundo Basilio (2018), algumas consultorias de RH vêm oferecendo serviços de seleção às cegas, onde desenvolveram um sistema específico que envia às empresas cadastros de candidatos com informações escondidas, como foto, idade, faculdade, filhos, gênero, redes sociais, cursos extracurriculares, estado civil e experiência.

Dessa forma, com o aumento da prática nas organizações e o acompanhamento e análise dos resultados com a sua implementação, poderemos ter cada vez mais insumos para justificar a mudança nos atuais modelos de seleção existentes.

22. *Education recruiting*

Vanessa Tchalian

O tema *education recruiting* (recrutamento de educação) é uma estratégia de recrutamento para suprir a escassez de profissionais qualificados e atender aos perfis exigidos de vagas em aberto há mais tempo que o desejado. É uma iniciativa das empresas para os *gaps* (lacunas) de talentos em virtude de pouca aderência aos pré-requisitos exigidos, cujo propósito é oferecer programas de desenvolvimento em determinada tecnologia com a possibilidade de contratação.

A proposta do capítulo é mostrar a realidade do mercado de trabalho e por que se faz necessária uma atitude de responsabilidade social pelas organizações. De acordo com Alessandra Kianek (2020), em 2019 houve queda de 11,2% no desemprego no Brasil, porém ainda há no total 11,9 milhões de brasileiros sem trabalho. Os dados mostram também que, apesar de o índice de carteiras assinadas ser animador, o resultado foi de apenas 1,5% no ano.

Diante desse cenário, temos a realidade de muitos profissionais inseridos no mercado informal para garantir o seu sustento, o que impossibilita muitas vezes que eles possam buscar qualificação profissional de acordo com o que é exigido pelas empresas. Segundo reportagem da revista Exame (ESTADÃO CONTEÚDO, 2019), a pesquisadora do IBGE Marina Águas afirma que, segundo a Pesquisa Nacional por Amostra de Domicílios (Pnad), realizada em 2018, o Brasil tem 47,3 milhões de jovens de 15 a 29 anos e 34,9% estão ocupados na informalidade e sem estudar.

O fato discutido é que esse público deixa de se desenvolver para o mercado de trabalho formal, pois precisa contribuir com a renda domiciliar – e, desprovido de qualificação, faz parte de um grupo vulnerável. Outra possibilidade é que mesmo aqueles que conseguem ter acesso ao ensino superior são desprovidos de experiência profissional, o que dificulta sua entrada nas organizações. As empresas também são prejudicadas, pois há desperdício de energia e falta de pessoas qualificadas para as funções. O desemprego prolongado nessa faixa etária traz consequências negativas que podem se estender por toda uma geração.

Ainda como parte dos desempregados no Brasil, temos o grupo com mais de 50 anos, que sofre com o impacto da falta de aceitação no mercado de trabalho, devido ao preconceito etário. Segundo os dados que o IBGE constatou na Pnad realizada no segundo trimestre de 2019, um dos motivos para as pessoas não voltarem a trabalhar é que não conseguiam trabalho por serem consideradas muito idosas.

Espera-se que nessa faixa etária as pessoas já tenham determinado tempo de atuação profissional e na sua grande maioria aqueles que trabalham pensam em um dia parar e poder curtir o merecido descanso, utilizando do seu seguro social para o qual contribuiu durante toda a vida. Acontece que, com a atual situação econômica, muitos deles precisam voltar ao mercado de trabalho para complementar sua renda e conseguir sobreviver.

A realidade para muitos é continuar trabalhando ou voltar ao trabalho, até mesmo aqueles sem condições de se tornar contribuintes individuais do INSS, o que agrava ainda mais a situação social e vulnerabilidade das pessoas sem fonte de renda.

Se por um lado temos profissionais em busca de oportunidades, por outro lado temos grandes empresas com dificuldades para preencher vagas. São milhares de posições que não são preenchidas por falta de qualificação e aderência aos pré--requisitos. Conforme mencionado por Rafael Rodrigues da Silva (2019), somente no Porto Digital de Recife, relevante parque tecnológico urbano do país composto por 328 empresas, há mil vagas em aberto em TI com grande dificuldade de encontrar candidatos capacitados.

O *education recruiting* torna-se uma alternativa para atender à demanda exponencial de candidatos qualificados, reflexo da transformação digital, que é crescente independentemente da área de atuação da empresa. A proposta é oferecer formação de qualidade de acordo com a necessidade dos participantes, direcionar o conhecimento em prol do crescimento profissional e, caso exista a possibilidade, ao final do programa, oferecer proposta de emprego.

O conceito é lidar com a demanda de vagas em aberto e formar os profissionais de acordo com o perfil desejado. Há uma pré-seleção alinhada de acordo com o objetivo organizacional e uma divulgação que permite selecionar os candidatos em potencial. A partir dessa necessidade, os responsáveis desenham o programa de formação e ao final do ciclo avaliam quem atende às *soft skills* (competências comportamentais) e às *hard skills* (competências técnicas) e investem nos profissionais mais alinhados com a cultura da empresa para atender à expectativa de qualificação para contratação.

É importante ressaltar que o programa de qualificação não garante que o participante seja contratado, mas é uma possibilidade de oferecer desenvolvimento profissional sem custo. A contratação é consequência do desempenho. Para criar o *education recruiting*, a empresa pode convidar profissionais experientes do seu quadro para ministrar aulas e acompanhar a turma ao longo de um dia, uma semana ou até um mês.

Como estratégia, a empresa pode fixar parceria com universidades e instituições de ensino como alternativa para desenhar modelos que atendam às necessidades organizacionais ou criar programas próprios, com foco na experiência da aprendizagem e na valorização da sua marca empregadora. A mensagem pode ser de iniciativa social e inclusiva para contribuir com a falta de qualificação profissional. A organização ganha aumentando sua chance de obter novos talentos, que pela falta de capacitação não passariam por um processo de recrutamento e seleção. Já em relação aos profissionais não selecionados, a empresa ganha reforçando seu *employer branding*, conforme apresentado no Capítulo 18.

O *gap* que justifica o investimento da empresa em *education recruiting* é formar tecnicamente profissionais e desenvolver a parte comportamental para mão de obra qualificada em prol das expectativas de negócios. A vantagem é gerar valor pela visibilidade da ação, aumentar o *pipeline* de novos talentos e a objetividade do processo seletivo, ao passo que a convivência oferece repertório de observações.

Até mesmo profissionais experientes precisam acompanhar novas tendências por meio de estudo contínuo e atualização profissional. Com o cenário definitivo, fica como critério da empresa acompanhar essa realidade caso queira atender à quantidade de vagas x talentos qualificados e se manter competitiva pela formação de seus colaboradores a curto prazo.

Você pode estar se perguntando se realmente vale a pena investir na capacitação de pessoas que não são colaboradores da organização e que não vão entrar na empresa, ou estar preocupado em capacitar pessoas que irão para os concorrentes.

Flávio Augusto, em entrevista para Romano (2020), fala que, por conta da pandemia, os seus franqueados de cursos físicos de inglês foram impactados. Com isso, ele precisou injetar dinheiro para ajudá-los e como estratégia desenvolveu um curso *on-line*. Nesse modelo, por enquanto ele abre processo seletivo para pessoas que queiram atuar como vendedores. Essas pessoas passam por treinamento em vendas, tendo algumas aulas com o próprio Flávio Augusto. Como resultado dessas turmas, ele afirma ter formado 30 pessoas *top* de venda que geram dezenas de milhares de vendas e acrescenta ainda que muitos não tinham experiência, e alguns possuem emprego e vendem nas horas vagas. Por fim, Flávio Augusto diz que perguntam se ele não tem medo que as pessoas entrem apenas para aprender a vender. Ele afirma que não tem problema se fizerem isso porque eles vendem muito. Só essas turmas já geraram quase 40.000 matrículas.

Uma das bases do RH ágil é orientar pessoas e atuar de forma ativa no desenvolvimento de aptidões pessoais e profissionais, tendo como missão agregar valor por meio de cultura organizacional, carreira e transformação de *mindset* (atitude mental). O princípio da educação no recrutamento é colocar os indivíduos como protagonistas enquanto estratégia de negócio.

23. *Inbound recruiting*

Regiane Moura Mendonça
Danielle Massad
Vanessa Tchalian

As pessoas que conseguem espalhar suas ideias – independente de que ideais sejam – vencem (Seth Godin)

As áreas de marketing e recursos humanos se integram em alguns processos a fim de aumentar a atratividade das empresas como marcas empregadoras. O maior desafio na atualidade é na atração de novos talentos – e mesmo em tempos de crise, é necessário esforço para atrair profissionais adequados para ocupar as vagas e obter melhores resultados de forma geral.

Apenas publicar anúncios de novas oportunidades no modelo tradicional (descrição das atividades e do cargo em sites de classificados de empregos) mostra-se ineficiente para atender à demanda, uma vez que gera esforço desnecessário em relação ao tempo x investimento financeiro, com resultados desproporcionais às expectativas de negócios. Como proposta para as vagas ganharem visibilidade, podemos utilizar uma técnica para estreitar o relacionamento com candidatos, termo conhecido como *inbound recruiting*.

Mas como utilizar essas ferramentas?

Inbound marketing

Para ficar mais claro, vamos começar explicando o que é e para que serve o *inbound marketing* (marketing de atração). São estratégias para atrair clientes em potencial por meio da criação de conteúdos relevantes. O objetivo é estabelecer um relacionamento de confiança com a empresa. Resumidamente, é uma forma de a organização se promover e ganhar destaque, e buscar conquistar as pessoas que são impactadas pela mensagem, facilitando a aproximação com a marca.

Segundo Mateus Carvalho (2017), o conceito ganhou destaque em 2006 com Brian Halligan, CEO e cofundador da Hubspot (uma das principais empresas de marketing digital do mundo), que criou o termo para automatizar o processo de criação de conteúdo de qualidade.

De acordo com Renata Freitas de Camargo (2017), Peter Drucker foi um escritor, professor e consultor administrativo que argumentava sobre a origem do *inbound marketing*. Drucker explica que o conceito se originou em meados da década de 1850, época em que foram usadas pesquisas de mercado para desenvolver métodos de entrada de informação e gerar interesse por parte do consumidor de colheitadeira mecânica, criada por Cyrus Hall McCormick e anos mais tarde originou o catálogo de vendas como parte da promoção de produtos.

Inbound recruiting

O objetivo do *inbound recruiting*, ou recrutamento de atração, é estreitar a relação com os candidatos para uma possível contratação, considerando que há benefícios até mesmo com a não contratação, pois o candidato se torna alvo da promoção da marca empregadora. Esse processo ocorre por diferentes abordagens que garantem a fidelização do talento e a opção de trabalhar na empresa.

Conforme estudo do Fórum Econômico Mundial (DANTAS, 2019), 77% dos CEOs entrevistados se preocupam com a escassez de competências para o crescimento dos negócios. Como tentativa de lidar com o problema, as atividades de recrutamento e seleção se tornaram essenciais para manter saudável o equilíbrio de competências dentro das equipes.

O *inbound recruiting* oferece conteúdos para conquistar a confiança dos profissionais, levando-os a querer trabalhar naquela empresa. Isso envolve desenvolver a marca empregadora para ser desejada por profissionais. Nesse momento inicia-se a jornada do profissional como candidato, conforme Figura 23.1.

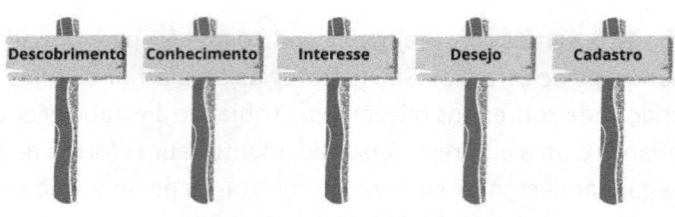

Figura 23.1. Jornada do candidato.
Fonte: as autoras.

Na jornada do candidato, temos:

- ✓ **Descobrimento:** nessa etapa, o profissional descobre a empresa.
- ✓ **Conhecimento:** o profissional procura saber mais sobre a empresa.
- ✓ **Interesse:** há o interesse no profissional de buscar mais informações sobre a empresa, buscando alinhamento de expectativas.
- ✓ **Desejo:** o profissional passa a desejar fazer parte da empresa.
- ✓ **Cadastro:** o profissional se aplica às vagas, realizando sua candidatura.

Essa estratégia é utilizada para recrutamento ativo e passivo, para construção do banco de talentos e criação do relacionamento.

O início do processo de *inbound recruiting* pode ser através de vários canais, como redes sociais, site da empresa, mídia, eventos, entre outros, pensando sempre na experiência positiva que irá oferecer. Por isso, o *inbound recruiting* já está inserido no *employee experience*, ou seja, a experiência do colaborador, conforme explicado no Capítulo 17.

A utilização dessa estratégia resulta em vários benefícios, como a redução do tempo de preenchimento de vagas, redução do *turnover*, redução dos custos do processo de recrutamento e seleção, aumento da performance do time, entre outros.

Como utilizar *inbound recruiting*

As metas são:

- ✓ Atrair talentos, desenvolvendo a marca empregadora.
- ✓ Converter visitantes em candidatos, através do *networking*.
- ✓ Contratar colaboradores, conquistando-os no processo seletivo.
- ✓ Engajar defensores da marca, comprovado através do eNPS, que veremos no Capítulo 39.

Mas como podemos atingir essas metas?

Comece criando estratégias para atrair talentos, através da interação em redes sociais, *blogs* e até através da divulgação de materiais e conteúdo. Porém, esses conteúdos devem fazer sentido para o profissional. Dessa forma, são captados os *leads*, termo do marketing, utilizado para denominar o potencial candidato que demonstrou interesse em fazer parte da empresa.

Para conhecer melhor esse profissional, sugere-se a elaboração de um *candidate persona*, que é um candidato fictício, representando o candidato ideal para a empresa. Ele possui características pessoais e profissionais, habilidades, histórico profissional e acadêmico e traços de personalidade. É possível criar vários *candidate personas* para poder atender aos diversos perfis de vaga da empresa.

Depois, é importante manter um relacionamento com os talentos, tanto os que já fazem parte da empresa, como aqueles que ainda não tiveram a oportunidade. Através desse relacionamento, a empresa terá candidatos disponíveis e interessados em propostas que poderão surgir.

Benefícios do *inbound recruiting*

Podemos levantar diversos benefícios para o uso do *inbound recruiting*, como já adiantamos.

Vamos agora falar um pouco mais sobre eles:

- ✓ **Talent acquisition**: a atração de talentos terá um ganho de produtividade ao manter os talentos próximos da empresa.
- ✓ **Redução de trabalho operacional:** as estratégias de *inbound recruiting* estão focadas na automatização de processos. Com isso, o tempo poderá ser utilizado desenvolvendo estratégias e estreitando a relação com esses talentos.
- ✓ **Decisões analíticas:** o *HR analytics*, através do CAC (Custo de Aquisição de Candidatos) e do ROI (retorno sobre o investimento), que serão os principais indicadores para o *inbound recruiting*, irão subsidiar as decisões para a atração de talentos.
- ✓ **Turnover**: contratações bem feitas são comprovadas através da fidelização do profissional. O termo "retenção de talentos", muito usado nessa questão, passa uma imagem negativa, pois reter dá ideia de prender, e não queremos prender os colaboradores, mas, sim, que eles queiram ficar.

Tudo isso terá efeitos positivos com um *candidate persona* bem elaborado, pois é a partir dele que a empresa poderá definir como conquistar os talentos. Você conhece o perfil do candidato ideal para sua empresa? Então comece a analisar o perfil organizacional e o perfil profissional que darão "match".

24. *Scrum*

Anderson Jordão Marques
Cesar Augusto Tomaz

Vamos falar de *Scrum* conforme o guia escrito por Jeff Sutherland e Ken Schwaber. Para isso temos que começar por dois pontos básicos. O primeiro é que o *Scrum* é um *framework*, ou seja, uma moldura ou um modelo no qual você encaixa seu processo de trabalho, então não se trata de uma metodologia, um processo ou uma ferramenta. *Scrum* é fundamentado em três pilares: transparência, inspeção e adaptação. Justamente por ser um *framework*, pode ser adaptado para os mais diversos cenários e necessidades e também ser complementado com outras ferramentas, como *Kanban*, por exemplo, que será explicado no Capítulo 25. Para o segundo ponto elaboramos uma simples figura (24.1) que explica um pouco da composição do *Scrum*, com artefatos, eventos e papéis que auxiliam na organização do time e do produto.

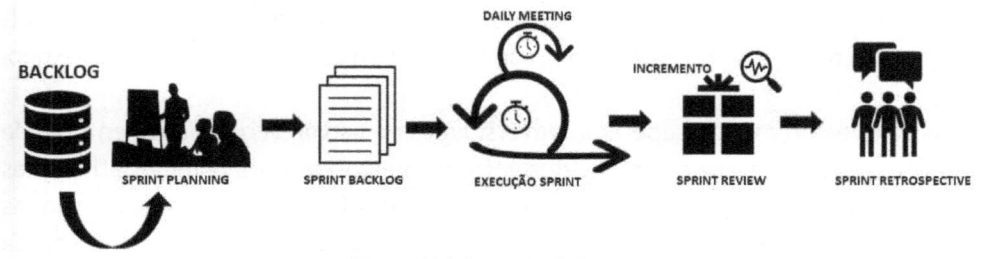

Figura 24.1. *Framework Scrum*.
Fonte: adaptado de Scrum Guides, s.d.

Em resumo: o *Scrum* começa com uma lista de requisitos/necessidades de negócio (*Product Backlog*). Depois os itens mais importantes, de acordo com o entendimento de prioridade definido por um responsável chamado de *Product Owner*, são apresentados em uma reunião de planejamento (*Sprint Planning*) para o Time de Desenvolvimento, o qual por sua vez define as atividades necessárias para realizar a entrega e quais dos itens o time conseguirá realizar analisando sua capacidade de atendimento. Uma vez definida essa lista de atividades (*Sprint Backlog*), o time possui um tempo fixo para entregar o trabalho acordado, que pode variar de uma semana a um mês

(*Sprint*). Durante esse tempo, diariamente é realizada uma reunião de 15 minutos (*Daily Meeting*) onde avalia-se o que foi feito, o que será feito e se alguém está com algum impedimento. No final da *Sprint* o time apresenta o resultado em uma nova reunião (*Sprint Review*) com o *Product Owner* e demais interessados, onde o objetivo é avaliar se os itens acordados podem ser considerados entregues. Por fim, concluída a apresentação, o time se reúne e avalia os erros, acertos e como melhorar para a próxima etapa (*Sprint Retrospective*). Tudo isso é acompanhado pelo *Scrum Master*, que é responsável por manter esse ritual e todos os eventos (as reuniões e a *Sprint*) dentro do tempo estabelecido.

Conforme visto, o *Scrum* possui poucos eventos, papéis, artefatos e regras, o que pode levar muitas pessoas a acreditar que ele é simples. Agora vamos refletir também um pouco sobre os valores do *Scrum*: coragem, foco, comprometimento, respeito e abertura.

De acordo com o Scrum Guide (s.d.), "O Time *Scrum* precisa ter coragem para fazer a coisa certa e trabalhar em problemas difíceis", e é isso mesmo: problemas difíceis. Infelizmente, o guia não traz exemplos, mas com uma busca breve na internet é possível encontrar diversos problemas, tanto na vivência das equipes quanto na adoção do *Scrum*. Em geral, é preciso coragem para solicitar ajuda ou para não entregar algo que não esteja de total acordo com os critérios estabelecidos. De fato, o guia não traz um roteiro ou *checklist* com orientações. Cabe à equipe decidir o que fazer para obter resultados efetivos e consequentemente sucesso. Por esses motivos, quem estiver envolvido precisa de coragem para superar as adversidades que surgem ao longo do tempo.

Durante os esforços para superar as adversidades no uso do *Scrum* para a entrega de produtos, é comum que os envolvidos voltem os esforços para diversas atividades paralelas, que por vez não contribuem para a melhoria ou a entrega de atividades de uma *Sprint*. No guia do *framework* é ressaltado que "todos focam no trabalho da *Sprint* e nos objetivos do Time *Scrum*" (SCRUM GUIDES, s.d.), evitando ao máximo trabalhos que não contribuam para o atingimento dos objetivos acordados. Assim, é possível entregar estritamente o necessário ao incremento proposto para a entrega de valor, e na próxima *Sprint* organizar os esforços para mitigar e elencar as ações importantes que não afetaram a tal entrega. Apenas com esse foco é atingido um dos principais benefícios do *Scrum*: a entrega constante e incremental ao cliente, mantendo cadência e engajamento.

Como complemento ao que vimos até aqui, "as pessoas se comprometem pessoalmente em alcançar os objetivos do Time *Scrum*" (SCRUM GUIDES, s.d.). Espera-se que todos se comprometam com a entrega e não apenas algumas pessoas. Aqui entra aquela famosa parábola do frango que convida um porco para abrir um restaurante com o prato principal sendo "ovos com bacon". O porco declina porque ele estará comprometido, dará a vida para ter o bacon, e o frango apenas envolvido, entregando os ovos.

"Os membros do Time *Scrum* respeitam uns aos outros para serem pessoas capazes e independentes" (SCRUM GUIDES, s.d.). É imprescindível que os membros do time tenham autonomia e responsabilidade para decidir como efetuarão a entrega dos incrementos propostos, sem considerações ou restrições externas. Apesar da organização e do time definirem algumas normas ou regras, que ficam na "definição de pronto" e até mesmo nos critérios de aceite do *backlog*, o time define como cada item do *backlog* será executado, o que torna o trabalho mais fluido e leve.

Por fim, para fecharmos a descrição dos valores, cabe registrar que, para o bom funcionamento do *Scrum*, é importante que todos saibam que, apesar de corajosos, focados, comprometidos e respeitadores, é preciso que as pessoas envolvidas estejam abertas. Ou seja, se alguém comprometido com a entrega, respeitosamente e corajosamente avisa ao restante do time que existe uma atividade executada que estaria em desacordo com o foco, esta ação só é benéfica se todos os demais estiverem abertos a entender o aviso. Não somente no caso citado, mas em todo o uso do *Scrum*, os envolvidos precisam estar abertos, tanto a ouvir como a se adaptar. O que pode ser resumido na frase do Scrum Guide (s.d.): "O Time *Scrum* e seus *stakeholders* concordam em estarem abertos a todo o trabalho e aos desafios com a execução dos trabalhos".

Vale ressaltar que percebemos a resiliência como um valor adicional muito interessante para o dia a dia, pois não se trata apenas de seguir firme e persistente em momentos de dificuldades, mas também de flexibilizar as atividades realizadas de forma que a entrega acordada seja cumprida, afinal exceções acontecem.

Exemplo fictício de como o *Scrum* pode ajudar no dia a dia do RH

Uma equipe de Atração & Seleção (A&S) de uma empresa tem uma demanda mensal de 100 vagas para contratações e reposições do quadro de funcionários em sites distribuídos por todo o país. São vagas de diferentes níveis e setores, com urgências distintas de preenchimento. A insatisfação de alguns membros da direção é crescente, pois os atrasos em vagas estratégicas estão impactando o negócio.

Diante desse cenário, eles decidem tentar formas diferentes de trabalho e elegem o *framework Scrum* como alternativa. Como não tinham conhecimento desse *framework*, recorreram a um *Scrum Master* (SM) de outro departamento para auxiliá-los nessa empreitada, e após um treinamento imersivo com esse SM, elegeram o *Head* de RH como *Product Owner* (PO), para ser o ponto focal para captura de demandas e necessidades e a pessoa que tem autonomia para decidir sobre as vagas. Para os membros do Time de Desenvolvimento (*Dev Team*, segundo o Scrum Guide) foi definido que a equipe de A&S exerceria o papel. Lembre-se de que o papel de SM exerce liderança quanto ao processo, e o de PO quanto ao negócio (o que precisa ser entregue), mas nenhum deles exerce a função de chefe sobre as pessoas da equipe, ou sobre como elas irão trabalhar para entregar as demandas.

Com os membros do Time *Scrum* estabelecidos, chegou o momento de trabalhar o *backlog* do produto – no nosso caso, as vagas para recrutamento (cerca de 100/mês). Em uma primeira análise, o *Product Owner* identifica que não é possível realizar o processo de recrutamento completo para todas as vagas e opta por uma classificação, de forma que fosse possível estabelecer uma priorização para as vagas (sendo 20 vagas estratégicas, 50 de substituição e 30 para novas frentes). Assim, o PO agrupa as vagas considerando o nível do cargo e quem fez a requisição. Antigamente era feita apenas a captura dos currículos nesse prazo, depois as entrevistas, o que não agregava valor. Com esse agrupamento se tem uma lista priorizada das vagas, preparando o time para a próxima etapa.

O Time *Scrum* também decide trabalhar com *Sprints* de duas semanas (lembre-se: uma *Sprint* é um evento *time-boxed*, ou seja, tem duração definida e padrão para todas as *Sprints*). Assim começam os demais eventos da primeira *Sprint*.

Como vimos anteriormente, o *Sprint Planning* é um evento do *framework* onde o *Product Owner* apresenta ao Time de Desenvolvimento o *backlog* do produto atualizado e priorizado para planejamento da entrega da próxima *Sprint*. Esse evento é comumente dividido em duas etapas: apresentação do *backlog* (o que deve ser feito) e planejamento da entrega (como será feito).

De posse desse *backlog* alinhado com as necessidades da empresa, o *Product Owner* se reúne (*Sprint Planning*) com a equipe de A&S e com o *Scrum Master* para apresentar a demanda, seus requisitos e a importância de cada vaga para a empresa. O time utiliza esta etapa para esclarecer suas dúvidas e complementa a demanda com possíveis informações adicionais, como as dependências de recursos externos para auxiliar na entrevista de algumas das vagas. Com isso, tem-se uma nova lista (chamada de *Sprint*

Backlog) que o time se compromete com o PO de entregar ao final da *Sprint*. Uma vez concluída essa primeira etapa com a definição do escopo, na segunda etapa da *Sprint Planning* a equipe de seleção definirá como trabalhará as vagas, quais ferramentas serão utilizadas, quais atividades serão feitas e suas durações.

As saídas deste evento são: meta da *Sprint*, atividades e durações, o que compõe o *backlog* da *Sprint*.

Concluído este planejamento da primeira *Sprint*, a meta foi definida como: <u>fechar 15 vagas de coordenadores, 15 analistas para substituições, 10 assistentes para novas frentes e 5 estagiários.</u>

Durante a execução da *Sprint* a equipe de seleção (Time de Desenvolvimento) se organiza de forma que o trabalho seja distribuído. Cada membro da equipe se responsabiliza por uma atividade, garantindo que os resultados de suas ações ajudem a atingir o objetivo da *Sprint*. Como vimos, o Time de Desenvolvimento é soberano na organização e distribuição de responsabilidades, tendo como apoio o *Scrum Master* para remoção de impedimentos que diminuam ou impeçam seu progresso. O Time também tem o apoio do *Product Owner* para esclarecimentos de dúvidas que venham a surgir. Em nosso exemplo, cada vaga tem as seguintes tarefas: cadastro das vagas em ferramentas de seleção, cadastro das vagas em mídias externas, análise dos currículos recebidos, interação com os candidatos, triagem, agendamento de entrevistas e encaminhamento da admissão do profissional selecionado.

Todo o trabalho elencado para atingir o objetivo da *Sprint* deve estar visível para todo o Time *Scrum* e demais interessados. Uma boa prática é a adoção de um quadro *Kanban* para demonstrar o fluxo das atividades, de forma que o progresso possa ser acompanhado e gerido pelo time.

O Time de Desenvolvimento é soberano sobre a organização e condução das atividades, então a *daily* é realizada corretamente, todos os dias. Em uma das reuniões, um membro do time informou a dificuldade em encontrar pessoas. Imediatamente outro membro que já havia encerrado suas atividades sugere ajudar o companheiro, pois a vaga era mais prioritária (de acordo com o PO) do que as vagas cuja seleção eles ainda não haviam iniciado. Outro dia, um outro membro do time informou uma dificuldade no agendamento das entrevistas com os gestores. Neste caso o SM interveio e negociou com os gestores a agenda. Todos os dias é atualizado o *status* das atividades no quadro *Kanban*, gerando uma excelente oportunidade para mapeamento de impedimentos, dependências entre as atividades e a saúde da *Sprint* no que se refere ao progresso.

Após concluir as atividades definidas para a *Sprint*, o Time de Desenvolvimento, o *Product Owner* e o *Scrum Master* se reúnem com os interessados (a direção e os gestores das áreas solicitantes) para apresentar o resultado dos esforços empregados pelo Time. Esse evento é a *Sprint Review*, onde é inspecionado o trabalho entregue da *Sprint* e todos os presentes (Time *Scrum* e interessados) identificam oportunidades de melhoria, geram *insights* para priorização do *backlog*, *feedbacks* e sugestões para a próxima *Sprint*.

Em nosso exemplo, é neste evento que a equipe de A&S apresenta as vagas que foram fechadas e quais não foram. É importante ressaltar que não se trata de uma reunião de status, e sim da apresentação do resultado atingido pela equipe com empreendimento de esforço durante a *Sprint*. Em nosso exemplo, apesar de finalizar o tempo da *Sprint* sem todas as vagas selecionadas serem fechadas, todas as vagas da meta da *Sprint* foram concluídas.

Terminada a *Sprint Review*, temos outro evento importante do *Scrum*: a *Sprint Retrospective*. É neste evento que a equipe pode refletir sobre como o trabalho foi executado, onde os *feedbacks* e *insights* obtidos durante a *Review* são discutidos, é avaliado como o *framework Scrum* está sendo utilizado pela equipe e como a equipe pode evoluir para um ritmo de trabalho mais sustentável e mais aderente aos padrões de qualidade necessários. Em nosso exemplo, alguns questionamentos são válidos para reflexão do time:

1. Os canais de divulgação das vagas abrangeram o público esperado?
2. A quantidade obtida de CVs está dentro do esperado?
3. Os perfis dos candidatos correspondiam aos requisitos declarados na divulgação das vagas?
4. Os tempos estabelecidos para as entrevistas foram suficientes para os gestores avaliarem os candidatos?
5. Alguma atividade deixou de ser mapeada durante a *Sprint Planning*?

É importante ressaltar que, mais uma vez em conjunto, o Time *Scrum* elenca um dos pontos discutidos na *Sprint Retrospective* como críticos e define um plano de ação para saná-los na próxima *Sprint*.

Terminada a *Sprint Retrospective*, é momento de iniciar a próxima *Sprint*. Cabe observar que uma *Sprint* inicia imediatamente após o término do *timebox* da *Sprint* anterior. Todo o ciclo de eventos e artefatos é novamente executado para uma nova *Sprint* e a produção de um novo incremento de produto.

Avançando para o final da história, no término da segunda *Sprint* o time *Scrum* conseguiu fechar as três vagas a mais com as quais tinha se comprometido (algumas delas restantes do *backlog* inicial, outras que entraram no *backlog* do PO ao longo da primeira *Sprint*), e os resultados foram reconhecidos pela diretoria e pelas áreas clientes.

Outra oportunidade de aplicação do *Scrum* é na reformulação de eventos corporativos cíclicos, como treinamentos, *workshops* e avaliações, por exemplo, onde é possível usar o *framework* para execução desses processos com mais frequência e de forma incremental, tornando a atuação do RH mais perceptível para toda a companhia e aumentando o sentimento de acolhimento e zelo por parte dos colaboradores.

Acreditamos que a busca contínua por melhorar a interação entre áreas e as pessoas é uma responsabilidade também do RH, bem como dos líderes e equipes; mas tendo no RH um facilitador e condutor de práticas, capacitação e remoção de dificuldades na simplificação da comunicação e dos processos. Cremos que uma ferramenta poderosa a favor dos times de RH no desafio de tornar-se ágil é garantir que todo o ambiente organizacional suporte o Manifesto Ágil e seus 12 princípios descritos no Capítulo 5, com empoderamento em diversos níveis e um aumento do senso do pertencimento coletivo, ao menos dentro da cada Time *Scrum* criado.

Aos leitores deste livro, recomendamos que ele sirva de instrumento para a jornada do RH ágil, e, principalmente, que este capítulo auxilie na adoção do *framework Scrum* internamente nas atividades, mas, principalmente, que facilite o entendimento dos pontos para todos os times da organização. Bom trabalho e boa jornada!

25. *Kanban*

Coaracy Gomes da Silva Junior
Cesar Augusto Tomaz

Kanban no RH

Como já foi apresentado em outros capítulos, a ideia de um RH ágil passa pelo seu posicionamento como área estratégica das organizações. O método *Kanban* é uma ferramenta que pode contribuir nessa jornada trazendo um olhar objetivo e pragmático sobre o dia a dia das equipes, integrando outras áreas e conectando estratégias e práticas, criando a sinergia necessária para resultados de alta performance. É possível adotar o *Kanban* no RH e obter resultados interessantes e perceptíveis em curto prazo.

As primeiras mudanças percebidas são a ajuda na organização e a transparência das atividades, que é reclamação constante dentro das organizações, quebrando o paradigma de que a gestão de pessoas precisa ser algo sempre sigiloso.

A eliminação da burocracia desnecessária é outro aspecto positivo da adoção do método. Com a evolução do uso do *Kanban*, as equipes começam a entender a importância do resultado do trabalho coletivo mais do que o resultado individual das atividades. Essa evolução gradativa é importante na transição dos objetivos individuais, que criam distanciamento das pessoas e fortificam a ideia de "silos de ação", para um modelo de objetivos de equipe, aumentando a sinergia e o companheirismo e melhorando a motivação.

Kanban e sua história

O termo *Kanban* não é novidade no mundo da gestão. Ele nasceu na década de 50 na Toyota, com o objetivo de otimizar o controle dos seus estoques e evitar sobrecargas e desabastecimento de peças. Segundo Ohno (1997), "ele mostra imediatamente o que é desperdício, permitindo um estudo criativo e propostas de melhoria". Esse conceito ajudou a implementar o sistema de "produção puxada", ou seja, o material era entregue nas unidades de trabalho conforme a vazão de itens prontos, sempre respeitando as demandas dos clientes. Essa maneira de realizar a movimentação do estoque era algo novo no mundo da manufatura, que até aquele momento trabalhava com grandes lotes de produção para gerar estoques, sistema conhecido como "produção empurrada".

Essas ideias e conceitos começaram na Toyota, com seu fundador Sakichi Toyoda, com o conceito de *Jidoka*, e foram ampliados e mais bem estruturados por seu filho Kiichiro Toyoda e por Taiichi Ohno, que era o engenheiro responsável pela reestruturação da empresa depois da Segunda Guerra Mundial. Eles criaram o sucesso da filosofia de trabalho da Toyota, que é a inspiração e base de muitos modelos e práticas de gestão focadas em redução de desperdícios, adaptação a mudanças e melhoria contínua depois da metade do século XX.

Após nascer na indústria automobilística, o *Kanban* evoluiu com o uso em empresas de vários ramos no mundo da manufatura, mas no início dos anos 2000 ele recebeu um novo olhar.

Pare de começar e comece a terminar – *Kanban* para o trabalhador do conhecimento

Para ajudar a entender como o *Kanban* da manufatura foi adaptado para o trabalho do conhecimento e se tornou o Método *Kanban*, começaremos com a compreensão do que é uma organização. Organizações são grupos de pessoas trabalhando em sistemas integrados de informações com ações que sempre estão transitando de uma situação de **ordem** (processos funcionais, atividades definidas, cultura estabelecida) para situações de **caos** (novas necessidades, atividades indefinidas e estresse diante das incertezas). A aleatoriedade inerente a sistemas complexos aumenta a velocidade e a intensidade dessas transições, e a capacidade de adaptação é uma habilidade vital para a gestão no século XXI.

Anderson (2010), observando os princípios do sistema da Toyota e inspirado no pensamento de W. Edwards Deming, Eliyahu Goldratt e Donald Reinertsen, idealizou a adaptação do *Kanban* para o trabalhador do conhecimento focando na gestão do fluxo do trabalho, para, através da observação e análise das informações, definir e realizar ações de evolução gradativas que, através da experimentação, atingem resultados consistentes e sustentáveis.

O Método *Kanban* possui três princípios para o gerenciamento das mudanças indicadas pelo KMM (*Kanban Maturity Model*) *release* 1.2 (2020):

- ✓ **Comece com o que se faz hoje.** Primeiro observe a dinâmica do fluxo do sistema e suas interações. Mudanças são situações traumáticas porque quebram paradigmas estabelecidos. Entenda que o modelo atual foi gerado por uma razão e que tem o seu valor, e que para mudar conceitos é preciso respeitar o ciclo de aceitação dos envolvidos.
- ✓ **Obtenha acordo para buscar melhorias através da mudança evolucionária.** Após a observação e o entendimento do sistema de trabalho atual, oriente as ações para pequenas melhorias incrementais, procurando evoluir o sistema.
- ✓ **Encoraje atos de liderança em todos os níveis da organização.** Mudanças dependem em grande parte de pessoas comprometidas. *Kanban* tem em sua essência a ideia de democracia e respeito às pessoas. Todos são importantes no processo de evolução do sistema.

Com esses princípios como base, trabalham-se importantes aspectos:

- ✓ **Clareza quanto aos objetivos a serem atingidos.** Entenda o propósito do sistema, pois todo trabalho precisa estar orientado a atingir os objetivos acordados.
- ✓ **Quais problemas impedem de atingir os objetivos.** *Kanban* ajuda a identificar e criar uma visão objetiva sobre o que precisa realmente de mudanças.
- ✓ **Quais os tipos de serviços do sistema.** No método *Kanban* as atividades são conhecidas como serviços, e é fundamental entender o seu tipo, contexto e importância para clientes, equipe, organização e outros *stakeholders* envolvidos.
- ✓ **Deixar claro o fluxo de trabalho para todos os envolvidos.** Gestão do fluxo é observar a movimentação do sistema como um todo e não de suas partes de forma isolada, erro de interpretação muito comum ao começar a utilizar *Kanban*. Entender a dinâmica do andamento dos serviços e suas interações dentro de um processo é algo que precisa ser um consenso entre os envolvidos, para possibilitar a evolução através da experimentação.

Um dos pontos importantes no *Kanban* é entender a capacidade de fluxo do sistema – para isso, é preciso entender o conceito de WIP (*Work in Progress*). O trabalho em andamento são as atividades que estão sofrendo alguma ação, criando o fluxo do sistema. Esse começo e fim de uma atividade podem variar conforme as definições de cada organização. Um exemplo pode ser: uma vaga é considerada iniciada quando é confirmado seu registro no sistema de controle interno e estará concluída no momento em que houver o registro da documentação do novo funcionário. Em outras organizações a conclusão pode ser o momento de início do trabalho do novo colaborador. Não existe uma fórmula exata.

Ao entender a capacidade atual de fluxo do sistema, uma das ações fundamentais do *Kanban* é criar limites para o WIP. Um dos benefícios de limitar o WIP é combater a sobrecarga ou o desabastecimento do processo de trabalho, evitando que impedimentos, conhecidos como gargalos, criem acúmulos no processo. Os impedimentos que surgem no fluxo de trabalho são a principal fonte de desperdícios no dia a dia das organizações, e trabalhar com limites de atividades ocorrendo ao mesmo tempo é uma das partes mais valiosas do método *Kanban*. Equilibrar a quantidade de trabalho sendo realizado, respeitando a velocidade da equipe e o contexto do negócio, contribui para a evolução dos processos, a diminuição de filas e a redução dos desperdícios.

Muitas vezes, ao começar a usar o método, os envolvidos focam grande esforço inicial em construir o quadro *Kanban* (*Kanban Board*). Inicialmente é necessário entender os aspectos do negócio, problemas existentes que impedem o atingimento dos objetivos estratégicos e os serviços envolvidos, para depois trabalhar o fluxo atual e criar o quadro como a materialização desses acordos e entendimentos. *Kanban* torna transparente para todos os envolvidos a cadeia de valor do sistema de trabalho.

Onde posso usar o Método *Kanban*

O método *Kanban* é aplicável em qualquer tipo de organização, independentemente do seu tamanho e complexidade. Inicialmente começou com equipes de TI, mas a aplicação em outras áreas tem aumentado muito. Um dos aspectos positivos do método é a possibilidade de ser implementado em uma equipe e organicamente ganhar escalabilidade, integrando-se com outras iniciativas, ganhando força e amadurecendo junto com a organização.

Kanban tem um grande poder de adaptação em trabalhar com outros métodos porque seu foco é entender como as coisas são feitas hoje através da observação e mensuração. Identificar pontos de melhoria contribuirá para a definição de ações, em um ciclo constante de evolução.

Ambientes complexos necessitam de ações que considerem a aleatoriedade como parte inseparável da realidade. Taleb, no seu livro "Antifrágil" (2012), conceitua a ideia de como trabalhar com essas variações de forma a fortalecer as organizações para que continuem evoluindo e não sejam surpreendidas pelos **cisnes negros**, termo criado por Taleb em seu outro livro, "A lógica do cisne negro: O impacto do altamente improvável" (2015), sobre como a gestão de riscos no mundo atual não está preparada para ambientes com alta aleatoriedade.

Mas como começar?

Geralmente, as equipes começam criando o quadro de tarefas, que muitas vezes acaba caindo no desuso e não cria o engajamento esperado.

Para aumentar a chances de sucesso do uso do Método *Kanban*, é indicado o uso do STATIK (*System Thinking Approach To Introducing Kanban*). Segundo David J. Anderson (2016), "o pensamento de sistemas é uma maneira de entender como um sistema se comporta como um todo ao invés de analisar componentes isolados. É uma influência fundamental na definição dos passos necessários para introduzir *Kanban* em uma organização". Essa visão sistêmica do contexto cria o alinhamento e o comprometimento dos envolvidos. O STATIK também pode ser usado para evolução do uso do *Kanban* e pode ser aplicado conforme o entendimento da equipe acerca das mudanças que ocorrem e que geram novos contextos.

Um aspecto importante que está associado ao *Kanban* é o quanto os objetivos da organização estão alinhados ao propósito dos seus clientes, gerando valor na sua percepção. Anderson e Zheglov (2018) criaram o conceito e o *framework Fit For Purpose* (F4P), que traz uma resposta consistente para planejamento e decisões mais objetivas para atender o cliente respeitando suas necessidades e expectativas, criando um ambiente adequado para sobrevivência e crescimento da organização.

Para ficar mais tangível a ideia, vamos analisar um exemplo.

Uma equipe de Atração de Talentos adota o método *Kanban* e melhora muito a eficiência de seu processo, reduzindo o tempo de uma contratação de 25 dias para 5 dias, mas ainda continua a perceber insatisfações por parte dos gestores em reclamações que chegam de forma não ordenada e sem clareza acerca do verdadeiro problema.

Usando o F4P, ficam mais claros os verdadeiros motivadores dos clientes que usam os produtos e serviços da organização. O time entendeu as reclamações dos gestores sobre o tempo que demora para preencher as vagas que são consideradas fundamentais, mas essa informação não estava chegando ao time. Para corrigir essa falha, é criada uma classificação das vagas (estratégicas, substituição e novas frentes). Definida a classificação de prioridade, o time evolui sua gestão do fluxo para a priorização das vagas que atendam aos objetivos estratégicos definidos.

Alguns questionamentos surgem quando começamos a fazer algo novo:

- ✓ Estamos indo para o caminho certo?
- ✓ Será que estamos usando da melhor forma o Método *Kanban*?

Não existe uma forma fechada e definida de afirmar o que é ou não *Kanban*, ou se está certo ou errado. Isso ocorre por causa do perfil adaptativo do método. Anderson e Bozheva (2018), após observações na implantação do *Kanban* por mais de 10 anos, criaram o KMM (*Kanban Maturity Model*). Trabalhando com organizações de tamanhos e setores diferentes, foram avaliados aspectos que representam comportamentos e ações em diferentes níveis de maturidade na aplicação do método, conforme as diferenças de contexto e a adaptação dos envolvidos. O KMM está dividido em 7 níveis (*maturity level*), começando por quem não usa nada de *Kanban* (ML0) até organizações que o modelo classifica como "feitas para durar" e que estão preparadas para trabalhar com ideias disruptivas (ML6). É importante ressaltar que não são fases a serem alcançadas e superadas, e sim conjunto de comportamentos e ações características de um nível de uso do método *Kanban*. É importante não usar o KMM como uma certificação ou avaliador de resultados, pois existem variações dos níveis de maturidade conforme as mudanças e adaptações necessárias ao dia a dia do trabalho.

Um ponto importante é mensurar o que está sendo feito com base em fatos concretos. No *Kanban*, a utilização de métricas deve ser orientada para a melhoria dos resultados do sistema de trabalho, observando se o cliente realmente está satisfeito com as entregas, se a organização está conseguindo ser rentável e se a equipe segue trabalhando na plenitude de sua capacidade. No livro "Fit for Purpose" (ANDERSON; ZHEGLOV, 2018) são indicados quatro tipos de métricas:

- ✓ *Fitness criteria*: são as principais métricas, pois medem a satisfação do cliente com o resultado das entregas e os resultados estratégicos definidos. Essas métricas precisam estar diretamente ligadas ao resultado do negócio da organização.
- ✓ *Improvement drivers*: não são as métricas principais, mas são importantes para atingir os resultados estratégicos. Um exemplo poderia ser o percentual de vagas consideradas estratégicas dentro de um determinado período para atender aos objetivos estratégicos, como novos mercados.

✓ *Health indicators*: o que é avaliado por esse tipo de métrica é a eficiência da equipe ou da organização. Muitas vezes são usados como KPIs (*Key Performance Indicators*), e não é esse o seu objetivo. Medir o resultado da organização por esse tipo de métrica é estar focado mais na entrega (*output*) que no resultado obtido (*outcome*). Normalmente são utilizados o *throughput* (taxa de entregas realizadas em um período) e o *leadtime* (tempo entre o recebimento de uma atividade e a entrega ao cliente final).

✓ *Vanity metrics*: são indicadores que não contribuem de fato com o que está definido como objetivo da organização. Eles muitas vezes indicam que está tudo bem, mas essa indicação pode levar a uma visão errada de sucesso. Eles podem ter algum valor em alguns momentos como forma de incentivo e motivação para as pessoas envolvidas, mas é necessário cuidado para seu uso com fim específico para uma determinada situação.

Kanban é um método baseado na observação, análise e definição de ações experimentais. As mudanças são gradativas, respeitando a maturidade e entendimento do sistema com o qual estamos interagindo. Um lema muito usado pela comunidade *Kanban* que sintetiza a simplicidade e força do método é o "comece amanhã cedo a aplicar o que aprendeu hoje".

26. *Onboarding*

Glauce Paiva
Jaqueline Monteiro

Você já deve ter ouvido a palavra *onboarding* muitas vezes, mas sabe o que ela realmente significa?

Onboarding é uma palavra derivada do inglês e significa **receber, integrar e promover** a ambientação do novo colaborador na empresa, ou seja, dar as boas-vindas a quem está chegando.

Esse processo deve ser tratado como prioridade dentro do RH, pois tem como objetivo acolher o novo colaborador para que ele se sinta seguro no novo ambiente que ele escolheu para trabalhar. Deverá ser planejado de forma bem estruturada, pois resulta em colaboradores integrados à equipe e com possibilidade de desempenhar sua função da forma mais eficiente possível. Deverá ser realizado logo no início da jornada do novo colaborador na empresa, quando ele está motivado e engajado no novo desafio pelo qual ele foi contratado.

Os primeiros dias, semanas e meses de um novo colaborador na empresa são muito importantes para o *employer branding* ou marca empregadora, por isso a importância do bom acolhimento e do encantamento acontecer logo na chegada. No Capítulo 18 apresentamos a importância do *employer branding*.

Precisamos ter em mente que tudo é novo para o colaborador, e um bom processo de *onboarding* fará toda a diferença para essa pessoa.

Etapas importantes do planejamento:

1. Definição do formato do evento que será realizado.
2. Escolha das pessoas envolvidas no processo de ambientação.
3. Conteúdo que será apresentado.
4. Modelo bem dinâmico para que seja um momento de descontração para todos os envolvidos.

Informações necessárias no processo de *onboarding*:

1. Apresentar a cultura e os valores da empresa.
2. Mostrar o panorama geral de atuação da empresa no mercado.
3. Explicar os benefícios oferecidos.
4. E também explicar algumas regras da empresa.

Algumas práticas interessantes:

1. Deixar um tempo livre para que os novos colaboradores contem suas histórias de vida.
2. Presentear o novo colaborador com algum item usado pelos colaboradores da empresa, como caneca, mochila, camiseta etc.
3. No final, deixar claro que o RH está de portas abertas para ajudar no que for necessário para sua adaptação na empresa.

Atualmente existem diversos modelos de *onboarding* utilizados pelas empresas:

1. Gamificação.
2. Envio de uma caixa de presente para a casa do novo colaborador antes dele iniciar na empresa contendo: crachá, óculos 3D contando a história da empresa e mostrando o local onde ele irá trabalhar, além de algo que ele goste, como a camisa do seu time favorito com a logo da empresa bordada.
3. Simulação de acontecimentos do dia a dia.
4. E outras ideias criativas.

O *onboarding* deve durar de 1 a 3 meses.

Observações gerais sobre o processo:

1. **Realizar pesquisas e conversas.** É muito importante realizar conversas e enviar pesquisas de satisfação para o novo colaborador na primeira semana e, após, a cada mês. Se essas conversas estiverem integradas aos seus levantamentos de desempenho, certifique-se de que haja tempo suficiente para discutir a contribuição do empregado e para que seja possível responder a qualquer dúvida sobre pessoas, processos, práticas e a cultura da empresa. O processo permite que o funcionário compreenda profundamente e, o mais importante, alinhe-se com a cultura e a estratégia da organização. Não entender como a organização funciona e não se adequar culturalmente a ela são uma das principais dificuldades ao assumir um novo papel.

2. **Motivação.** O profissional que passa pelo processo de acompanhamento, com uma estrutura bem planejada, consegue se sentir mais integrado e confiante. Isso o deixa motivado a realizar seu trabalho com bastante energia e, consequentemente, gera mais produtividade para a empresa.
3. **Redução do *turnover*.** A empresa que investe em seus funcionários e promove o processo de integração e acompanhamento diminui o *turnover*. Isso porque ela deixa claro como será o trabalho dos funcionários e, o mais importante, preza pela boa harmonia da equipe.

Exemplo de quando não existe um *onboarding* adequado na empresa (depoimento)

Fui contratada para trabalhar em uma empresa que estava praticamente falindo. Infelizmente, eu soube disso pelos colegas de trabalho, que, conforme eles mesmos relataram, comentavam sobre os coitados que foram contratados em período de falência. Pois bem, minha experiência ruim continuou ao chegar no setor para trabalhar e perceber que a coordenação sequer dava "bom dia" ao passar. Alguns colegas de trabalho também agiam da mesma forma. Fiquei dias esperando os acessos de rede, e-mail e eu mesma tive que instalar as ferramentas que iria utilizar. Recebi um notebook sujo e cheio de adesivos colados. Fui alocada em um projeto e a pessoa que auxiliava com as dúvidas entrou de férias. Não é incomum este tipo de prática, foi a terceira empresa seguida em que trabalhei e alguém entrou de férias assim que fui admitida. A impressão que tive foi de ter sido contratada para cobrir a falta de outro colaborador e teria que aprender tudo o mais rápido possível para cumprir as demandas dentro do prazo, mesmo sem ajuda. Com o passar dos dias, a falta de suporte e o ambiente pouco amigável foram me fazendo desistir de trabalhar naquela empresa. Eu sentia que não pertencia àquele lugar. Com dois meses eu já queria sair e comecei a fazer entrevistas. Minha breve história chegou ao fim aos três meses, pois fui aprovada em um processo seletivo para outra empresa e pedi demissão. Poderia ter sido pior se eu insistisse em ficar, eu pensei.

Quais são as melhores práticas de *onboarding*?

As melhores práticas vão desde as coisas grandes, como usar um programa de orientação ou um plano escrito, até as pequenas coisas, como cumprimentar calorosamente um novo colaborador, levá-lo para almoçar, apresentar as melhores opções da região e fornecer uma estação de trabalho funcional no primeiro dia.

Lembre-se: o momento mais importante no trabalho para um novo colaborador é o primeiro dia. Logo, é importante atender às expectativas dele e proporcionar um bom contato com os outros colaboradores.

Atuando há muitos anos na área de gestão de pessoas, acreditamos que a trajetória do sucesso de um novo colaborador é definida **nas duas primeiras semanas**, ou seja, é importante fazer com que o **primeiro dia seja especial**. Isso deve fazer parte da cultura da empresa, o que favorece o *employer branding*.

Segundo relatório da "Featuring Insights from Microsoft, Google e Eventbrite" (EN-BOARDER, s.d.), pesquisas mostram que até 20% dos novos contratados podem deixar a empresa nos primeiros 45 dias e colocam um ponto de interrogação gigante sobre a eficácia dos programas de *onboardings*.

Muitos colaboradores, principalmente os mais jovens, não voltam se o primeiro dia for decepcionante.

Cinco dicas de ouro para transformar o *onboarding* em uma poderosa ferramenta de retenção[3]

1. Aceite que é hora de mudar e colocar as rodas em movimento.
2. Reenquadre suas opiniões sobre *onboarding*.
3. Ao planejar seu programa de *onboarding*, pense sobre isso em termos da experiência do novo funcionário, em vez de um protocolo da empresa.
4. Treine os líderes para esse momento importante.
5. Digitalize seu *onboarding* para reduzir a papelada, liberar o tempo do líder e abrir espaço para compartilhar objetivos e estratégias maiores.

---

[3] Segundo Elizabeth Pierce, Diretora de Treinamento e Desenvolvimento da Eventbrite. (ENBOARDER, s.d.).

Conclusão

O *onboarding* bem-sucedido é uma parte-chave de toda a estratégia de gestão de pessoas. Com o alto custo do recrutamento, os líderes de RH devem entender que a integração de novas contratações na empresa é um passo importante para o sucesso da organização.

Investir na integração do novo colaborador traz bons benefícios para a empresa, bem como diminuição da rotatividade, bom ambiente de trabalho e aumento da produtividade. Portanto, entender quem é o dono do processo de integração como um todo é vital para o sucesso ao longo do tempo.

É preciso entender que o processo de *onboarding* deve ser adotado como uma estratégia, de forma que possa contribuir para que o propósito do novo colaborador seja alinhado com mais fluidez, o que proporciona uma adaptação mais fácil e rápida.

Vamos colocar em prática!

27. Competências como estratégia e criação de vantagem competitiva

Atila Belloquim

Um dos problemas clássicos na área de gestão de pessoas, especialmente crítico em empresas baseadas em conhecimento, é a falta de um **planejamento estratégico de competências** de médio e longo prazo.

O que é isso?

Simples. A empresa não "descobre" com a antecedência necessária quais **competências** serão fundamentais para executar seu planejamento estratégico e atingir sua visão de negócio. O resultado é que, quando as competências precisam estar disponíveis (no meio de um projeto, por exemplo), elas simplesmente não estão. Isso causa paralisações e até o cancelamento de projetos. Em outros casos, a empresa cria novas áreas, define novos processos ou decide implantar novos sistemas de informação sem se preocupar com que tipo de competência profissional será necessário para preencher essas vagas, executar esses processos ou operar esses sistemas de informação.

A adoção da cultura ágil em geral, e nas áreas de RH em particular, vem trazendo grandes benefícios para as organizações.

Uma das preocupações do RH ágil, ao tornar-se mais estratégico, é garantir uma **visão holística estratégica** da empresa, ou seja, uma visão sistêmica que seja capaz de "enxergar" a empresa como um todo, não apenas como uma "soma de partes". Vamos analisar essa questão um pouco mais a fundo.

Competências

Existem diversas definições para "competência", mas talvez a mais clássica em RH seja aquela que define o termo como o conjunto de **conhecimentos, habilidade e**

atitudes que um colaborador precisa ter para desempenhar um determinado papel. As iniciais desses três aspectos formam o famoso **CHA**, que é aplicado aos papéis a serem desempenhados pelos colaboradores. Em diversas empresas "competências" e CHA são usados como sinônimos.

O "C" e o "H" do CHA são normalmente considerados "competências técnicas", enquanto o "A" é visto como as "competências comportamentais" que o colaborador precisa ter.

- ✓ **Conhecimentos** são as coisas que o colaborador "sabe", e pode até mesmo ser conhecimento apenas teórico. Então, um desenvolvedor precisa conhecer tais e tais linguagens de programação e um analista financeiro precisa conhecer matemática financeira.
- ✓ **Habilidades** são a capacidade de aplicar conhecimentos na prática, ou seja, de "fazer bem" alguma coisa. O desenvolvedor do exemplo anterior deve possuir a habilidade de desenhar bons algoritmos e fazer bons testes de software. O nosso analista financeiro precisa "ser bom" em analisar e descobrir tendências e oportunidades olhando para os indicadores financeiros da empresa. Habilidades quase sempre estão ligadas à experiência do profissional.
- ✓ **Atitudes** são os comportamentos esperados do colaborador. Muitos dos chamados *soft skills* (Capítulo 28) caem nessa categoria (embora às vezes seja difícil distinguir se determinado *skill* é uma habilidade ou atitude na teoria, na prática isso faz pouca diferença, desde que a competência seja identificada). Um gerente tem que ter uma atitude positiva e otimista, ao mesmo tempo que prudente, para motivar e orientar sua equipe. Tem que ter empatia para manter a equipe funcionando em alta performance.

Segundo Zarifian (2001), a partir da década de 1990, vimos surgir todo um corpo teórico e prático acerca desses itens que veio a ser conhecido como "**gestão por competências**". Essa abordagem substitui as tradicionais "descrições de cargos e salários" e planos de carreira mais ou menos fixos por um conjunto de processos de RH mais flexíveis. As práticas de recrutamento e seleção, capacitação, avaliação de desempenho e remuneração passam a ser baseadas nas competências que o colaborador tem (e precisa ter), e não simplesmente no seu enquadramento em um conjunto relativamente restrito de "cargos".

Silos de informação e visão holística

Mas quais são, afinal, as competências que precisamos ter disponíveis na organização?

Para responder a essa pergunta, é necessário primeiro discutirmos um ponto que são os **silos de informação**.

Os silos surgem por motivos técnicos, culturais e políticos, mas, independentemente de suas causas, o resultado é sempre o mesmo: feudos políticos, redundância, re-trabalho, projetos cancelados, dificuldades de integração de processos e sistemas, comunicação difícil entre as áreas da empresa. Todos esses são exemplos recorrentes de problemas causados por silos de informação.

Como os altos executivos não conseguem ver o trabalho de todas as áreas, cada área acaba atuando como um ente isolado.

A **visão holística** refere-se à capacidade que a empresa deve ter de representar de forma coerente a sua estratégia, cultura e arquitetura, superando as dificuldades trazidas pelos silos. A Figura 27.1 representa o que chamamos de modelo tripartite das organizações:

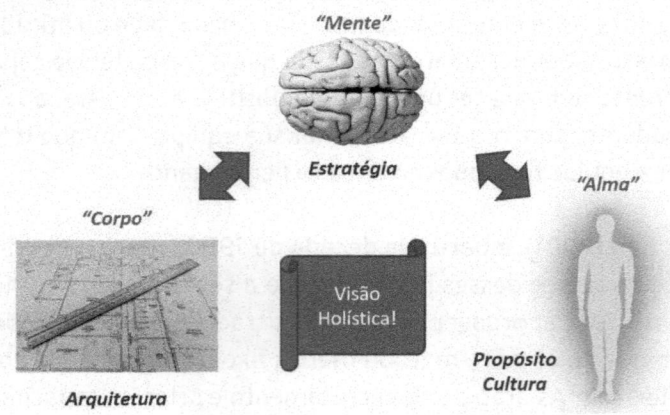

Figura 27.1. O Modelo tripartite das organizações.
Fonte: material didático de Atila Belloquim.

A visão holística parte da **visão tripartite** das organizações, ou seja, da adoção da metáfora humana nas empresas, vendo-as como um composto de **mente** (estratégia), **corpo** (arquitetura corporativa de negócio) e **alma** (propósito e cultura organizacional intencional).

A estratégia da empresa parte da sua visão e responde à pergunta "aonde queremos chegar e como?". Para termos uma visão holística, é necessário que a **estratégia** esteja alinhada com a **arquitetura** e a **cultura**. É frequente vermos planos estratégicos inviáveis por serem incompatíveis com a arquitetura existente. Também vemos metas estratégicas que muitas vezes batem de frente com a cultura da empresa.

A arquitetura são os componentes da organização e como eles estão relacionados entre si. Inclui tudo que a empresa tem, como, por exemplo, sua estrutura organizacional (organograma), suas capacidades (*capabilities*), sua cadeia de valor e seus processos, as competências de seus colaboradores, suas tecnologias, suas instalações físicas, seus sistemas de informação e infraestrutura de TI.

É aqui que ocorre a maior parte dos "problemas práticos": falta de integração entre processos e sistemas, redundâncias, retrabalho, projetos inúteis e assim por diante. Tudo por falta do conhecimento da arquitetura da empresa.

Além disso, cada um desses componentes da arquitetura está alinhado à estratégia e à cultura holisticamente. Vemos, por exemplo, empresas que incluem em sua estratégia o "encantamento do cliente" e que, ao mesmo tempo, possuem processos de atendimento ao cliente que parecem desenhados especificamente para irritá-lo.

A cultura, por sua vez, pode ser definida de forma simples como as **crenças e valores compartilhados pelos membros da organização, que afetam seu comportamento**. Mais uma vez, não faz sentido termos uma estratégia ou arquitetura que confronte essas crenças e valores.

A falta de visão holística dificulta enormemente a identificação das competências necessárias à organização.

RH estratégico

O chamado "RH estratégico" também foi outra inovação que entrou em voga nos anos 1990 (ARMSTRONG, 2008) e tem como um de seus principais componentes o mapeamento das competências **de que a empresa precisará no futuro**, com base em sua visão de negócio e sua estratégia. Além disso, fazem parte das práticas do RH estratégico o mapeamento das competências **atualmente disponíveis na organização** e o *gap analysis* (análise de diferenças) entre o que temos hoje e o que precisaremos no futuro. Com base nessa análise, a empresa pode se planejar com tempo suficiente para cobrir esses *gaps*, seja através da capacitação e do desenvolvimento de seu pessoal atual, seja através da contratação de colaboradores que possuam as competências necessárias, ou, até mesmo, através de terceirização.

Uma dúvida que pode surgir na adoção de um RH mais estratégico é como fazemos para saber de quais competências vamos precisar.

As competências necessárias não são identificáveis em um "vácuo". É necessário entender primeiro como a empresa funciona e como ela precisa funcionar para executar sua estratégia e atingir sua visão. Ou seja, as competências necessárias dependem da arquitetura corporativa da organização, conforme explicado no item anterior. Para sabermos as competências necessárias, precisamos primeiro ser capazes de responder a essas perguntas preliminares: que produtos e ou serviços venderemos? Como serão nossos processos de negócio e estruturas organizacionais? Onde atuaremos? Quais tecnologias de informação (sistemas, software, infraestrutura de TI) vamos precisar para dar suporte a esses processos e produtos? De que outras tecnologias vamos precisar? Quais são as tendências de mercado?

É aí que entra a arquitetura corporativa. Argumentamos que a forma mais eficaz de termos um RH estratégico é através da adoção das práticas de arquitetura.

Arquitetura corporativa

Arquitetura corporativa é uma prática que serve para mapear internamente a organização. Isso gera um **repositório de arquitetura** que é como um "banco de dados" que mostra todos os elementos da organização e como eles estão relacionados entre si.

O que diferencia um repositório de arquitetura de outras documentações internas, tais como organograma, cadeias de valor e mapas de processo, é que este repositório inclui tudo isso e muito mais – e, mais importante, mostra como as coisas estão ligadas. Isso se chama **rastreabilidade**. Essa rastreabilidade vai desde a estratégia (como, por exemplo, as metas estratégicas documentados no *Balanced Scorecard* da empresa) até a infraestrutura, seja de tecnologia da informação, seja a infraestrutura física (prédios, depósitos, escritórios, centro de distribuição etc.). Entre esses dois extremos, temos o mapeamento dos relacionamentos entre os processos de negócio, o organograma, o catálogo de produtos e serviços que a empresa oferece ao mercado, sua geografia, seus sistemas de informação, seus bancos de dados e principalmente as competências dos colaboradores que são necessárias para executar os processos da empresa.

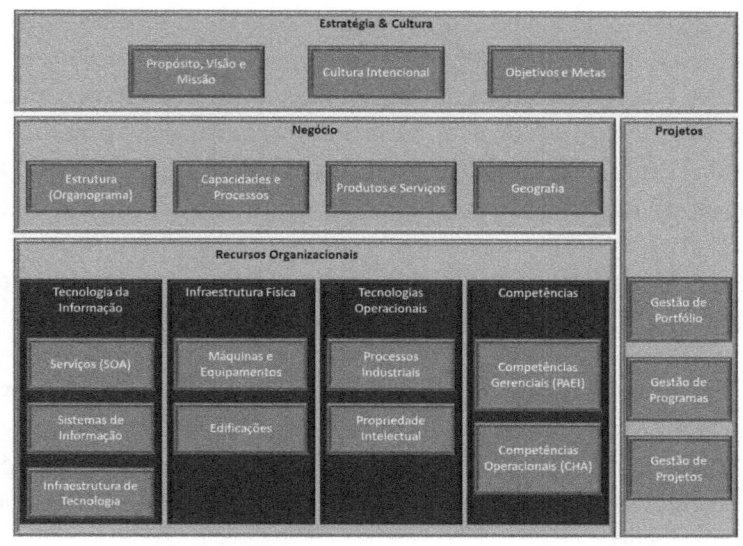

Figura 27.2. Conteúdo sugerido para o repositório de arquitetura.
Fonte: material didático de Atila Belloquim.

A Figura 27.2 exemplifica uma possível estrutura de conteúdo para o repositório de arquitetura da organização.

Observe que, na figura, separamos as competências em dois grupos: operacionais (nosso conhecido CHA) e gerenciais.

Voltando à arquitetura, sua prática pode ser exemplificada pela Figura 27.3:

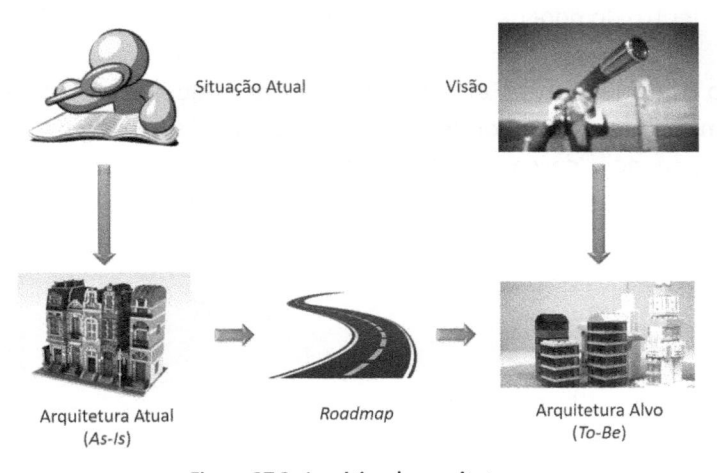

Figura 27.3. A prática de arquitetura.
Fonte: material didático de Atila Belloquim.

A Figura 27.3 deve ser examinada começando pelo seu lado direito. A partir da **visão estratégica**, os arquitetos corporativos "desenham" a **arquitetura alvo**, ou seja, como a empresa deve estar organizada e de que componentes vai precisar para atingir essa visão. Ao mesmo tempo, é necessário mapear a **arquitetura atual**, ou seja, como a empresa funciona hoje, quais componentes ela possui e como estão relacionados. Ambas as arquiteturas são mapeadas no repositório. Comparando essas duas arquiteturas (atual e alvo), chegamos no *roadmap*, ou seja, o que precisa ser feito para sairmos de onde estamos para chegarmos aonde queremos. Esse *roadmap* se materializa no **portfólio de projetos** estratégicos da organização.

Nessa situação, o RH estratégico passa a ser um dos componentes da arquitetura, sendo que a identificação das competências necessárias é extremamente facilitada pela visão holística que a arquitetura proporciona. É possível, por exemplo, identificar quais competências serão necessárias com base em cada um dos projetos do portfólio identificado.

Conclusão

A adoção das práticas de RH estratégico, especialmente em conjunto com práticas de arquitetura corporativa, permite, portanto, que a organização seja capaz de identificar seus *gaps* de competências e possa agir em tempo hábil para cobrir suas deficiências, através de desenvolvimento de seu pessoal, contratação de novas pessoas com as competências faltantes ou mesmo a terceirização das atividades para as quais as competências não estejam disponíveis e que a organização considere que não sejam necessárias dentro do *pool* de colaboradores próprios.

O resultado é que a empresa terá disponíveis pessoas que detenham essas competências no momento em que forem necessárias, sem os "sustos" que podem ocorrer, por exemplo, quando "descobrimos" que um projeto não pode continuar por incluir atividades para as quais não temos as competências necessárias.

28. Desenvolvimento de *soft skills*

Marcilene Scantamburlo
Eduardo Brasil Barbosa Junior
Jalme Pereira
Danielle Massad

Já dizia Peter Drucker que "as pessoas são contratadas por suas habilidades técnicas, porém demitidas por seus comportamentos". Empresas contratam profissionais não mais pelo seu conhecimento técnico (séc. XX) ou pela capacidade física (sec. XIX), e sim pelo seu comportamento (séc. XXI). Trabalhamos a ideia hoje de que o marketing e a presença de uma marca devem ser construídos em cima de atração e confiança, mas este é um conceito de *soft skills* que transpassa a publicidade e deve ser aplicado acima de tudo nas relações humanas.

Segundo a Organização Internacional do Trabalho (OIT, 2018), em 2020 a estimativa é que as máquinas já ocupem cerca de 50% dos postos de trabalho. Isso nos mostra que competências técnicas básicas serão facilmente substituídas e as diferentes competências comportamentais serão o diferencial.

Mas, afinal, o que define *soft skills*?

Soft skills, também denominadas habilidades humanas ou competências comportamentais, podem ser exemplificadas como: liderança orientada a metas; habilidade em tomar decisões; gestão de conflitos; construção de equipes; e facilidade em trabalhar em equipe (GEITHNER; MENZEL, 2016).

No Fórum Econômico Mundial, em Davos, realizado a cada início de ano, são discutidas quais as dez competências necessárias para sobrevivência profissional. Alguns exemplos de *soft skills* são: pensamento crítico, criatividade e inteligência emocional (Figura 28.1).

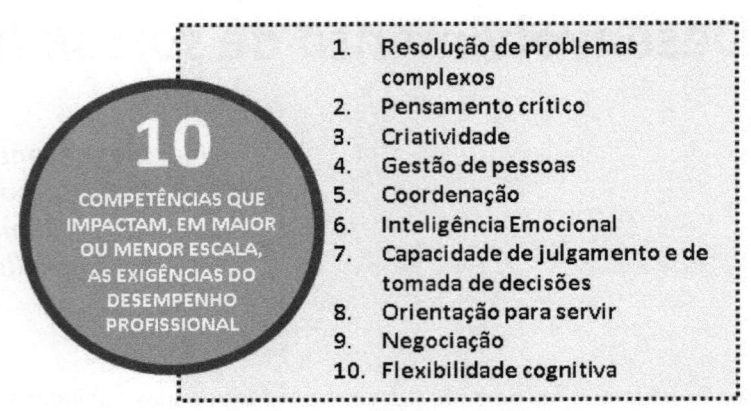

Figura 28.1. As dez competências para 2020.
Fonte: Pati, 2016.

Autores como Sumner, Bock e Giamartino (2006) enfatizam as *soft skills* como um conjunto de habilidades e competências relacionadas ao comportamento humano, onde a habilidade de lidar com pessoas, a inteligência emocional e a capacidade de comunicação influenciam diretamente no estilo de liderança e no andamento de projetos no ambiente profissional.

Principalmente quando nos referimos a gestão, *soft skill* é um grande diferencial para que equipes obtenham resultados. Para os gestores, competências como liderança e comunicação são "*skills* fundamentais", pois é através delas que esses agentes de transformação se tornam capazes de influenciar e conduzir equipes em projetos pautados em resultados práticos. Assim como evidenciado por Sumner, Bock e Giamartino (2006), o conhecimento técnico não é tido como o conhecimento primordial para a formação de um bom profissional de gestão, sendo inegável a importância de *hard skills*, mas também adquirir e aprimorar habilidades intrapessoais e interpessoais através de treinamento, observação, leitura e experiência, sendo um dos grandes desafios necessários para o século XXI. No Capítulo 29 iremos explorar mais como podemos desenvolver líderes.

Todavia, é sabido que, para os profissionais de RH, a capacitação de pessoas no âmbito das *soft skills* pode ser complexa, uma vez que, ao contrário das competências de *hard skills*, as competências de *soft skills* são difíceis de quantificar. A melhor forma de adquirir *soft skills* é através do convívio com pessoas que desafiam sua visão de mundo, por exemplo, ao aprender um instrumento musical, garantindo assim uma elasticidade mental e emocional necessária para se adaptar a um ambiente complexo e de incertezas.

De acordo com Nye Jr. (2004), todos estão familiarizados com a valorização do saber fazer, das competências técnicas e com o *hard power*. O *hard power* pode ser caracterizado como "incentivos ou ameaças". Mas às vezes é possível obter resultados sem a utilização desses métodos. É nesse contexto que se aplicam as *soft skills*. Não necessariamente o oposto de um *hard power* ou de *hard skills* (competências técnicas), mas podemos considerar *soft skills* muito mais como um meio indireto de atingir determinados objetivos – algo como "a segunda face do poder", ou o que Nye Jr. definiu como o poder brando, ou *soft power*.

Em linhas gerais, quando pensamos em poder, a primeira coisa que vem à mente é a realidade impositiva ou um ato de comando. Todavia, hoje tais relações de poder não se encontram apenas limitadas a antigas ferramentas ou elementos tangíveis que podemos quantificar.

A relação entre a circulação de poder e as *softs skills* é essencialmente situacional. Para saber identificar como e quando utilizar as ferramentas de *soft power* ou *soft skill*, são necessárias uma capacidade e uma percepção contextual, a serem desenvolvidas pelos profissionais, de maneira que estes sejam capazes de entender quais ferramentas funcionam ou não em um determinado ambiente ou contexto.

Os dois campos, *hard power* e *soft power*, estão diretamente entrelaçados por terem efeito de modificadores do comportamento dos atores. Podemos compreender que as relações no que se entende por *hard power* se baseiam em ameaças ou incentivos, enquanto as relações de *soft power* encontram a sua essência na habilidade de moldar as preferências de outros.

Uma outra abordagem sobre *soft skills* passa pela **empatia** e pelo *rapport*. O *rapport* pode ser traduzido como a construção de relacionamentos ou uma ligação empática com outra pessoa. Quando você se conecta com *rapport*, a energia se difere e se transforma. É muito corriqueiro que conexões possam se desenvolver em função de gostos em comum, *hobbies* e experiências passadas e compartilhadas que estão além do dia a dia. Quando pessoas se conectam através do uso do *rapport* como ferramenta de *soft power*, elas estão fazendo parte de algo maior do que elas, e esta é a principal característica do que chamamos de conexão (Figura 28.2).

Figura 28.2. Elementos que ajudam na construção do *rapport* com pessoas e grupos.
Fonte: autores Jaime Pereira e Eduardo Brasil Barbosa Junior.

Desse modo, conexão gera conversação, e é no ato do diálogo que nós somos convidados a escolher entre posições mais superficiais e mais profundas de expressão. Trabalhar a escuta ativa também como *soft skill* é uma escolha condizente com o nosso grau de abertura e inclusão.

Assim, alcançar um maior ou menor compromisso com a qualidade de nossas relações e com a nossa disposição real de harmonizar conflitos existentes desencadeia um dos mais poderosos modos de nos comunicarmos para resolvermos desordens e construirmos relações profundas e de qualidade.

O nível mais profundo de abertura requer autoconsciência para ser acessado e encontra-se em saber que nossos sentimentos e ações são diferentes segundo a história que criamos sobre os outros. Assim, saber ouvir é conectar-se da forma mais precisa às preocupações do falante, alcançando o que foi dito e a profundidade dos sentimentos do outro.

Por fim, evolua em suas *soft skills* e fuja de sua zona de conforto, afinal 35% das competências desejáveis de hoje não serão mais requisitadas daqui a cinco anos.

29. RH no desenvolvimento de líderes

Tatiana Grego

Liderança é a arte de influenciar pessoas. Representa uma autoridade e, quando atuante de forma positiva, transforma mentalidades e comportamentos. A liderança para algumas pessoas surge de forma natural. O líder representa em seu papel a função de engajar, nortear e envolver a equipe, visando o melhor aproveitamento das capacidades e habilidades individuais de cada membro envolvido.

Uma pesquisa realizada pela Robert Half (2015), empresa líder em seleção de pessoal, revelou que 9 em cada 10 empresas brasileiras possuem em seus quadros, funcionários com espírito de liderança.

A questão é que o desenvolvimento da característica da liderança pode ocorrer de forma desestruturada, e, por isso, profissionais que ocupam cargos de liderança podem vir a gerar mais prejuízos que engajamento, impactando negativamente os resultados de suas equipes.

Ao abordarmos o tema liderança aplicado ao contexto organizacional, observamos o setor de recursos humanos como facilitador, ou seja, um importante parceiro do negócio tendo como função auxiliar o desenvolvimento dos líderes e suas equipes, através de ações que promovam o engajamento de todos os integrantes da companhia.

Logo, a parceria entre o RH e a liderança se torna fundamental para o desenvolvimento estratégico do negócio quando o tema é pessoas.

A adequação da cultura corporativa ao contexto ágil deixou de ser exclusividade da área de tecnologia, conforme mencionado no Capítulo 6. É sabido que o termo ágil reflete um novo formato de trabalho. O modelo ágil contempla uma nova maneira de pensar processos, tornando a operação capaz de se adequar e agir frente às mudanças de forma linear, impactando as formas de comunicação e, por consequência, a gestão de pessoas, conforme explicado em capítulos anteriores.

Essa mudança para um novo contexto impacta diretamente o papel da liderança, que passa a lidar com novas redes colaborativas, exigindo maior transparência e o desenvolvimento de estratégias mais adaptativas, em vez de prescritivas. Inspirar e engajar mais que gerenciar e reter. Motivar por propósito no lugar de incentivar recompensas externas. Lidar com a ambição e causa mais que obrigação da execução de tarefas. Conforme visto no Capítulo 1, temos atuando hoje no ambiente organizacional pessoas de diversas gerações, cada uma com suas características e carências, o que reforça a necessidade de adaptação por parte das lideranças.

Uma prática inerente ao ambiente de mentalidade ágil é a configuração das equipes. O modelo *squad*, por exemplo, tem como base a formação de equipes multidisciplinares que trabalham juntas. Essas equipes são compostas por pessoas de áreas e formações distintas que atuam de forma complementar em um mesmo projeto constituído de prazos e entregas muito bem definidos. Além da multidisciplinaridade, característica dessas equipes de trabalho, destacamos outros dois pontos marcantes: a capacidade de autogestão e autonomia para a tomada de decisão.

A representatividade da liderança no modelo corporativo baseado no *management* 2.0 segue o conceito de desenvolvimento da carreira em Y. Já no modelo de gestão ágil, a adoção de carreira W se torna mais adequada. Para um melhor entendimento, ilustramos na Figura 29.1 as principais atribuições e desafios:

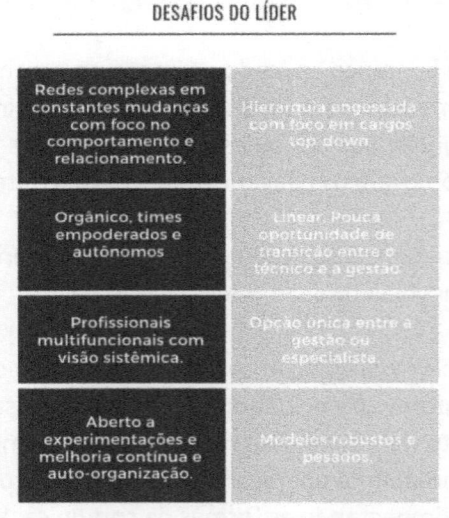

Figura 29.1. Comparativo entre os modelos de gestão: *management* 2.0 *versus management* 3.0.
Fonte: adaptado de Charan; Drotter; Noel, 2013.

O RH possui o papel de auxiliar a liderança neste novo modelo de gestão ágil visando a criação de um sistema transparente para acompanhar o desempenho dos profissionais e auxiliar no desenvolvimento das competências das equipes, estimulando a comunicação e a cultura de *feedback*. Enquanto nos modelos de gestão M2.0 víamos o surgimento de movimentos como *Six Sigma*, *Balanced Scorecard*, etc., ainda com foco nos gestores, permanecendo as mesmas questões corporativas, tais como burocracia, lentidão na tomada de decisão e desperdício. No modelo de gestão M3.0, iniciado no início dos anos 2000, passa-se a considerar as organizações com base na complexidade, tornando-se mais adequado à realidade atual e com o foco nas pessoas e no seu bem-estar.

Pessoas felizes e engajadas nas organizações tornam o crescimento natural e dinâmico. Assim como o seu time, o líder passa a reagir e a se adaptar de forma rápida às mudanças, o que é um diferencial em qualquer mercado.

Na Figura 29.2, vemos como o RH pode ajudar no desenvolvimento da liderança para criação e manutenção da cultura nos processos sob os aspectos das seis visões do M3.0:

Figura 29.2. As seis visões do modelo de gestão *Management* 3.0.
Fonte: Appelo, 2011.

Nas empresas que estão em processo de migração para esse novo modo de operação, é comum o enfrentamento de resistência das lideranças. Afinal, a cultura ágil pressupõe uma descentralização do poder de decisão e por consequência maior autonomia para os membros das equipes, que não ocupam necessariamente um cargo de liderança.

A Harvard Business Review Brasil, em reportagem publicada no ano de 2018 (CA-PPELLI; TAVIS, 2018), nos apresentou um *case* de conflito e sua condução para a resolução ocorrida no Banco de Montreal.

"Quando a instituição introduziu equipes ágeis para projetar alguns novos serviços para os clientes, os líderes seniores ainda não estavam totalmente prontos para abrir mão do controle, nem os demais membros da equipe a assumi-lo", segundo Lynn Roger, diretor de transformação do BMO.

Nessa situação, o RH da empresa solucionou o desafio ao implementar a qualificação dos líderes para atuarem como mentores, direcionando o foco para o desenvolvimento de pessoas, em vez do gerenciamento de processos. Somado a esta ação, o banco intensificou a prática de sessões de *feedbacks* ao final de cada interação com as equipes multidisciplinares, possibilitando a rápida identificação de possíveis melhorias nos projetos em andamento. A ação fortaleceu a autonomia das equipes e proveu maior segurança para atuação sob o novo modelo.

Nesse movimento de inovação e liderança, o RH pode ser o parceiro-chave que atua na elaboração de ações e no fortalecimento da cultura que promove a felicidade dos trabalhadores. Felicidade esta que é promovida através de uma estrutura e mentalidade positiva onde existe mais autonomia, reconhecimento e fortalecimento da comunicação entre as pessoas de uma equipe.

No ambiente em que o trabalho com propósito é a prioridade, o RH auxilia no posicionamento estratégico, atuando como um parceiro do negócio para a obtenção de maior penetração e acesso junto à gestão, aos departamentos e às equipes.

30. *Management* 3.0 – Matriz de competência

Juliana Spanevello Fitz Cainelli

As avaliações e o desenvolvimento de competências tornaram-se parte do gerenciamento de pessoas, que considera todo o processo de seleção, recrutamento, desenvolvimento e retenção de talentos (JACOBS, 2019).

As empresas têm a necessidade de sair de seus silos organizacionais para melhor se adaptar e responder a um ambiente competitivo e que muda rapidamente. A colaboração dentro e fora de seus próprios limites é indispensável para a inovação, sendo assim, abordagens criativas precisam ser executadas para buscar solucionar problemas existentes, bem como identificar novos problemas para resolver (JACOBS, 2019).

Uma abordagem descrita por Jacobs é a de desenvolver competências, a qual visa propiciar a evolução dos conhecimentos, habilidades e atitudes de cada membro do time, de modo que o conjunto se torne capaz de processar as demandas e atingir os resultados. Desenvolver as pessoas deve ser algo prioritário.

Para Jacobs (2019), a avaliação de competências refere-se ao processo de identificar as competências individuais do funcionário e o nível de expertise. O principal objetivo de uma avaliação de competência é o desenvolvimento de funcionários, não para revisar ou avaliar funcionários, mas, sim, para diagnosticar o cenário.

Para executar esse princípio o autor trabalha com a matriz de competências, que permite de maneira colaborativa fazer a avaliação de competências.

Appelo (2011) afirma que o trabalho de preparação para desenvolvimento de competências é identificar lacunas em nossa experiência profissional individual, em nossos conhecimentos e em nossas equipes.

Com a matriz do *Management* 3.0 proposta pelo autor é possível saber o que seus funcionários querem aprender e como isso se encaixa ou não nos objetivos da empresa.

Uma ação relativamente simples, porém, muito importante que ajuda a entender o potencial de cada um na equipe.

Cada matriz de competência da equipe deve pertencer a um único projeto. Defina os requisitos de competência que sua equipe deve ter para atingir esses objetivos. A sugestão do autor é categorizar, por exemplo:

- ✓ Tópicos e assunto
- ✓ Ferramentas e tecnologias
- ✓ Processos e práticas
- ✓ Habilidades interpessoais

Para cada parte do projeto, decida as necessidades de nível de competência.

A dica é listar as competências, definir as necessidades para atingir os objetivos propostos e em seguida identificar o nível de expertise de cada um dos membros do time:

- ✓ **Especialista**: eu posso ensinar (verde).
- ✓ **Praticante**: eu consigo (amarelo).
- ✓ **Iniciante**: o que é isso? (vermelho).

Para identificar o nível de cada membro do time, uma das práticas utilizadas é cada pessoa se autoavaliar e colocar para o grupo os motivos pelos quais ela se considera naquele nível. É importante que o escopo daquela competência seja bem definido, ou seja, o time precisa saber o que engloba aquela competência para cada um poder se denominar especialista, praticante ou iniciante.

Após mapear o nível de conhecimento de cada um dos membros do time, é necessário mapear as lacunas de conhecimento e montar o plano de ação para corrigir essa lacuna.

Como resultado, temos um mapa visual detalhando as competências gerais técnicas e comportamentais daquele time. Além disso, ficam evidentes as lacunas que precisam ser trabalhadas para a evolução do time.

A Figura 30.1 mostra o mapa visual de algumas competências mapeadas por um time de *agile masters*. Na primeira coluna é detalhada a competência e na segunda a necessidade, ou seja, a quantidade mínima necessária de conhecimento por nível para realizar as entregas esperadas. Neste caso, foram trabalhadas as três posições (especialista, praticante e iniciante). Após o preenchimento em time, as lacunas são observadas – por exemplo, na competência *Kanban* o time coloca que precisa de 2 especialistas e 6 praticantes e no momento possui 1 especialista e 3 praticantes. Como plano de ação, precisam ser definidas formas para que 1 pessoa se torne especialista e os iniciantes se tornem praticantes.

Matriz de Competência 2020 – Agile Masters									
Competência	Necessidade	João	Maria	José	Claudia	Juliana	Frederico	Caroline	Ana
Scrum	8								
	0								
	0								
Kanban	2								
	6								
	0								
Gestão 3.0	3								
	5								
	0								
Lean Manufacturing	2								
	6								
	0								
Gestão Visual	0								
	8								
	0								

Legenda: ▨ Especialista ☐ Praticante ☐ Iniciante

Figura 30.1. Exemplo de matriz de competência.
Fonte: a autora.

A matriz de competências permite ao time se conhecer, entender onde precisa colocar mais esforços para atender à visão e aos objetivos da organização. A ferramenta dá voz ao time, pois o próprio time se autoavalia. Além disso, possibilita uma troca de conhecimento e reconhecimento, motivando assim a todos. A matriz pode usar usada, por exemplo, como ação para desenvolver necessidades identificadas em práticas como o *Moving Motivators* do *Management* 3.0, que será abordado do Capítulo 37.

No Capítulo 27 vimos a importância de definirmos as competências necessárias focando em criar vantagens competitivas para o negócio, depois no 28 falamos das *soft skills* e no 29, a importância do desenvolvimento de lideranças. Aqui neste capítulo vimos uma ferramenta que permite visualizar os *gaps* existentes na sua organização.

Agora temos uma pergunta importante: como você pode na sua organização solucionar esses *gaps* e tornar presentes essas competências tão necessárias?

Isso é o que veremos nos próximos capítulos. No Capítulo 31 (Andragogia) veremos que adultos possuem uma maneira própria de aprender que você precisa conhecer para ter eficácia nas suas ações. No Capítulo 32 você conhecerá o que é gamificação e como ela pode potencializar o engajamento dos seus colaboradores no que diz respeito ao desenvolvimento e à aprendizagem. Por fim, no Capítulo 33 você conhecerá o *learning experience*, que ajudará a definir a estratégia para executar seus programas de desenvolvimento e treinamento.

31. Andragogia

Regiane Moura Mendonça

A educação de adultos representa um processo através do qual o adulto se torna consciente de sua experiência e a avalia. Para fazer isso ele não pode começar a estudar 'disciplinas' na esperança de que algum dia essas informações sejam úteis. Pelo contrário, ele começa dando atenção a situações onde ele se encontra, a problemas que trazem obstáculos para sua autorrealização. São usados fatos e informações das diversas esferas do conhecimento, não para fins de acumulação, mas por necessidade de solucionar problemas. (Eduard Lindeman)

Quando pensamos em aprendizagem, primeiramente pensamos em pedagogia. Entretanto, quando a aprendizagem é direcionada a adultos, utilizamos a andragogia.

Mas, o que é a andragogia e como ela atua?

Histórico

Originada do grego *andros* = adulto, mais *agogus* = educar, foi criada pelo professor alemão Alexander Kapp, em 1833, para designar o método utilizado por Platão para grupos de adultos.

Os chineses e hebreus criaram a metodologia estudo de caso, muito utilizada na andragogia, onde uma situação é descrita e o grupo a explora e investiga.

No século XX, após o término da Primeira Guerra Mundial, surgiram ideias sobre as características diferentes do ensino de adultos em comparação com o ensino de crianças.

Os pioneiros na teoria andragógica foram Eduard Lindeman e Edward Thorndike, além dos renomados Freud, Jung, Maslow e outros.

Por muitos anos, não se falou mais em andragogia, até 1921, através de um artigo de Rosenstock e uma pesquisa sobre a educação de adultos em 1926, por Eduard Lindeman.

Eduard Lindeman iniciou a abordagem artística, com uso da intuição e das experiências para construir conhecimento.

Edward Thorndike deu início à abordagem científica, onde se adquirem novos conhecimentos através de rigorosa investigação.

Malcolm Knowles, em 1973, com a obra *The adult learner: a neglected species* (O aprendiz adulto: uma espécie negligenciada), reacendeu a metodologia ao afirmar que os adultos estavam sendo submetidos às mesmas técnicas de aprendizado utilizadas com crianças, desconsiderando as experiências desses aprendizes, que poderiam ter melhores resultados se envolvidos no processo de aprendizagem.

Conceito

Para melhor esclarecer, vamos diferenciar pedagogia, andragogia e heutagogia.

Surgida na Grécia Antiga, o termo pedagogia significa *paidós* = criança e *agogus* = educar. Está relacionado a um modelo considerado diretivo, com foco na atuação do professor para a transmissão de informações. Atualmente envolve várias teorias, desde o construtivismo de Jean Piaget até o aprendizado social de Vygotsky.

A heutagogia se originou do grego *heuta* = próprio e *agogus* = educar, na virada do século XX, para descrever a autoaprendizagem.

A andragogia, do grego *andros* = adulto e *agogus* = educar, é o modelo de aprendizagem direcionada a adultos, onde a experiência do aprendiz tem o principal papel.

Eduard Lindeman identificou alguns preceitos da aprendizagem de adulto em seus estudos:

- ✓ A motivação de aprendizagem dos adultos está nas necessidades deles.
- ✓ A orientação de aprendizagem dos adultos está na própria vida deles.
- ✓ A experiência é um recurso da aprendizagem.
- ✓ A aprendizagem do adulto precisa ser autodirigida.

✓ Para resultados, a aprendizagem de adultos deve considerar diferenças de estilo, tempo, lugar e ritmo dos aprendizes.

Teorias andragógicas

Podemos identificar várias correntes teóricas que norteiam a andragogia.

Aprendizagem direcionada

A pedagogia é substituída pela andragogia conforme o nível de maturidade do aprendiz, que define sua cultura de aprendizagem para buscar novas habilidades.

Considerado o "pai da andragogia", Malcolm Knowles (1913-1997) explica que a andragogia se origina de alguns pressupostos:

✓ **Prontidão para aprender:** um adulto se motiva a aprender o que resulta em benefícios para sua vida real, sendo orientado para o desenvolvimento de tarefas que solucionem problemas.

✓ **Necessidade do saber:** o adulto somente investe tempo e atenção para aprender se ele souber antes o que irá aprender e associar com sua qualidade de vida ou melhorias na vida profissional.

✓ **Orientação para aprendizagem:** a aprendizagem dos adultos é temporal, com aplicação imediata do conhecimento adquirido, com foco nas situações da sua rotina.

✓ **Autoconceito de aprendiz:** ao se assumir como responsável por sua vida e decisões, o adulto se coloca em um papel autodirecionado.

✓ **Papel das experiências:** suas experiências são fonte de conhecimento e devem ser utilizadas na aprendizagem através de discussões, resolução de problemas, estudos de caso, simulação, etc.

✓ **Motivação:** os adultos são despertados para a aprendizagem por fatores motivacionais, como promoções, aumentos salariais, etc., que são os fatores extrínsecos (externos), porém, fatores intrínsecos, ou seja, internos do aprendiz, como satisfação, estima e outros, são decisivos na aprendizagem.

Aprendizagem centrada no aluno

Com base nos estudos de Carl Rogers (1902-1987), em 1950, a aprendizagem centrada no aluno tem foco na autoaprendizagem e na aprendizagem significativa, na medida em que o processo de aprendizagem está ligado ao processo de autorrealização das capacidades.

Também chamada de abordagem humanista, possui como pressupostos:

✓ A aprendizagem é resultado de uma facilitação.
✓ A aprendizagem ocorre quando mantém ou melhora sua estrutura.
✓ A experiência modifica a organização do ser.
✓ A ameaça torna o ser rígido.
✓ A melhor situação educacional elimina ameaças e oferece nova percepção da realidade.

Pedagogia crítica

Defendida por Paulo Freire (1921-1997), o processo ensino-aprendizagem ocorre em via dupla, onde o educador se torna educando, e o educando se torna educador, em busca de reflexão e conscientização.

Essa abordagem envolve três etapas:

✓ **Investigação:** professor e aluno buscam em conjunto palavras e temas do universo do aluno.
✓ **Tematização:** análise dos significados das palavras e temas escolhidos.
✓ **Problematização:** desafio e inspiração ao aluno para superar a visão acrítica do mundo.

Aprendizagem experimental

David Kolb (1939-) desenvolveu esse modelo explicando que a aprendizagem de adultos aumenta ao vivenciar o objeto da aprendizagem. Para ele, a aprendizagem é efetiva com a transformação da experiência.

Conforme seu modelo, a aprendizagem é um processo holístico de adaptação mais que um resultado, construindo conhecimento através da solução de conflitos.

Para explicar, Kolb criou o ciclo da aprendizagem:

✓ **Sentir – Pensar** está relacionado à compreensão da realidade.
✓ **Observar – Fazer** está relacionado à transformação da realidade.

Para isso:

✓ Sentir é experiência concreta.
✓ Pensar é conceituação abstrata.
✓ Fazer é experimentação ativa.
✓ Observar é observação reflexiva.

Andragogia nas empresas

A andragogia nas empresas está centrada na necessidade de ajudar os colaboradores a assumir a responsabilidade pela sua própria aprendizagem.

Para isso, ela está amparada em três pilares:

✓ Andragogia como princípio.
✓ Propósito da aprendizagem: individual, institucional e social.
✓ Diferenças: temáticas, situacionais e individuais.

Desenvolver programas na empresa utilizando abordagens andragógicas requer preparo dos aprendizes, planejamento, diagnóstico, definição dos objetivos e desenho dos programas.

No entanto, os instrutores devem estar bem preparados, pois utilizar a andragogia deixa o aprendizado bidirecional, já que a figura do instrutor não é a única a transmitir informações e utiliza as experiências dos aprendizes em recursos do programa.

Com isso, temos aprendizagem compartilhada, consciente e com maior relevância para os participantes.

Concluindo, as teorias andragógicas podem trazer maiores resultados para o aprendizado adulto ao envolver o adulto e compartilhar a responsabilidade ensino-aprendizagem.

32. Uso de gamificação no desenvolvimento de competências

Meny Ribas

O grande desafio das empresas atuais tem sido lidar com a diversidade de interesses de seus colaboradores, representados por gerações distintas, que no contexto "VUCA" tem por única certeza a necessidade da mudança. Isso exige das lideranças uma habilidade bem específica, a de instigar o seu time a persistir pela busca de objetivos não para o mero cumprimento de metas, mas para alcançar resultados alinhados a seus propósitos. As pessoas querem trabalhar, e bem, mas precisam de estímulos. E é esse o ponto-chave da nossa discussão: como estimular o desenvolvimento de competências e *soft skills* tendo como forte aliada a gamificação.

Isso mesmo! Em tempos de uso intenso de tecnologia, a necessidade de investir em novas alternativas para estimular o autodesempenho de seus colaboradores tem levado as empresas a adotar essa técnica, obtendo ótimos resultados. Estudos mostram que os impactos do uso da gamificação em ambientes corporativos acontecem a curto prazo e levam à melhoria da produtividade em vários aspectos.

A gamificação (do original em inglês *gamification*) consiste no uso de conceitos conhecidos de *games* para motivar pessoas em busca de um objetivo. A prática incentiva o uso de recompensas, *feedbacks* constantes, colaboração e a conquista de status para engajar os participantes através de *rankings*, pontos e medalhas comuns em jogos. Ao contrário do que se pensa, a gamificação não é um "privilégio" do pessoal de TI. Zichermann e Cunninham (2011) afirmam que podemos classificar gamificação como sendo 75% de psicologia e 25% de tecnologia.

E o mais importante: a gamificação pode ser aplicada em quaisquer tipos de organizações: em organizações públicas, privadas, sem fins lucrativos, no setor de educação, desde pequenos negócios até empresas de grande porte. Ou seja, as vantagens da aplicação dessa técnica estão ao alcance de todos!

Mas no que consiste esta técnica? O que ela apresenta de tão especial que é capaz de mudar as "regras do jogo" de quaisquer organizações? Ela é uma técnica que extrai elementos de jogos para engajamento e desenvolvimento do time: programas de pontuação; painel com o *ranking* dos jogadores; colaboração interativa; *feedback* instantâneo e premiações.

A Tabela 32.1 ilustra cada um desses elementos que são incorporados pela técnica da gamificação em ambientes reais:

Tabela 32.1. Elementos para gamificação.
Fonte: a autora.

Pontuação	Sistema de pontos de acordo com as tarefas que o usuário realiza; este é recompensado com uma quantidade determinada de pontos.
Recompensas	Forma de reconhecer a participação e o envolvimento do participante por meio de prêmios.
Nível	Tem como objetivo mostrar ao usuário seu progresso dentro do sistema; geralmente é utilizado em conjunto com os pontos.
Ranking	Uma maneira de visualizar o progresso dos outros usuários e criar um senso de competição dentro do sistema.
Medalhas/Conquistas	Elementos gráficos que o usuário recebe por realizar tarefas específicas.
Desafios e missões	Tarefas específicas que o usuário deve realizar dentro de um sistema, sendo recompensado de alguma maneira por isso (insígnias).

Quando utilizamos os elementos de jogos conseguimos engajar a equipe de planejamento junto aos líderes dos projetos (motivação organizacional) para a realização das atividades com maior qualidade, precisão das informações e atendimento aos prazos.

A competitividade é estimulada de maneira saudável e colaborativa. E um dos pontos fortes do uso da técnica é o fornecimento de *feedback* constante: todos queremos ser avaliados em tempo real, não é mesmo? Pois em tempos em que sabemos que a mudança é a nossa única certeza, precisamos buscar a melhoria contínua – e o *feedback* passa a ser um elemento-chave.

Para que o *feedback* possa ser instantâneo, é necessário associar um outro elemento: a divulgação do *ranking* ou dos méritos alcançados. Isso dá transparência à equipe e contribui para o senso de trabalho coletivo, além de estimular a competição, que será reconhecida por meio das premiações.

Um critério de sucesso ao aplicar as técnicas de gamificação em projetos consiste em esclarecer os objetivos com essa ação, para que fique clara a sua dinâmica para todos os envolvidos – as "regras do jogo" devem ser apresentadas com transparência e a todos desde o início do projeto. Os "jogadores" devem se sentir inseridos na fase de iniciação, pois, do contrário, não se sentirão engajados. Lembrando que essa é uma alternativa que surge na "contramão" da gestão "comando x controle", o que significa que todos os envolvidos devem se sentir parte integrante de todo o processo.

Nunca o ambiente corporativo valorizou tanto as *soft skills*: trabalho de equipe, resiliência, criatividade, empatia, liderança, etc. são alguns exemplos dessas habilidades.

Ao contrário das *hard skills* (conhecimentos técnicos aprendidos em cursos e educação formal pelos colaboradores), as *soft skills* são aptidões formadas de acordo com a história de vida do sujeito, são adquiridas ao longo do tempo, e por isso dependem de determinados estímulos. São habilidades subjetivas, o que significa que são mais difíceis de ser desenvolvidas e medidas em comparação às competências objetivas.

Diante desse contexto, a gamificação representa uma estratégia diferenciada para que a empresa obtenha os resultados esperados. Algumas aplicações práticas de seu uso podem ser exemplificadas por meio de treinamento corporativo, alavancagem nas vendas, relacionamento com clientes, *onboarding* de novos funcionários e até mesmo nas tarefas cotidianas, como atendimento ao usuário; enfim, são inúmeras as possibilidades.

Os resultados mensurados e comprovados das vantagens da adoção dessa estratégia são reflexos do desenvolvimento de habilidades individuais dos colaboradores envolvidos nos processos. Se eles são engajados desde o início, se envolvem, são mais participativos, passam a ter mais visão sistêmica, são mais críticos e conseguem compreender a dimensão e o valor de se trabalhar em equipe. E a tão sonhada criatividade, habilidade tão valorizada em tempos de recursos escassos, é potencializada, pois uma das grandes contribuições da adoção da gamificação como técnica consiste em incentivar a formação do imaginário do colaborador, por meio da adoção de um ambiente lúdico, acolhedor e desafiador.

33. *Learning experience* como design instrucional

Regiane Moura Mendonça

> *A realidade mútua e incerta lá fora nos mostra que só existe um caminho: aprender continuamente como pessoas e como instituição, alinhando competências individuais a competências empresariais e organizacionais; do contrário, estamos todos sob o risco da obsolescência e até da extinção. (Andrea Filatro)*

Atualmente, nossas jornadas são conquistadas com base em experiências. Então, para aumentar a capacidade de aprender, torna-se imprescindível desenvolver *learning experience* ou **experiência de aprendizagem**.

E o *learning experience* terá melhores resultados ao ser associado ao design instrucional.

Educação corporativa

A educação corporativa é um processo contínuo e estratégico que se originou de uma evolução dos princípios do treinamento e desenvolvimento.

> *Implementar Educação Corporativa em uma empresa não deve ser uma ação visando marketing interno. O verdadeiro compromisso da Educação Corporativa, antes de mais nada, é criar uma cultura organizacional de desenvolvimento contínuo das pessoas com foco em alto desempenho. (MADRUGA, 2018)*

Seguindo o compromisso citado por Madruga, a educação corporativa precisa ser norteada por alguns princípios:

- ✓ **Competitividade:** alinhamento das estratégias do negócio com a prática de gestão de pessoas.
- ✓ **Perpetuidade:** responsabilidade pelo processo de aprendizagem.
- ✓ **Conectividade:** promover educação inclusiva.
- ✓ **Disponibilidade:** sinergia entre programas educacionais e projetos.

✓ **Parceria:** estimular participação nos programas, criando um ambiente de aprendizagem.

✓ **Sustentabilidade:** agregar resultados ao negócio.

A educação corporativa, ao contrário dos treinamentos tradicionais, que são reativos, preenchendo lacunas, atua de forma ativa, capacitando os colaboradores com o objetivo de desenvolver o capital intelectual.

Sua estrutura deve fazer parte do compromisso da organização, atuando como um processo de transformação, através da iniciativa motivacional.

Para obter melhores resultados, os programas podem ser desenvolvidos com a ferramenta de **design instrucional**, que facilita a aprendizagem.

Design instrucional

O termo vem do latim *designare*, que significa marcar, indicar, e do francês *designer*, de designar, desenhar. Na tradução para o português, temos projeto ou desenho.

O design instrucional está relacionado à instrução, dentro de um conceito de ensino que, na sua topologia, forma os conceitos de instrução, doutrinação, treinamento e condicionamento.

Dessa forma, o design instrucional pode ser explicado como o uso de estratégias de aprendizagem para desenvolver atividades educacionais que permitam construir habilidades e conhecimentos.

Utilizamos o design instrucional como metodologia para o planejamento e desenvolvimento de projetos educacionais, incluindo desde cursos até matérias e ambientes de aprendizagem, com o objetivo de capacitar melhor com ferramentas dentro do processo de ensino-aprendizagem.

Existem várias metodologias para uso do design instrucional, mas todas possuem como base quatro fases:

✓ **Análise:** entendimento da cultura de educação da organização, identificação das necessidades que serão satisfeitas com o programa, definição dos objetivos do programa.

✓ **Design e desenvolvimento:** criação da equipe, definição da grade curricular, produção de materiais e configuração dos ambientes.
✓ **Implementação:** aplicação da proposta.
✓ **Avaliação:** identificação da eficácia e eficiência, revisão e análise das estratégias.

Conforme Madruga (2018), o DI (Design Instrucional) surgiu a partir de dez áreas: gestão do conhecimento, teoria da aprendizagem, pedagogia/andragogia, técnicas de ensino, tecnologias educacionais, engenharia da educação, design gráfico, teorias comportamentais, teorias cognitivas e modelo de competências.

Para desenvolver o DI, são utilizadas as competências: textualidade, tecnologia, experiências, design gráfico, sequenciamento, *storytelling* e técnicas de ensino.

Dentre as metodologias existentes, a mais conhecida é a ADDIE, que surgiu nos Estados Unidos na década de 1970 e atua com cinco etapas:

✓ *Analyze/***Analisar:** analisar o seu público-alvo, suas necessidades, os objetivos de aprendizagem e a avaliação de métricas.
✓ *Design/***Estruturar:** como serão apresentados os conteúdos propostos.
✓ *Develop/***Desenvolver:** produzir todos os conteúdos e fazer experimentos de aceitação.
✓ *Implement/***Implementar:** comparar e verificar o processo de implementação, forma que irá disponibilizar os conteúdos e materiais produzidos.
✓ *Evaluate/***Avaliar:** analisar se os objetivos do processo de aprendizagem foram atingidos.

O uso do DI poderá facilitar a experiência de aprendizagem, ou *learning experience*.

Learning experience

É possível oferecer uma ótima experiência de aprendizagem ao utilizar a metodologia do DI como norteador para o programa.

O *learning experience* (LEX) envolve desde a interface (ambiente físico) até o projeto (ambiente cognitivo), ambientes onde o DI também atua.

No entanto, o uso do DI não garante o desempenho satisfatório, que muitas vezes está relacionado à jornada que o aprendiz terá durante o processo de aprendizagem.

O LEX ajuda a identificar a dificuldade de desempenho e sua causa, facilitando assim a escolha da intervenção mais apropriada.

Para seu desenvolvimento, é realizada a análise do usuário e de seu desempenho, da organização, de regras, políticas, padrões de trabalho, motivações, disponibilidade, competências, levantando assim as lacunas entre o real e o desejado. Com isso, é possível desenvolver uma solução mais adaptada para a situação.

O uso do LEX requer sinergia com o uso do DI, pois eles se complementam ao levar o foco para o usuário/aluno/aprendiz.

A experiência de aprendizagem faz parte da jornada do colaborador e poderá trazer resultados surpreendentes.

Quando pensamos com o LEX, analisamos melhor as necessidades e a causa, promovendo intervenções nos treinamentos com o UX Design, ou seja, com a estruturação da interação do aprendiz durante o treinamento.

O *User Experience* (UX) é toda relação que uma pessoa tem com um produto ou serviço, combinando empatia, usabilidade, tecnologia e experiência humana.

Na parte de treinamento, o UX atua desde a escolha do curso até sua conclusão, fazendo parte tanto de EAD quanto de ensino presencial – neste caso, envolvendo a questão de recursos, materiais e metodologias empregadas.

O UX promove o LEX através do DI. Ou seja, podemos oferecer uma melhor experiência ao usuário/aluno/aprendiz, melhorando sua jornada e promovendo aprendizado e desempenho mais efetivos, através da melhor estruturação dos programas educacionais.

Para finalizar, o que você acha que seus colaboradores esperam em termos de aprendizagem? Qual experiência querem ter?

34. *Feedback*

Jalme Pereira
Marcilene Scantamburlo

Importância do processo de *feedback*

O *feedback* é uma das melhores oportunidades que um líder tem, sem custo ou investimento, para **motivar, energizar e desenvolver** novas competências nos colaboradores.

Quando bem gerenciado, o *feedback* pode ser usado como estratégia tanto para mobilizar pessoas quanto para fazer com que elas paralisem, por se sentirem extremamente ofendidas. Um atleta, por exemplo, quando incentivado pelo treinador ou pela torcida, pode alcançar resultados inimagináveis. Porém, quando desestimulado ou vaiado, pode perder a confiança e o foco no desempenho.

Tipos de *feedback*

Ao pensar sobre *feedback*, é comum ver pessoas que receberam o reforço positivo repetirem o mesmo comportamento em busca de mais reforço, conforme Williams (2013). É como se dependessem disso para manter o alto padrão de desempenho. Por isso, é importante que o líder saiba **fazer a gestão dos principais tipos de** *feedback* e, assim, alcançar o melhor das pessoas em relação aos desafios e objetivos.

Feedback impulsionador (positivo ou corretivo)

O feedback **impulsionador** pode ser **positivo**, estimulando a **repetição de um determinado comportamento**, ou **corretivo**, indicando uma **mudança em um determinado comportamento**. Quando bem conduzido, tem **capacidade promotora**: impulsiona e qualifica a pessoa que o recebeu. O *feedback* positivo estimula o senso de autoeficácia e busca por melhores desempenhos, afirma Bandura (1991).

Ao longo dos anos de trabalho, ao se observar o desenrolar dos relacionamentos, é possível perceber situações curiosas de pessoas que recebem o *feedback* positivo, porém, mesmo assim, acabaram perdendo a eficácia quando esse tipo de reforço foi negligenciado.

A experiência de conquistar objetivos e resultados porque se recebe *feedback* impulsionador, por exemplo, superando metas e conquistando mercado, pode ser facilmente abalada quando esse *feedback* deixa de existir. Exemplos dessa situação ocorrem em diferentes negócios, com diferentes pessoas e nas mais diversas funções. Talvez, ao ler este capítulo, você consiga identificar as muitas vezes em que fez ou deixou de fazer algumas coisas em razão dos *feedbacks* recebidos.

Fazer a gestão do *feedback* é uma das principais competências de um líder. O *feedback* é o responsável direto pelo resultado do indivíduo e das equipes – quando alguma coisa vai mal pode ser sinal de que falta *feedback*; falta, por exemplo, conversar com as pessoas sobre o que está acontecendo. Encontramos líderes que, por não quererem entrar em uma zona de desconforto interpessoal, deixam de assumir a responsabilidade e negligenciam o *feedback*.

Feedback inespecífico

Além do *feedback* impulsionador, existe o **inespecífico** – aquele dado de forma genérica, sem direcionamento específico, detalhes ou exemplos e que, normalmente, **gera pouca ou nenhuma mudança**. As pessoas acabam não seguindo esse tipo de *feedback* e muitas vezes criam aversão a ele, pois se veem incluídas em um grupo onde não se reconhecem.

Feedbacks com frases inespecíficas como "a qualidade está ruim" geralmente não funcionam muito bem, visto que não deixam claro o que é qualidade e nem o que de fato está ruim.

Feedback paralisador

A prática do **feedback paralisador**, com ofensas e agressões, é danosa. Exemplo disso é o isolamento que provoca.

É muito comum também ver pessoas utilizando o *feedback* paralisador. Frases como "lá vem o sabe tudo", "isso não serve para nada", "você sempre cria problemas", entre outras, são usadas com ironia para "travar" um determinado comportamento. O problema é que esse tipo de *feedback* afeta a autoestima. Fato é que nem sempre há uma preocupação com o que se fala, e, assim, as pessoas sentem-se desmotivadas, desorientadas, agredidas, ou mesmo passivas em relação às situações. Como líderes, não podemos perder a oportunidade de entender os impactos do *feedback* no comportamento e desempenho e, melhor ainda, saber como utilizá-lo para desenvolver novas competências e produzir os resultados necessários.

Na Tabela 34.1 é possível ver os impactos do *feedback*, qual o efeito de cada tipo, o sentimento que gera e sua consequência no comportamento das pessoas.

Tabela 34.1. Impactos do *feedback* no comportamento ou desempenho.
Fonte: os autores.

Impactos do *feedback* no comportamento ou desempenho

Analisar o tipo de *feedback* produzido ou recebido e possíveis resultados alcançados

	***Feedback* impulsionador** (positivo ou corretivo)	***Feedback* inespecífico/geral** (neutro ou vago)	***Feedback* paralisador** (ofensivo)
Efeito	Repetição e reforço, ou alinhamento e mudança	Indiferença, dúvidas, lampejos e desconforto	Ofensas, humilhação, opressão
Sentimento	Pessoas se sentem otimistas, motivadas e desafiadas	Pessoas se sentem decepcionadas, ignoradas ou revoltadas (incluídas no mesmo patamar de pessoas com desempenhos pífios, por exemplo)	Pessoas se sentem para baixo, desprezadas e paralisadas.
Comportamento	Disposição para agir e energia para fazer acontecer ou mudar. Procuram fazer mais e melhor.	Perda do interesse e da motivação: centelha que logo se apaga. Ficam dispersas e, muitas vezes, fazem apenas o necessário.	Perda da iniciativa, da produtividade e da estima. Não conseguem fazer o que precisam e nem dar o primeiro passo.
	Promotores	**Passivos**	**Detratores**

Técnicas de *feedback*

Existem inúmeras formas de promover uma ação de *feedback*. No entanto, uma das coisas mais importantes é que o momento seja "pontuado", para que o indivíduo esteja consciente de que o processo está ocorrendo. É muito comum, em uma conversa informal, o líder dar um *feedback* para um colaborador sem pontuar o momento e posteriormente reclamar que não houve a mudança esperada no comportamento.

Os *feedbacks* precisam ser pontuados e, normalmente, seguidos de algumas perguntas, de acordo com cada tipo. Para o *feedback* positivo, a pergunta pode ser, por exemplo: "o que você vai fazer para manter tal comportamento?". Para o *feedback* corretivo, a pergunta pode ser: "o que você vai fazer para isso não acontecer mais?". Lembre--se, o líder nunca deve dar respostas a essas perguntas. Elas devem ser pensadas e proferidas pelo indivíduo que está recebendo o *feedback*.

Feedback 360°

A avaliação 360 graus é uma grande aliada dos líderes no processo de gestão e engajamento das equipes. É um processo no qual todas as pessoas da equipe se autoavaliam e emitem opiniões sobre o desempenho dos seus pares, subordinados e chefia imediata. Algumas vezes, para tornar o processo mais completo, clientes e fornecedores são convidados a participar. Este tipo de avaliação mostra a exata percepção que as pessoas possuem do avaliado. Essa evolução foi desenvolvida, como relatam Brandão e Guimarães (2001), saindo de um modelo onde apenas o líder avaliava os funcionários para um modelo onde chefe e subordinado debatem o desempenho deste último, e, atualmente chegamos a um processo de avaliação 360 graus. Ainda para Alexander (2006, p. 3), esta avaliação é mais eficaz, visto que "não se restringe à avaliação por apenas uma pessoa. Múltiplos avaliadores oferecendo *feedback* similar fornecem e reforçam a mensagem ao avaliado sobre o que está funcionando bem e o que precisa ser melhorado".

Para a implantação de uma avaliação 360 graus, a primeira coisa é definir um rol de competências que a empresa pretende avaliar. Em seguida, é preciso construir um instrumento de avaliação contendo afirmativas para que os respondentes (ava-liadores) indiquem, por meio de uma escala (exemplo: nunca, raramente, às vezes, frequentemente e sempre), as suas percepções em relação aos avaliados.

Esse instrumento pode ser aplicado de forma virtual ou presencial, e os colabora-dores devem ter a garantia de que o processo é totalmente confidencial. Todos da equipe, independentemente do nível hierárquico, devem ser treinados e preparados para sua prática.

Além da avaliação das competências, a sugestão é que o instrumento contenha três perguntas básicas: "o que deve ser mantido no comportamento do avaliado?", "o que deve ser melhorado no comportamento do avaliado?" e "o que o avaliado deve parar de fazer imediatamente?".

A área de recursos humanos deve compilar as respostas das avaliações para fazer análises e correlações; deve ainda oferecer *feedbacks* individuais, de forma objetiva, para que os colaboradores identifiquem suas forças e fraquezas e desenvolvam planos de ação para correção.

No final de tudo, o mais importante é ter uma forma de medir o resultado e facilitar o desenvolvimento de competências. O avaliado deve ter a oportunidade de reconhecer suas deficiências ou pontos de melhoria e ajustar isso para melhorar o desempenho e o resultado (ALEXANDER, 2006).

Feedback sanduíche

O *feedback* sanduíche é uma das técnicas mais conhecidas e utilizadas e que, por vezes, facilita a prática do *feedback*. Segundo Leite, Nascimento e Matteu (2018), "essa é a técnica mais conhecida e utilizada nas organizações".

Tem seu nome inspirado no formato de um sanduíche ("pão, recheio e pão"), possuindo três etapas: a primeira deve levar em conta o desempenho positivo de uma pessoa, em seguida, apresentar o ponto de melhoria e, para finalizar, reforçar novamente os pontos positivos, conforme afirma Leite, Nascimento e Matteu (2018). A proposta, na prática, é que o líder ao dar um feedback leve em consideração, num primeiro momento, todos os pontos positivos do avaliado. É importante que o elogio seja sincero e específico e que o avaliado reconheça que realmente fez aquela ação.

Depois do elogio, o líder apresenta os pontos que precisam ser melhorados. É hora de falar sobre os comportamentos que não são adequados ao desempenho. Para que o colaborador assimile o *feedback*, é imprescindível que haja fatos sobre o comportamento e não sentimentos.

A etapa de conclusão do *feedback* sanduíche envolve enaltecer as qualidades que o avaliado possui e que podem ajudar a alcançar os resultados esperados. Nesse momento, é preciso deixar o colaborador dizer como vai usar suas habilidades para melhorar o comportamento. O líder deve finalizar a conversa conferindo ao avaliado a certeza de que ele irá contornar o problema, colocando-se à disposição e, finalmente, marcando um novo momento para identificar a mudança do comportamento.

Feedback wrap

Todo líder precisa ter uma noção de como está o seu trabalho e, ainda, ajudar sua equipe a entender como está sendo percebida no projeto. Afinal, ninguém é perfeito e todos podem encontrar uma possibilidade de melhoria.

O *feedback wrap* é uma das práticas do *management* 3.0 que ajuda a identificar pontos de dificuldades e a desenvolver rapidamente ações para resolver e minimizar o desconforto durante um determinado projeto, conforme afirma Appelo (2011) em seu livro "Management 3.0".

Na primeira etapa, a proposta é descrever resumidamente o contexto do *feedback*; o sentimento e o estado de espírito que "consomem" sua atenção. Na segunda etapa, a proposta é descrever todos os fatos observados e que geraram o sentimento de preocupação. Já na terceira etapa, o líder deve expressar suas emoções: indicar como está se sentindo em relação ao que está acontecendo e como isso está impactando a equipe e a empresa. Para a quarta etapa, deve organizar os itens observados, destacando o valor e a importância de cada um em relação ao trabalho. Isso irá ajudar a alinhar as expectativas e a aumentar a confiança. Na quinta e última etapa, deve concluir a conversa indicando recomendações e, principalmente, solicitando que o avaliado encontre alternativas para que o desempenho seja melhorado.

Em um primeiro momento, parece muito simples a realização desse tipo de *feedback*. Porém, vai exigir do líder alguma prática, benevolência e, ainda, uma maneira clara de falar ou escrever sem criar ambiguidades.

Competências necessárias para um bom *feedback*

Conforme afirma Tonet et al (2009), ao dar *feedback*, o líder deve estar atento a aspectos como imparcialidade, aplicabilidade, especificidade, oportunidade e diretividade. Um bom *feedback* deve ser realizado levando em conta dois fatores: os valores e a conduta do colaborador diante das situações e quais os resultados do seu desempenho no dia a dia. Para isso, o líder precisa desenvolver algumas competências:

- ✓ **Capacidade de observação:** saber observar o comportamento e o desempenho do colaborador ao longo do tempo.
- ✓ **Análise crítica:** ter uma visão crítica sobre os desempenhos observados (supera, atende ou deve ser desenvolvido).

✓ **Visão sistêmica:** olhar como o desempenho afeta a equipe, o setor, a empresa e o resultado como um todo.

✓ **Comunicação:** saber falar de forma clara e precisa a respeito de atitudes e não de sentimentos.

✓ **Escuta ativa:** ter capacidade de ouvir as argumentações do avaliado, sem levar em conta preferências e preconceitos.

✓ **Planejamento:** saber planejar e ajudar o avaliado a planejar as melhorias ao longo do tempo.

✓ **Disciplina:** acompanhar e fazer cumprir o que está planejado.

✓ **Gostar de pessoas:** acreditar que as pessoas podem mudar e gostar de ajudá--las a alcançar as mudanças.

✓ **Aproveitar o momento:** ser ágil na aplicação do *feedback* para aproveitar a emoção do momento, mantendo o cuidado para não ferir o interior das pessoas.

✓ **Empatia:** saber como se colocar no lugar do outro, entendendo os sacrifícios e as dificuldades pelos quais passou para atingir ou não o resultado esperado.

Dicas para uma boa reunião de *feedback*

Existe o *feedback* informal, que deve ser pontuado para que seja percebido, assim como o *feedback* formal, que deve ser planejado e organizado de forma cuidadosa para alcançar o seu resultado. A seguir, é apresentada uma sequência que pode ajudar o líder a realizar uma reunião que facilite enfrentar o desafio de obter o melhor desempenho das pessoas.

1. Planejar a reunião e se preparar, com antecedência, para desenvolver o processo.
2. Marcar dia, hora e local. Enviar o convite para o avaliado e os documentos que ele deverá preencher.
3. Fazer avaliação prévia com exemplos do comportamento observado.
4. Abrir o encontro de forma simpática, continuar de forma descritiva, baseando--se em fatos, e exemplificar o impacto do comportamento do avaliado no resultado (equipe, cliente, empresa...).
5. Ser sincero e maduro, demonstrando evolução para um relacionamento de confiança. Estimular o avaliado a falar e manter uma conversa que priorize o progresso profissional.
6. Indicar e anotar os caminhos para o desenvolvimento, tais como: ações formativas, leituras, visitas e outras atividades.
7. Indicar os benefícios que a mudança de comportamento irá gerar e tomar decisões sobre prazos e metas.
8. Programar novos encontros de *feedback* e, se necessário, usar outros instrumentos para acompanhar a evolução do processo.

35. Avaliação de desempenho

Guayçara Gusmon Gonçalves

Como o próprio nome diz, é um processo cujo principal objetivo é medir o desempenho dos colaboradores da organização. Não está necessariamente condicionado ao sistema meritocrático (no Capítulo 44 você saberá mais sobre o assunto), isso porque a avaliação de desempenho pode acontecer tanto para uma ação de recompensa por mérito próprio do funcionário quanto para a empresa saber se ele está produzindo o mínimo esperado dentro de uma estrutura hierárquica, para que ela tenha tempo hábil de corrigir todas as rotas e obter resultados de performance individuais em ciclos encurtados.

Quanto menor a periodicidade de realização, mais rápido é esse ciclo de *feedback*, porém é preciso respeitar o tempo necessário para que o colaborador consiga elaborar um plano em conjunto com seu gestor ou líder e realizá-lo.

Modelos de avaliação

As ferramentas e os processos utilizados para essa avaliação também podem variar entre empresas. Compartilhamos a seguir alguns dos modelos utilizados em mercado:

- ✓ **Avaliação 360 graus.** Acontece quando todos avaliam a todos. Também conhecida como *feedback* 360°, ocorre quando o colaborador tem a oportunidade de avaliar todos a seu redor; e por consequência também ser avaliado por todos, independentemente do nível hierárquico. A vantagem desse método é que a percepção acaba sendo muito mais apurada devido a várias visões. A desvantagem é que nem todos podem ter a maturidade e os conhecimentos necessários para estabelecer críticas construtivas. Caso queira saber mais sobre *feedback* 360° e outros tipos de *feedback*, veja o Capítulo 34.
- ✓ **Avaliação 180 graus.** O que difere esta avaliação da anterior é que nesta não existe avaliação lateral (dos pares de trabalho), e sim do gestor para o

colaborador e dos colaboradores para o gestor. A vantagem é que é uma avaliação mais rápida e geralmente é mais focada e construtiva, porém acaba-se perdendo a riqueza da diversidade de percepções dos colegas com quem se trabalha no dia a dia.

✓ **Autoavaliação.** Considerada uma das mais importantes, deve ser realizada concomitantemente com outras. Consiste em colher a percepção do próprio colaborador sobre ele mesmo. A vantagem é que o gestor consegue verificar se o funcionário tem clareza sobre como tem sido seu desempenho e a partir daí, ajustar a forma como se dará o *feedback* para esta pessoa. É muito importante que a visão pessoal do colaborador vá ao encontro das percepções do gestor ou dos pares acerca do trabalho real que está desenvolvendo.

✓ **Metas e resultados.** Concentra-se em uma avaliação muito mais objetiva sobre o atingimento dos resultados esperados. Muitas vezes, nesse modelo, não são levados em conta perfil ou atitudes, e sim a análise absoluta (atingiu ou não atingiu) da meta ou uma análise relativa (atingiu plenamente, atingiu parcialmente, não atingiu, etc.).

✓ **Avaliação do líder.** Muito semelhante à avaliação 180 graus, porém o líder somente avalia, não sendo avaliado pelo time.

✓ **Avaliação de pares.** Ocorre quando apenas os pares se avaliam, não obtendo influência dos gestores. Existem empresas onde o time decide sobre o merecimento de membros que o compõem acerca de determinadas ações (promoção, aumento salarial, demissão, etc.). A vantagem é que sempre o consenso ou a maioria de opiniões irá prevalecer, porém a desvantagem é o quanto de propriedade, histórico e maturidade o time possui para estabelecer esse tipo de julgamento de forma objetiva e justa.

Mais importante do que decidir qual modelo de avaliação, que diz muito mais sobre quem avalia quem, é a necessidade de saber como e o que será avaliado. É nessa questão que o RH entra fortemente. Os colaboradores precisam ter desafios pertinentes às suas competências individuais e talentos. No momento de contratação dessas pessoas para execução das tarefas, o alinhamento das expectativas é extremamente necessário, e o RH precisa garantir que isso ocorra.

As capacidades a serem medidas envolvem tanto as técnicas (*hard skills*) como as comportamentais (*soft skills*), sendo de suma importância que as métricas utilizadas sejam objetivas, para que fique claro como medi-las e, acima de tudo, como evoluir tais capacidades necessárias em cada membro do time.

Plano de desenvolvimento e ações meritocráticas

Realizada a avaliação, haverá uma ação sobre esse resultado considerando-se todo o histórico de avaliações, planos de ação realizados, *feedbacks* aplicados, momento de carreira do colaborador e expectativa da organização para aquele funcionário.

Isso quer dizer que não necessariamente porque o funcionário teve uma avaliação ruim que ele deve ser desligado; da mesma maneira, não é porque ele superou as expectativas na primeira avaliação que ele já será promovido. Depende muito da política da empresa.

É imprescindível que se estabeleça um plano com o colaborador, mostrando onde ele está e aonde ele deve ou almeja chegar; metas desafiadoras são sempre muito bem-vindas, porém é importante que sejam totalmente possíveis de ser alcançadas. Devem ser estabelecidos pequenos resultados-chave a curto prazo e outros maiores a longo prazo. Esse plano é comumente denominado de PDI (Plano de Desenvolvimento Individual). Quando um desses resultados é alcançado, a empresa tende a premiar o funcionário.

36. Tipos de carreira e o mundo ágil

Natalie Nitz
Paulo Emílio Alves do Santos

Pessoas da organização, assim como a área de recursos humanos, sentem-se confusas no tocante ao assunto **carreira**. Apesar dos avanços na maneira de se trabalhar e lidar com clientes, como o uso de metodologias ágeis, ainda é um desafio para as organizações realizar uma adequação com os cargos e carreiras em uma empresa. Nesse contexto, algumas perguntas podem ser formuladas: quais modelos de carreira são praticados hoje em dia no mercado? Quais tendências estão emergindo? Como situá-las no contexto dos profissionais de métodos ágeis?

O objetivo deste capítulo é fazer um breve inventário e análise dessas carreiras, sob um filtro específico dos gestores e profissionais, assim como dos recursos humanos.

Nesse sentido, apresentaremos o conteúdo de carreiras tradicionais e modernas, uma análise das implicações para os *players* desse jogo e a conclusão do capítulo considerando recomendações práticas.

Carreiras tradicionais

A concepção tradicional de carreira implica na ideia de um contrato psicológico com a organização (DUTRA, 2010). Os interesses profissionais de cada indivíduo (tempo, disposição) são dedicados à empresa em troca de compromisso genuíno com a segurança, como ter um emprego, remuneração todo mês e fazer parte de uma organização.

Os pressupostos desse compromisso apontados por Dutra (2010) seriam:

✓ **Estabilidade:** emprego para a vida toda ou pelo menos em ciclos de carreira longos.
✓ **Progressão:** percurso apenas vertical. Movimentações, como práticas de *job rotation* e participação em projetos, não têm lugar aqui.

✓ **Linearidade:** quer dizer não se submeter a desvios na carreira – desemprego, subemprego ou atuar em uma área distinta de sua experiência.

Dessa forma, elencamos a seguir a carreira em Y, nascida dessa concepção tradicional, e uma análise de suas implicações práticas (DUTRA; VELOSO, 2013).

Carreira em Y

Entende-se pelo próprio formato da letra que há dois caminhos: um para gestão e um para especialização. Em organizações muito especializadas, mais comumente nos nichos de engenharia, indústria farmacêutica e alimentos, o modelo é bastante comum.

Chega um momento em sua carreira que o profissional terá que escolher se segue carreira de especialista ou de gestor.

Mostramos aqui dois tipos de carreiras consideradas avançadas dentro daquela concepção tradicional. Mas estas contêm um defeito de nascença considerado grave nesses tempos de volatilidade, qual seja, seu habitat natural. Construída em uma estrutura organizacional departamentalizada e hierarquizada, conta com tarefas bem definidas para garantir padronização e produtividade máxima. Na prática o que vemos são planos de cargos e salários (nomenclaturas como júnior, pleno, sênior) e remuneração por quartis (aqueles pequenos aumentos dentro da faixa salarial). Movimentação de pessoas engessadas e cheia de regras. Com certeza este não é um ambiente propício ao *mindset* ágil. Frequentemente, nesse contexto, o RH assume o papel de garantidor de procedimentos operacionais, acabando por atrapalhar um ambiente propício ao florescimento de metodologias ágeis.

Os gestores e líderes em organizações com carreiras tradicionais acabam absorvendo a responsabilidade de isolar o time das disfunções de uma estrutura organizacional pouco flexível. E, ainda mais importante, também possuem a responsabilidade de identificar talentos, já que ferramentas de avaliação de desempenho em estruturas organizacionais pesadas são ineficientes.

Carreiras modernas

Após as crises dos anos 90, pesquisadores começaram a identificar percursos profissionais diferentes, que denominaram de carreiras modernas (carreiras sem fronteiras, inteligentes, etc.), mais adequadas ao mundo instável e baseadas na economia do conhecimento.

Carreira em T

Outra perspectiva é a carreira em T, onde os profissionais possuem mais profundidade e amplitude ao mesmo tempo – por exemplo, conhecimento de mercado e sua especialidade técnica. Diferentemente de outros profissionais generalistas, que não se aprofundam em pelo menos um assunto, os profissionais T possuem repertório de competências e conhecimentos aprofundados.

Em um cenário de transformação digital e Indústria 4.0 no qual as atividades mecânicas são transferidas para a máquina, liberando o ser humano para investir seu potencial em atividades mais nobres, que exijam criatividade e inspiração, parece fazer mais sentido esse tipo de carreira. Inconcebível, por exemplo, uma carreira em Y, já que a mera especialização pode ser facilmente tocada com artefatos como inteligência artificial. Nesse sentido, já podemos considerar a carreira em T como um princípio de jornada humana.

Outra aplicabilidade da carreira em T é em times ágeis multidisciplinares. É comum ter um indivíduo especializado em desenvolvimento, mas que tenha uma visão mais alto nível de experiência de usuário ou marketing, por exemplo.

Carreira em W

Na carreira em W, o profissional acaba se especializando em mais de um assunto, como, por exemplo, um líder técnico que precisa ser especializado em competências técnicas como gestão.

A carreira em W se adapta bem em alguns contextos de métodos ágeis – como citado, o líder técnico – ou em times multifuncionais de TI onde todos possuem conhecimento em desenvolvimento e teste.

Contudo, segundo Segala (2020), esse tipo de carreira é mais bem aplicado em organizações que não são muito complexas nem simples demais, dado que cada dia as organizações têm ficado mais sofisticadas e com isso os profissionais acabam tendo opções de diversos caminhos. Com isso, acabaria perdendo a analogia com W, o que seriam os casos de *Product Owners* ou *product managers*, que precisam se desenvolver em gestão, negócio, marketing, métricas, por exemplo, para conseguirem entregar produtos de valor.

Carreira sem fronteiras

Fato é que a maioria das empresas, mesmo aquelas maiores, não consegue sustentar o modelo tradicional de carreiras. Segurança do emprego e previsibilidade tornaram--se itens raros.

Pesquisa feita em 1960 por Holoviak e Greenwood (HALL, 1976) nos EUA indicava que apenas dois em cada cem indivíduos conseguiram realizar uma mudança radical nos rumos da sua carreira. Em 1970 essa proporção já havia alcançado 35% e pode-se inferir que está se tornando um padrão.

Para pesquisadores como Dutra e Veloso (2013), Andrade (2009), Hall (1976) e Dutra (2010), mudança, com todas suas facetas, é a regra para o fenômeno da carreira. Notadamente as carreiras sem fronteiras, as quais descrevemos:

- ✓ Relação de independência entre a organização e o indivíduo. As pessoas agora são responsáveis por suas carreiras. Indivíduos transitam mais livremente entre diversas organizações, e, por isso mesmo, a carreira se apresenta como descontínua e sem estabilidade.
- ✓ Conciliação entre necessidades profissionais, pessoais e familiares. Significa dizer que as carreiras incorporam outras dimensões da vida humana, além da profissional.
- ✓ Sustentação por *networks* ou informações externas.
- ✓ Aprendizagem é fator crucial para o desenvolvimento profissional.

Carreiras inteligentes

Uma alternativa interessante é aquela apresentada por Arthur, Claman e DeFillippi (citado por DUTRA; VELOSO, 2013) no tocante a carreiras inteligentes. Nesta concepção, as competências devem ser acumuladas pelas pessoas (por meio de treinamentos, *mentoring*, etc.), por vezes coincidindo com aquelas de que a empresa necessita. Mas, em última instância, tais competências não estão subordinadas a nenhum empregador e sim ao próprio indivíduo. A construção desse repertório ampliado de competências passa por três perguntas: *knowing why* (causas), *knowing how* (saber fazer) *knowing whom* (inteligência social).

Quando pensamos nas carreiras tradicionais, podemos afirmar que subimos vários graus de complexidade no tratamento do tema. Esta assume uma conotação não apenas interna e exclusiva a uma empresa e seus funcionários, mas é definida amplamente como experiência que um indivíduo possui no decorrer de sua vida profissional, de acordo com Dutra (2010).

Antigamente, todas aquelas experiências muito ricas que você teve no decorrer de inúmeros projetos na sua trajetória profissional seriam praticamente ignoradas pelas empresas se não tivesse exercido o papel específico da competência organizacional solicitado pelas empresas no mercado de trabalho. Agora, com essa concepção de carreira inteligente, suas diversas experiências profissionais e pessoais também contam.

Isso tem uma implicação a ser destacada: como os ciclos de carreira são mais curtos e há maior longevidade, as pessoas acabam por construir diversas trilhas na sua vida profissional. Atualmente estima-se que uma pessoa tenha de quatro a cinco carreiras durante a vida.

Conclusão

Poderíamos concluir este capítulo defendendo que as carreiras tradicionais acabaram, já que as empresas não conseguem mais garantir estabilidade e segurança ao empregado. E também que as carreiras modernas estão sendo largamente adotadas pelos indivíduos.

Buscamos mostrar que diversas modalidades de carreira estão ainda ativas no cenário. As carreiras tradicionais e aquelas modernas vão sobreviver lado a lado por um bom tempo.

O problema maior é você achar que só existe uma única modalidade de carreira. E mais grave ainda, se sua organização atuar com modelos de carreiras incompatíveis com seus nichos e concorrentes.

Evidentemente, não se pode ficar parado. Aprendizado contínuo é essencial para assim conseguir se movimentar – vertical ou horizontalmente.

Bersin (2016) nos oferece algumas recomendações práticas para o balanceamento dessas duas tendências. Mobilidade para cima ainda é importante, mas alternativas como atuar com coordenação de grupos, aproveitar oportunidades de aprendizado, participar de diferentes projetos e acompanhar novos colaboradores com *coaching* e *mentoring* são movimentações laterais que podem fazer a diferença na retenção e no desenvolvimento de pessoas. Ações estas que estão nas mãos dos gestores e também do RH.

No tocante às ações de recursos humanos, Bersin (2016) também faz recomendações. Destacamos três delas:

1. Faça com que a mobilidade seja parte da cultura.
2. Construa e invista em metodologias que preparem para a transição de carreira, aprendizagem e *coaching*, por exemplo.
3. Desenvolva um sistema de recompensas que promova a mobilidade.

Essas ações criariam um ambiente favorável para crescimento e fortalecimento de colaboradores, projetos, *frameworks* ágeis e da própria organização.

PARTE IV. COMO MELHORAR A RETENÇÃO DE SEUS TALENTOS E SUA SAÍDA DA ORGANIZAÇÃO

37. Motivadores intrínsecos e extrínsecos

Thayana Brider

Motivação é uma porta que só abre pelo lado de dentro. (CORTELLA, 2016)

O que são motivadores?

Segundo Lent (2010), a motivação cria uma certa tensão, que pode chegar a causar desconforto. Essa tensão incentiva o indivíduo a ter comportamentos direcionados para um objetivo que, em seu resultado positivo, gere prazer ou homeostase, que é uma característica comportamental de organismos que os levam a querer manter uma constância. Isso significa que os nossos motivadores nos levarão a ações que, ao nos trazer felicidade, continuaremos utilizando como forma de impulsionar novamente esse resultado.

Motivadores são nossas recargas de bateria, nossa chama interna que acende para que possamos cumprir até a mais chata das tarefas. Appelo (2011), em "Management 3.0", endossa o quanto os motivadores interferem no ambiente de trabalho, dizendo que as pessoas "precisam trabalhar em um sistema que continue as energizando e não que sugue suas energias".

Uma pessoa motivada faz algo decisivo: ela procura excelência. (CORTELLA, 2016)

É inegável que pessoas motivadas possuem um resultado mais positivo, além de mais bem-estar e felicidade, seja em sua vida pessoal ou profissional. E isso faz muito sentido quando acordamos mais animados para irmos ao trabalho lembrando de um novo projeto em que acreditamos, ou quando não estamos motivados e no meio do dia vemos que as próximas atividades a cumprir são as que menos gostamos e a partir daí não paramos de olhar para o relógio desejando ir embora.

Mas se ter um motivador é tão importante, cabe fazermos algumas perguntas:

1. Esses motivadores devem vir de mim ou da empresa?

Dos dois! Quanto mais sua empresa oferece aquilo que o motiva, mais engajamento terá em suas funções. E quanto mais seu líder percebe sua dedicação e seus resultados positivos, mais o motivará – ou pelo menos deveria.

2. Como descobrir o que me motiva?

Descobrir sua motivação é um processo de autoconhecimento, portanto ter um profissional que o ajude nessa busca ou um líder que utilize técnicas de autoconhecimento com seu time facilitará essa vivência. Mais adiante falaremos da diferença entre os tipos de motivadores. Uma autorreflexão em cima desses pontos já pode ajudá-lo a pensar sobre seus reais motivadores.

3. Qual o papel do RH nessa questão?

O RH realiza a gestão de pessoas e talentos dentro da empresa, portanto precisa estar atento a esse ponto, pois saber os motivadores dos seus colaboradores é essencial para diversas medidas do RH, desde decisões estratégicas como desenvolvimento dos talentos até contribuições para mais efetividade nos processos de seleção, pois descobrir os motivadores reais dos candidatos ajuda o RH a elaborar o perfil de cada colaborador.

Ao obter um perfil mais completo e orgânico, acrescentando um estudo dos motivadores pessoais, sendo este atualizado ao longo do tempo "de casa", desde o processo de seleção e por toda a carreira do colaborador dentro da empresa, o RH poderá estrategicamente direcionar as melhores funções de atuação para cada pessoa e analisar se uma promoção se faz compatível com o perfil atual ou se, por exemplo, é necessário algum tipo de desenvolvimento de competências.

Portanto, atuar em busca dos elementos motivadores dos seus clientes internos e externos (no caso de candidatos em processo seletivo) é um passo fundamental para um RH mais ágil.

Podemos classificar os motivadores em extrínsecos e intrínsecos e ambos serão descritos a seguir.

Motivadores extrínsecos

Um motivador extrínseco é algo que está "fora", ou seja, uma força externa que o ajuda a ficar motivado. Tudo que for externo a você e o impulsiona para os seus objetivos pode ser considerado um motivador extrínseco. Esses são alguns exemplos: bônus; premiações; elogios; *feedback*; salário.

A maioria das empresas brasileiras usa motivadores extrínsecos como forma de engajamento, e sabemos que de fato muitas pessoas acreditam que esses motivadores são o que as impulsiona, mas, na realidade, somente uma "certa quantidade de motivação extrínseca é necessária para fazer as pessoas operarem em suas melhores performances" (APPELO, 2011).

Os motivadores extrínsecos são importantes, mas não são o suficiente, já que, por serem externos, têm seu poder associado ao exterior, e a partir do momento em que ele não se encontra "fisicamente tocável", o engajamento diminuirá por seu curto efeito e passará a não mais funcionar como elemento motivador.

Motivadores intrínsecos

Como o próprio nome se refere, são aqueles motivadores que "vêm de dentro". Normalmente nos referimos a conceitos que sentimos internamente e que nos impulsionam muitas vezes sem nem percebermos e acabamos realizando as atividades sem uma expectativa de ganho externo.

Appelo (2011) sugere que os motivadores intrínsecos são fundamentais em uma organização. Ele ainda identifica duas razões para que líderes foquem nos motivadores intrínsecos. São elas:

✓ A imprevisibilidade dos motivadores extrínsecos, pois não há garantias de que esse motivador externo será sempre possível para os colaboradores.

✓ Os motivadores intrínsecos favorecem a criatividade, que é o *link* entre conhecimento e inovação, segundo Apelo (2011). Ele ainda acrescenta que, quando os líderes "se preocupam com a sobrevivência da organização, precisam se preocupar com a inovação. Quando eles se preocupam com a inovação, devem se preocupar com a criatividade. E quando se preocupam com a criatividade, devem se atentar para os motivadores intrínsecos". Como os motivadores intrínsecos estão mais relacionados aos nossos aspectos internos, influenciam outros componentes também internos, como a criatividade e a competência, de suma importância na atualidade.

Exemplos de motivadores intrínsecos:

✓ Aprendizagem
✓ Autoestima

✓ Felicidade
✓ Realização pessoal
✓ Autonomia

Podemos fazer um paralelo com a hierarquia da pirâmide de Maslow, que fala sobre motivação a partir de níveis de **necessidades humanas**, onde não seria possível buscarmos um nível acima sem termos o anterior suprido (Figura 37.1).

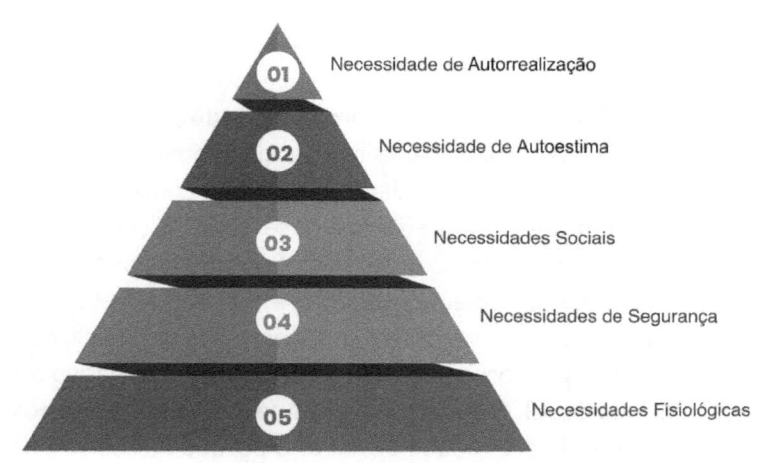

01 Necessidade de Autorrealização

02 Necessidade de Autoestima

03 Necessidades Sociais

04 Necessidades de Segurança

05 Necessidades Fisiológicas

Figura 37.1. Pirâmide de Maslow.
Fonte: a autora.

Os motivadores, sejam extrínsecos ou intrínsecos, se conectam com nossos valores. O que acredito como importante em minha vida determinará se algo funcionará como motivação ou não.

Nossos valores, por sua vez, são construídos ao longo de nossas experiências desde a infância e podem mudar de acordo com aquilo que experimentamos no mundo real. Portanto, se estão intimamente conectados, podemos falar também que os motivadores são completamente individuais, ou seja, aquilo que me motiva pode ou não motivar você e vice-versa.

Ao utilizar ferramentas que ajudem seu time ou cliente a refletir sobre seus motivadores, tenha em mente que nesse contexto não existe "certo ou errado", somente aquilo que alguém acredita importante o suficiente para levá-lo a um maior engajamento em suas funções e o que não acredita ser relevante o bastante para entusiasmá-lo em suas tarefas cotidianas.

Moving motivators

Essa ferramenta do *Management* 3.0 é hoje uma das mais utilizadas ao se falar sobre motivadores e foi criada com o intuito de ajudar no autoconhecimento dos líderes e seus times. É composta por dez cartas, cada uma representando um motivador diferente. Para ver a imagem das cartas de cada motivador, acesse o link <https://management30.com/practice/moving-motivators/>.

Os motivadores são os seguintes:

- ✓ *Freedom* **(Liberdade).** A liberdade, como motivador, está conectada à autonomia. Ao ter suas responsabilidades respeitadas, com a confiança de seu líder e time, a pessoa se sente motivada. O excesso de comando e controle para indivíduos com o motivador *freedom* pode ser uma dificuldade.
- ✓ *Honor* **(Honra).** A honra, como motivador, faz com que as pessoas se sintam felizes com seu trabalho somente quando este for compatível com seus valores e com o que acredita como verdade. Geralmente é muito difícil, para uma pessoa, participar de algum projeto se não acreditar no seu objetivo ou resultado.
- ✓ *Curiosity* **(Curiosidade).** Normalmente associado a pessoas que possuem uma forte relação com a necessidade de saber o porquê das coisas, de aprender coisas novas e investigar detalhes de um determinado assunto. Pessoas que possuem a curiosidade como motivador forte tendem a possuir uma facilidade para gerar ideias, e o próprio aprendizado é uma recompensa.
- ✓ *Power* **(Poder).** Este também é um motivador que está relacionado à autonomia, pois poder refere-se à possibilidade de mudar algo que acredite ser necessário, ou pelo menos ter espaço e voz para compartilhar ideias a respeito, por exemplo, de uma tomada de decisão. Apresentará dificuldade de atuar em um ambiente muito burocrático ou com um líder centralizador.
- ✓ **Status.** Usualmente este motivador refere-se ao reconhecimento de uma posição hierárquica, seja pelo fato de estar presente em uma estrutura rígida onde "alguém manda e o outro obedece" ou simplesmente ser vista e tratada de forma diferente pela posição que ocupa. Este motivador é explorado no marketing de diversas empresas: ao classificar seu cliente com um status VIP, estariam reconhecendo-o e estimulando seu consumo e relacionamento com a marca.
- ✓ *Goal* **(Meta).** O motivador de meta está estritamente relacionado ao propósito do indivíduo e se este está alinhado aos propósitos da empresa.
- ✓ *Acceptance* **(Aceitação).** Indivíduos com motivadores fortes relacionados à aceitação normalmente necessitam e buscam reconhecimento pelo seu trabalho. *Feedbacks* positivos frequentemente estão associados a um aumento

de motivação e performance – nesse caso, o pertencimento também se faz presente como motivador. Muitas vezes, no caso da aceitação, não basta somente um *feedback* positivo sobre o trabalho realizado se a pessoa não se sente aceita no time.

✓ *Mastery* **(Maestria).** A pessoa se sente mais motivada ao atuar em projetos onde suas habilidades sejam desafiadas, mas a um certo ponto em que não esteja muito além das suas atuais competências. Um desafio muito maior que suas habilidades atuais pode gerar medo do fracasso, ao passo que um desafio muito menor pode causar tédio e desmotivação.

✓ *Order* **(Ordem).** Aqui vemos uma situação quase contrária à liberdade – "quase" porque o fato de uma pessoa possuir a ordem como motivador forte não quer dizer que irá se adaptar totalmente em um ambiente com excesso de controle, mas, sim, que precisa de regras claras e compatíveis com sua realidade para se sentir mais motivada.

✓ *Relatedness* **(Relação).** Pessoas altamente sociáveis normalmente constroem relações que vão além do coleguismo. São bons comunicadores (não necessariamente extrovertidos) e conseguem expor suas ideias de forma objetiva, o que os ajuda a ter aliados em seus projetos e a ganhar a confiança dos que o cercam. Por gostarem da troca e convivência com outros, terão dificuldade de trabalhar em um ambiente onde atuem mais isoladamente e se sentirão mais motivados ao trabalhar junto a um time.

Por estar relacionado ao autoconhecimento e ser de fácil aplicabilidade, o *moving motivators* consegue ter uma usabilidade ampla: pode ser utilizado nos times (criando empatia entre os membros por conhecerem mais um sobre o outro ou até para pensar no motivador do time); de forma individual pelo líder com cada membro do time (para identificar o principal motivador de cada um e assim fazer estratégias personalizadas); pelo RH no processo de seleção e de gestão de pessoas (para relacionar os motivadores pessoais com os valores da empresa), etc.

Vale lembrar que essa é somente uma ferramenta e que conclusões devem ser tomadas a partir de um conjunto de referenciais. Os motivadores são individuais, cada um de nós tem uma motivação diferente a partir de nossa personalidade e história pessoal.

Portanto, ao utilizar essa ferramenta é necessário criar um ambiente seguro, para que todos se sintam à vontade para expressar seu real motivador sem medo de julgamento. Como são motivadores individuais e importantes para a pessoa, não existe um motivador melhor ou pior que o outro.

38. *Management* 3.0 – Calendário Niko-Niko

Isabel Coutinho
Fabrício Gama

Com o mundo cada vez mais complexo e as pessoas em suas rotinas corridas, nossos sentimentos e anseios são testados o tempo todo em vários níveis. Conflitos interpessoais, conflitos de time, líder-liderado, liderado-líder, além das rotinas fora do contexto de trabalho e tudo mais. Como qualquer pessoa, podemos ter variações de humor por conta de fatores que podem nos preocupar ou nos causar algum tipo de sentimento, seja ele positivo ou negativo.

Você consegue identificar como está o humor do seu time? E o seu? Consegue entender quais motivos afetaram o humor e por que eles variam?

Esse tipo de informação nos ajuda muito a equilibrar o time e o clima do trabalho. O calendário *Niko-Niko*, segundo Rogers (2020), foi explicado pela primeira vez pelo japonês Akinori Sakata. O intuito era ajudar a desvendar o humor da sua equipe e apoiar intervenções caso houvesse necessidade. Nele conseguimos representar de uma forma simples e clara a todos do time o nosso humor, motivação e sentimentos naquele dia.

São utilizadas carinhas que representam tristeza, indiferença ou felicidade (Figura 38.1). Quase como um semáforo, o quadro funciona dividido por colunas e linhas, onde as colunas representam os dias da *Sprint* ou da semana e as linhas, as pessoas do time (Figura 38.2). Ao final do dia, cada membro do time evidencia o seu sentimento durante o dia através de *emoticons* ou *smileys*.

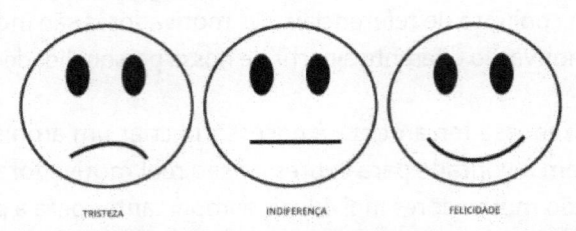

TRISTEZA   INDIFERENÇA   FELICIDADE

Figura 38.1. Carinhas que representam tristeza, indiferença ou felicidade.
Fonte: os autores.

AGOSTO	01	02	03	04	05	06	07	08	09
OTÁVIO	☹	☹	☺	☺	☺	☹	☹	☹	☹
FABRÍCIO	☺	☺	☺	☺	☺	☺	☺	☺	☹
TATIANA	☺	☺	☺	☺	☺	☺	☺	☺	☹
LUIZA	☺	☺	☺	☺	☺	☺	☺	☺	☹
ISABELA	☺	☺	☺	☹	☹	☹	☹	☹	☹
FELIPPE	☹	☹	☺	☺	☺	☺	☺	☺	☹
MARIA	☺	☺	☺	☹	☹	☺	☹	☹	☹

Figura 38.2. Calendário *Niko-Niko* de um time durante a realização de uma *Sprint* no mês de agosto.
Fonte: adaptada de Rogers (2020).

Também é possível fazer essa dinâmica em outros formatos. É possível imprimir um *template* do quadro *Niko-Niko*, fazer uma grande tabela em uma cartolina ou parede de vidro, ou simplesmente alguma planilha eletrônica compartilhada com o time. É possível até mesmo expandir o uso do *Niko-Niko* para fora da empresa. É possível implementar o uso do quadro em sua casa com seus familiares. Outra abordagem de utilização é, no lugar dos *emojis* ou *smileys*, usar apenas as cores vermelho, amarelo e verde. Acha que três níveis são pouco para o seu contexto? Tudo bem, é possível utilizar quatro ou mais níveis. O que importa é adaptá-lo à sua realidade e ao seu contexto.

A ferramenta serve como um termômetro para todos, uma forma fácil de ter *feedback* sobre a motivação da equipe. Além disso, incentiva que o time faça um tipo de retrospectiva e pense sobre o dia de trabalho. Ainda no formato de retrospectiva, a ferramenta nos apoia a pensar em uma forma de melhorar para o dia seguinte.

A utilização do quadro pode ser feita dentro e fora do RH, como parte do pilar cultural nas organizações. É possível que a ferramenta tenha a cara da empresa e que os times possam expor em suas paredes ou em forma virtual de maneira institucional. Nesse ponto, o RH é responsável por disseminar e fomentar a prática junto aos colaboradores.

39. Aplicação do eNPS

Fernanda Santos Tenreiro Quintanilha
Regiane Moura Mendonça

Faça o que você faz tão bem, que as pessoas vão querer vê-lo novamente, e vão trazer seus amigos. (Walt Disney)

O eNPS é a sigla utilizada para a ferramenta *Employee Net Promoter Score*, que tem por objetivo mensurar o nível de satisfação dos colaboradores e o engajamento destes com a empresa onde trabalham. O eNPS é uma adaptação da ferramenta NPS, que foi criada por Fred Reichheld. Ele apresentou o NPS através de um artigo publicado na revista da Universidade de Harvard com o título: "The One Number You Need To Grow" (2003).

Reichheld (2003) apresenta uma fórmula para avaliar o nível de satisfação do cliente, porém com a oportunidade de ter reflexos importantes em toda a experiência do cliente com uma empresa.

O NPS é uma medida simples, que indica, de 0 a 10, o quanto você recomendaria a empresa a um amigo ou familiar (OCTADESK, 2020). De acordo com as respostas, temos três classificações:

- ✓ **Clientes detratores:** são aqueles que, por não terem as expectativas atendidas ou experiências ruins com a empresa, possuem uma tendência a não retornar e, além disso, a falar negativamente da empresa. Esses são os que respondem entre 0 e 6.
- ✓ **Clientes neutros:** são aqueles que tiveram as suas expectativas parcialmente atendidas e são considerados clientes passivos, ou seja, nem contraindicam e nem indicam a empresa. É possível que, se perguntados, nem lembrem da empresa para falar algo sobre ela. Esses são os que respondem 7 e 8.
- ✓ **Clientes promotores:** são aqueles que espontaneamente falam bem da empresa e a recomendam para todos quando perguntam por determinado serviço/produto. Esses são os que respondem 9 ou 10.

Com base nas respostas, temos o cálculo a seguir:

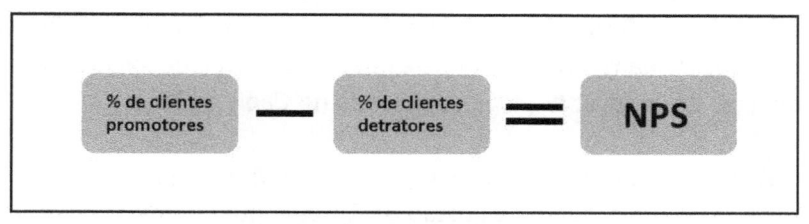

Figura 39.1. Cálculo do NPS.
Fonte: adaptado de Octadesk (2020).

Por exemplo, suponha que você realizou uma pesquisa com 100 pessoas e perguntou, de 0 a 10, o quanto recomendariam a empresa para outras pessoas trabalharem. Nessa pesquisa, 82 pessoas deram notas de 9 a 10, o que representa 82%. Já 36 pessoas deram notas de 0 a 6, o que representa 36%. Com isso, seu eNPS será de 46 (82 – 36 = 46).

Segundo Silva (2020), um NPS de -100 a -1 seria ruim; 0 a 49 seria razoável; 50 a 74 seria muito bom; e 75 a 100 seria excelente.

A simplicidade do NPS permite a sua aplicação nos mais diversos segmentos, atividades e áreas. Foi então que o RH adaptou a ferramenta para mensurar a satisfação dos seus colaboradores, além do engajamento com a empresa. Afinal, não existe melhor termômetro para um RH do que ter os seus colaboradores recomendando a empresa em que trabalham para amigos e parentes.

A aplicação do eNPS é realizada da mesma forma que as empresas aplicam o NPS, porém, neste caso, a aplicação é direcionada para os colaboradores – público interno –, enquanto o NPS é aplicado apenas para os clientes – público externo.

Geralmente aplicado junto a uma pesquisa de clima e/ou engajamento da empresa, é possível perceber toda a experiência do colaborador durante a sua jornada na empresa, desde a sua admissão, integração e acolhimento na área até o seu desligamento.

A metodologia se destaca por ser aplicada mundialmente, ou seja, é bem aceita por todos. Por ser uma pergunta específica e definitiva, é uma avaliação menos invasiva que gera mais adesão dos colaboradores e uma maior agilidade na tabulação dos resultados.

É importante observar que o colaborador engajado vai além de recomendar a sua empresa como um excelente local para trabalhar; ele recomenda a empresa para amigos e familiares utilizarem como clientes e se compromete em fazer com que esses indivíduos tenham uma experiência relevante, tornando-os promotores. Isso ajuda e reforçar o *employer branding*, explicado no Capítulo 18.

Logo percebemos a importância de mensurar e garantir o engajamento dos colaboradores através de um modelo de gestão de RH ágil, que permite ajustes rápidos a possíveis problemas operacionais, de gestão e até mesmo de estrutura, potencializando a percepção positiva dos colaboradores e tornando a sua jornada na empresa agradável e inesquecível.

40. Premiação e reconhecimento

Guayçara Gusmon Gonçalves
Robertha Magalhães Rodrigues
Isabel Coutinho

Buscando atrair e reter os melhores colaboradores, as empresas passaram a adotar formas de remuneração que vão além do salário tradicional, praticando uma remuneração estratégica.

Segundo Pontes (2011, p. 367), "remuneração estratégica é o uso de várias modalidades de praticar a remuneração em uma empresa cujo objetivo é o de estimular os colaboradores a trabalharem em prol dos objetivos organizacionais".

De acordo com os dicionários, reconhecer é admitir como certo, agradecer. É uma prática utilizada para melhorar a qualidade do trabalho e o desempenho, podendo ocorrer de forma individual ou em equipe, de maneira imaterial ou através de prêmios.

Prêmio é uma palavra de origem latina que significa recompensar ou conceder honra a alguém que se destacou por mérito próprio. Essa avaliação de mérito pode ser de forma hierárquica ou meritocrática. No Capítulo 44 iremos explorar mais o conceito de meritocracia.

Não há como desvincular o ato de premiar de uma avaliação de desempenho baseada em critérios da meritocracia vigente. A premiação é apenas mais uma ação de consequência da avaliação individual.

O objetivo de premiar é motivar e estimular a produtividade dos colaboradores. A premiação pode ser feita sempre que um colaborador atingir um patamar de entrega estipulado previamente ou com base em uma classificação proveniente de méritos próprios.

É muito importante que haja total transparência e objetividade acerca das práticas e dos critérios aplicados para distribuição dos prêmios. Existem algumas falhas que podem causar uma resposta controversa nos times:

✓ Quando há demasiada subjetividade nos critérios avaliados.

✓ Como escolher "o melhor" a ser premiado se tivermos times e colaboradores no mesmo patamar? Critérios de desempate podem gerar incômodos quando se diz que ambos foram muitos bons, porém uma condição X ou Y cedeu o prêmio a apenas um deles.

✓ Diante dos cenários expostos, times e pessoas podem começar a trabalhar "uns contra os outros", deixando o espírito colaborativo e aderindo a uma competição nada sadia.

✓ Pessoas podem começar a realizar trabalhos em excesso (*overhead* e horas extras) para serem mais produtivos, mas isso acaba agregando um gasto adicional para a empresa; ou seja, mesmo com uma produtividade maior, a eficiência da empresa irá diminuir.

Logo, a adesão da premiação pela empresa pode não significar uma melhor performance dos seus colaboradores.

Daniel Pink (2009) defende a ideia de que um sistema de recompensas só é efetivo para atividades mecânicas, ou seja, esse tipo de premiação não funciona para atividades criativas desempenhadas por times ágeis. Pink complementa dizendo que a premiação se trata de uma motivação extrínseca, e para tarefas criativas motivações intrínsecas são muito mais úteis.

Agora, em contraponto, sabemos que a evolução dos negócios através de sua digitalização e transformação ágil em empresas já meritocráticas levaram à adaptação dos seus critérios de premiação.

Para essas empresas, sugere-se que seus critérios utilizem as próprias métricas de times ágeis. Algumas delas:

✓ **Velocidade média do time:** com base em uma análise percentual da queda de *story points* dentro do *timebox* previsto. Esta é uma métrica relativa, pois o valor absoluto e a grandeza dos números variam de time para time.

✓ **Execução da *Sprint*:** pode ser validada através dos gráficos de *burdown*.

✓ **Cumprimento dos critérios de definição de pronto:** isso agrega qualidade ao produto entregue e simboliza comprometimento da pessoa com o time, uma vez que cumpre com o que foi acordado.

Há diversas outras práticas de reconhecimento não monetárias que podem ser aplicadas, como as *Kudo Cards* advindas do *management* 3.0. *Kudo* significa reconhecimento ou agradecimento. As *Kudo Cards* são cartas utilizadas para reconhecer ou agradecer algo ou enaltecer alguma boa ação ou comportamento. Além de funcionarem como reconhecimento, são também utilizadas como uma forma de *feedback* positivo junto aos times. Você pode imprimir os modelos gratuitos do site do *management* 3.0[4] ou adaptar com referências que são comuns na sua empresa ou cidade.

Como vimos anteriormente, a premiação trata de motivadores extrínsecos. Já o *Kudo Cards*, além do reconhecimento, pode ajudar no fortalecimento dos motivadores intrínsecos.

Lembre-se de que podem existir diversas formas de reconhecer ou premiar os resultados, atitudes e comportamentos positivos. Às vezes, um simples *Kudo Card* em papel pode fazer a diferença para um profissional – nem sempre é necessário um alto investimento. Então avalie e comece a colocar em prática na sua empresa.

---

[4] <https://management30.com/practice/kudo-cards/#download>.

41. EVP

Regiane Moura Mendonça

O EVP é uma resposta aos desafios que as organizações atuais enfrentam diante da competitividade e das novas gerações, que buscam novos sentidos para o que fazem profissionalmente, querem arriscar mais. Isso tem levado à necessidade, por parte das empresas, de perfis profissionais que mobilizem não só braços, mas também cérebros; de pessoas motivadas a ir além do que tradicionalmente fazem, engajadas em criar, dar sugestões, correr riscos, se expor. (Anderson Sant'Anna)

A aquisição de talentos está em grande foco nas empresas atualmente, pois a busca por profissionais capacitados se mostra difícil. Por esse motivo, ferramentas surgiram para auxiliar as empresas nesse mundo competitivo.

O EVP

O EVP (*Employee Value Proposition* ou "proposta de valor ao colaborador") tem como objetivo desenvolver programas para atração, engajamento e fidelização de talentos da empresa (não falo retenção, pois reter é negativo, passa a ideia de prender. Na verdade, é melhor fidelizar de forma espontânea).

Ele possui cinco pilares (recompensas, oportunidades, pessoas, trabalho e organização) e unifica modelos de gestão com o *employer branding*, envolvendo tudo o que uma organização proporciona aos seus colaboradores, conforme visto no Capítulo 18.

O EVP cria uma boa imagem das empresas para colaboradores e futuros colaboradores, atraindo mais candidatos. Nesse ponto, o EVP e o *employer branding* atuam em parceria, pois o EVP fornece subsídios para o *employer branding* se desenvolver.

Os componentes que favorecem essa parceria são:

✓ **Plano de carreira:** favorece o engajamento por oferecer oportunidades de crescimento e estabilidade.
✓ **Gestão da singularidade:** as necessidades pessoais e profissionais dos colaboradores são diferentes. A atenção a elas traz vantagens que são remetidas à valorização dos colaboradores.
✓ **Desenvolvimento humano e organizacional:** treinar e desenvolver os colaboradores estimula e valoriza a equipe.
✓ **Cultura e clima organizacional:** comunicação eficiente e liderança são os fatores que mais influenciam a cultura e o clima organizacional.
✓ **Plano de remuneração:** benefícios extras e boa remuneração são diferenciais para colaboradores, junto com bônus.

As ações de EVP geralmente incluem:

✓ Estratégias para recrutamento eficaz;
✓ atração e seleção de candidatos qualificados;
✓ alinhamento de perfil com o negócio;
✓ processos, métodos e abordagens de acordo com a estratégia da organização; e
✓ atitude de construção e desenvolvimento de talentos.

Ele proporciona equilíbrio entre remuneração e benefícios, com cultura e clima, e propósito do trabalho.

Segundo pesquisa realizada pelo Instituto Gartner (2020), um bom EVP pode aumentar em até 75% a competitividade da empresa e até 35% o engajamento dos colaboradores.

Vamos ver na sequência os principais ingredientes do EVP.

Recrutamento eficaz

Tudo começa com a atração de talentos, quando o *employer branding* e o EVP atuam em conjunto.

É necessário conhecer o perfil do candidato que encaixe no "*fit* cultural", alinhando o perfil do profissional com o perfil da organização.

Engajamento

Ao oferecer crescimento, respeitando as individualidades de cada colaborador, há um ganho no seu engajamento, pois, além de motivar os colaboradores, eles se tornam defensores da marca, contribuindo para sua permanência na empresa.

Fidelização de talento

Segundo Arins (2019), conforme análise da edição de 2019 do *ranking* "As 150 Melhores Empresas para Trabalhar no Brasil", do GPTW (*Great Place to Work*), os cinco principais motivos de permanência de talentos na organização são:

- ✓ Oportunidade de crescimento.
- ✓ Qualidade de vida.
- ✓ Alinhamento de valores.
- ✓ Remuneração e benefícios.
- ✓ Estabilidade.

Esses mesmos fatores também estão no "Global Talent Monitor 3Q19", estudo promovido pela Gartner (2020).

Implantando EVP

Para desenvolver um programa eficaz de EVP, é preciso considerar alguns pontos:

- ✓ **Contratuais:** são as recompensas tangíveis, que incluem salário e pacote de benefícios. Precisam ser competitivas no mercado.
- ✓ **Experienciais:** é a jornada do trabalhador. Como eles sentem a empresa dentro e fora, o apoio na carreira, bem-estar físico, financeiro e social.
- ✓ **Emocionais:** é o engajamento do colaborador, incluindo cultura do trabalho, reconhecimento e valorização.

Mas, independentemente disso, é preciso criar estratégias para expor o EVP aos colaboradores. Essas estratégias precisam considerar a cultura da empresa, o perfil dos colaboradores e a estrutura organizacional. Com base nisso, definem-se quais canais e formatos serão utilizados.

E também aconselha-se fazer um diagnóstico sobre a percepção da empresa, incluindo entrevistas de desligamento, pesquisas de clima, discussões em grupo sobre a marca, pesquisa com profissionais que não aceitaram propostas e acompanhamento de reputação em sites de avaliação do empregador.

Para implantar um bom EVP, sugere-se seguir as dicas:

✓ Identifique o perfil do colaborador ideal para a organização.
✓ Elabore um plano de benefícios e remuneração.
✓ Planeje seu *budget*.

Mesmo com essas dicas, é importante que a prática e a cultura da empresa estejam alinhadas às ideias esperadas pelos componentes de um bom EVP. Não haverá resultados positivos se ele for criado apenas para efeitos de marketing, e não para verdadeiramente engajar e fidelizar os profissionais.

Cada empresa precisa desenvolver o seu próprio EVP e acompanhar a sua trajetória, respeitando o seu momento.

Ele reflete na cultura e no clima organizacionais, nas relações internas e principalmente no propósito da empresa. Afinal, são esses fatores que contribuem para tornar a empresa um bom lugar para trabalhar!

42. *Officeless*

Artemis Romano
Paulino Meira

O segredo da mudança é o foco não na luta contra o velho, mas na construção do novo. (Sócrates)

Officeless é um movimento que acredita em relações de trabalho baseadas em autonomia, propósito e confiança, onde o trabalho pode ser feito de um *coworking*, um café, de qualquer lugar do mundo. Em tradução livre, *officeless* significa "sem escritório".

Existe uma diferença entre o conhecido *home office* (trabalho feito exclusivamente de casa) com o movimento *officeless*, em que você pode eleger qualquer lugar para desempenhar o seu trabalho. Há algum tempo, novos empreendedores e trabalhadores podem usufruir do mundo (nômades digitais) durante a sua vida economicamente produtiva.

A transformação digital avança de forma exponencial. Ao acordarmos amanhã, várias notícias, novas descobertas e novos negócios estarão sendo divulgados pelos meios de comunicação e replicados nas redes sociais. Em alguns segmentos do mercado de trabalho, se não fosse a tecnologia, não daria para acompanhar esse ritmo frenético dos acontecimentos mundiais. Trabalhar em um escritório não significa ter a garantia de produtividade. Métricas de sucesso e processos precisam ser redefinidos. Acima de tudo, a confiança por parte dos líderes e o comprometimento/responsabilidade do profissional desses novos tempos precisam ser levados em consideração. O tempo virou o maior patrimônio de uma pessoa engajada com a tecnologia. Somente com a mudança do *mindset* das corporações, o trabalho tradicional poderá mudar.

O poder da flexibilidade

Ter o controle sobre o seu próprio tempo e trabalhar com o que gosta de qualquer lugar do mundo é o sonho de muitos, e está se tornando realidade.

O trabalho remoto é uma tendência mundial, caminhando lado a lado com a globalização, que vem inserindo novos modelos de negócios e novas formas para desempenhar tarefas. As pessoas, principalmente os *millenials* (geração Y, com cerca de 30 anos), vêm buscando cada vez mais uma maior flexibilidade de horário, transparência e maior conexão com o propósito da sua vida profissional para equilibrar com a vida pessoal. A motivação para ter um trabalho que traga prazer e agregue valor, seja felicidade ou de cunho social, mas que faça sentido para a vida de cada um, é um "mantra" dos dias atuais.

A adaptação a essa nova realidade de trabalho por parte das empresas no Brasil já começou, mas ainda engatinha. Algumas corporações adotaram jornadas de trabalho mistas (remotas e presenciais) ou horário diferenciado, buscando adaptações para essa grande transformação digital. Infelizmente, nem todas as funções podem ser realizadas remotamente.

Prós e contras do trabalho remoto

Um dos maiores benefícios do trabalho remoto é a redução do estresse no deslocamento casa x trabalho x casa. Para quem trabalha nas grandes metrópoles, o trânsito se tornou um verdadeiro pesadelo. São horas desperdiçadas em engarrafamentos que poderiam ser produtivas. O convívio familiar, uma alimentação mais saudável e a gestão do próprio horário de trabalho também estão entre as vantagens do trabalho remoto.

Por outro lado, a perda da privacidade por conta das distrações e obrigações familiares, local inadequado dentro de casa ou no espaço escolhido, o excesso de carga de trabalho, falta de planejamento, organização e disciplina, uma certa tendência ao isolamento para os que moram sozinhos e a perda do contato diário com os colegas podem ser aspectos negativos durante o trabalho remoto.

Para as empresas, a redução de custos operacionais, tais como vale-transporte, luz e água, como também o aumento da produtividade e a oportunidade de contratar os melhores profissionais, independentemente do local onde moram, são benefícios decorrentes do trabalho remoto dos seus colaboradores.

Como fazer acontecer o *officeless*

Para que essa transformação aconteça, alterando a cultura de como as pessoas se relacionam com o trabalho, é necessário ter uma infraestrutura adequada para que o processo seja harmonioso. Existe toda uma preparação para que a empresa e o colaborador possam usufruir dos benefícios de um trabalho remoto. Os processos/metodologias e ferramentas precisam estar bem estruturados; a comunicação da equipe precisa acontecer de forma eficiente e transparente para que as pessoas consigam trabalhar de qualquer lugar sem que a produtividade seja prejudicada. A transformação digital é uma fiel aliada para que o futuro do trabalho seja remoto.

Independentemente do tamanho da empresa ou do negócio, digamos que o primeiro passo deve ser estruturar uma rede com infraestrutura suficiente para o acesso remoto e que os colaboradores possuam os meios necessários (computador, acesso seguro à internet), dentro das normas de segurança da informação, garantindo a integridade, confidencialidade e disponibilidade de acesso e a devida proteção legal da instituição.

Proceder ao alinhamento das estratégias com os times mostrando a importância de cada colaborador com total transparência e fazendo *checkpoints* diários para acompanhar o desempenho do time são ações primordiais para que o modelo proposto funcione. Reuniões de *checkpoints* podem ser feitas por videoconferências utilizando simplesmente um *smartphone*, algum outro aplicativo ou umas das diversas ferramentas de conferência *on-line* encontradas pela web (vide exemplos a seguir).

Alguns exemplos de ferramentas *on-line* úteis para o trabalho remoto:

- ✓ **Trello (<https://trello.com/>):** aplicativo de gerenciamento de projetos baseado na web.
- ✓ **Google Calendar (<https://calendar.google.com/calendar>):** agenda e calendário.
- ✓ **Google Drive (<https://www.google.com.br/drive/apps.html>):** armazenamento e sincronização de arquivos.
- ✓ **Google Sheets (<https://www.google.com/intl/pt-BR/sheets/about/>):** programa de planilha incluído como parte de um pacote de escritório.
- ✓ **Google Docs (<https://docs.google.com/?hl=pt-BR>):** serviço para web, Android e iOS que permite criar, editar e visualizar documentos de texto e compartilhá-los.
- ✓ **InVision (<https://www.invisionapp.com/>):** aplicativo para criação de protótipos para designers.

✓ **Zapier (<https://www.zapier.com>):** ferramenta de automatização de ações entre diferentes aplicativos.

✓ **Jira (<www.atlassian.com>):** permite o monitoramento de tarefas e acompanhamento de projetos garantindo o gerenciamento de todas as atividades em único lugar.

✓ **Slack (<https://www.slack.com>):** plataforma de mensagens instantâneas para comunicação de equipes com suporte a canais, conversas privadas, integração com serviços externos e diversos detalhes.

✓ **Notion (<https://www.notion.so/>):** para organizar, gerenciar e acompanhar tarefas e projetos.

✓ **EasyRetro (<https://easyretro.io/>):** para retrospectiva de metodologias ágeis, promovendo a melhoria contínua do processo através de ações definidas pelo time.

✓ **Zoom (<https://zoom.us/pt-pt/meetings.html>):** videoconferência empresarial e web com alta qualidade e estabilidade.

Em março de 2020, o mundo foi desafiado a se colocar em quarentena em função do novo coronavírus (COVID-19). Como continuar a trabalhar? De um momento para o outro, o trabalho remoto se tornou o assunto principal de diversas redes sociais e passou a ser adotado como a melhor alternativa para lidar com essa imposição decorrente da pandemia. A procura de informações sobre trabalho remoto tornou-se frenética, o que mostrou a importância de ter um "plano B" para contingências.

Em pesquisa recente, os professores Prithwiraj (Raj) Choudhury e Cirrus Foroughi, da Harvard Business School, em parceria com Barbara Larson (2019), da Northeastern University, procuraram medir o impacto na produtividade com a flexibilidade geográfica, quando a exigência ou existência de um local fixo para trabalhar fosse totalmente eliminada. A amostra foi feita com profissionais de registro de patentes e novas marcas da *U.S. Patent & Trade Office*, nos Estados Unidos, cujo trabalho não exige a presença física. A *U.S. Patent* havia implementado e regulado com sindicatos e governos a modalidade de trabalho em casa (*Work From Home* – WFH, na sigla em inglês) e desde 2012 fez a substituição pelo programa de trabalho de qualquer lugar (WFA – *Work From Anywhere*, na sigla em inglês), tendo a possibilidade de mensurar a produtividade no regime *home office* e depois o *officeless*.

Foi registrado um aumento significativo de 4,4% com o WFA, correspondente a US$ 1,3 bilhão adicionados à economia americana por ano, com base na atividade econômica média gerada por cada nova patente concedida.

Ficou constatado também que a proximidade de um raio de 40km entre colegas de uma mesma área aumentou ainda mais a produtividade, diferentemente dos que trabalhavam em áreas diferentes, que não aumentou devido à proximidade geográfica.

De acordo com os pesquisadores, o fator de interação pela proximidade entre os colegas deve ser levado em consideração na adoção do programa WFA para auxiliar os colaboradores a se organizarem e usufruírem desse benefício de contato.

Tanto nos Estados Unidos como no Brasil, o trabalho remoto já é uma das condições avaliadas na hora de aceitar uma oferta de emprego ou não e até mesmo trocar trabalho.

> *...grandes empresas como Dell, Amazon e American Express estão investindo em amplos programas de trabalho remoto, como mostra levantamento de junho/2019 do Glassdoor. No Brasil, a tendência começa a ser vista no home office – o número de empresas que o ofereceram aos funcionários aumentou de 19% em 2017 para 21%, segundo Pesquisa de Benefícios Aon 2018-20. (BIGARELLI, 2019)*

Do ponto de vista jurídico, temos a Lei nº 13.467, de 13 de julho de 2017, que dispõe no Capítulo II-A, Do Teletrabalho, Artigo 75-C:

> *Altera a Consolidação das Leis do Trabalho (CLT), aprovada pelo Decreto-Lei nº 5.452, de 1º de maio de 1943, e as Leis nº 6.019, de 3 de janeiro de 1974, 8.036, de 11 de maio de 1990, e 8.212, de 24 de julho de 1991, a fim de adequar a legislação às novas relações de trabalho.*
>
> *(...)*
>
> *Art. 75-C. A prestação de serviços na modalidade de teletrabalho deverá constar expressamente do contrato individual de trabalho, que especificará as atividades que serão realizadas pelo empregado.*
>
> *§ 1º Poderá ser realizada a alteração entre regime presencial e de teletrabalho desde que haja mútuo acordo entre as partes, registrado em aditivo contratual. (BRASIL, 2017)*

43. *Gig economy*

Regiane Moura Mendonça
Fernanda Santos Tenreiro Quintanilha

A economia do app oferece um exemplo de um novo ecossistema laboral. Ela teve início em 2008, quando Steve Jobs, o fundador da Apple, deixou que os desenvolvedores externos criassem aplicativos para o iPhone. (Klaus Schwab)

Em tempos de mudanças, as relações de trabalho também estão mudando. O objetivo é reduzir custos e aumentar a flexibilidade e a agilidade.

Mas o que podemos fazer? Quais as opções?

Conceito

Para atender a essa nova demanda, surgiu um novo conceito de economia alternativa, a *gig economy*, que traz flexibilização do mercado de trabalho para acompanhar o mundo digital.

O termo *gig* se origina do *jazz*, utilizado para denominar o contrato para uma apresentação específica.

Esse modelo está constituído dentro do chamado "Trabalho 4.0", que surgiu com a Quarta Revolução Industrial ou Indústria 4.0, apresentada por Klaus Schwab, presidente do Fórum Econômico Mundial. Ele parte do princípio da economia colaborativa.

Na economia colaborativa, também chamada de economia compartilhada, temos como base a descentralização, que traz uma nova visão para:

- ✓ prestadores de serviços, esporádicos ou no exercício das atividades;
- ✓ usuários dos serviços; e
- ✓ intermediários, como, por exemplo, as plataformas.

Criado pelos americanos, o conceito *gig economy*, chamado também de *freelancer*, sob demanda ou até mesmo "bicos", surgiu com a geração dos *millenials*.

Para entender melhor, podemos explicar que é a prestação de serviços temporários, ou de curto prazo, realizada por *freelancers* e profissionais autônomos, como motoristas do Uber, sem a estabilidade de um serviço formal.

A geração dos *millenials* se adaptou facilmente a ela, por terem uma liberdade de atuação: cada um é dono de sua própria vida profissional, assumindo suas escolhas.

Um dos motivos do surgimento desse conceito foi, na verdade, uma falta de escolha. Seria a única opção para algumas pessoas se manterem no mercado, conforme podemos ver nas falas dos editoriais da Marketing Job (s.d.), RunRun.it (TEAM RUNRUN. IT, s.d.), GeekHunter (REDAÇÃO GEEKHUNTER, 2020) e entrevista com Alexandrea Ravenelle (IHU, 2020).

Dentro desse modelo, surgiram várias plataformas que oferecem serviços profissionais sob demanda, ou seja, o profissional é contratado para realizar determinada atividade conforme alguém solicita.

Tendências

O surgimento da *gig economy* está ligado às transformações sociais, econômicas, científicas, políticas e culturais que criaram modelos contemporâneos de trabalho:

- ✓ Crise no trabalho tradicional.
- ✓ Conectividade tecnológica.
- ✓ Inovações disruptivas.

Temos então, duas formas de trabalho: *crowdwork* e *on-demand*, que são, respectivamente, o trabalho sem vínculo e consequentemente sem estabilidade, realizado fora do espaço físico da empresa, em plataformas *on-line*, e o trabalho realizado conforme a necessidade.

Perfil do profissional

Não são todos os profissionais que se adaptam a esse modelo de trabalho, pois não há segurança e estabilidade. Entretanto, um dos pontos altos é a liberdade de atuação.

Para ter resultados positivos, é importante que o profissional tenha disciplina, determinação e facilidade de aprendizado, pois ele deverá estar preparado para infinitas situações no mercado.

Dependendo do que resolver fazer, poderá ser necessário se oferecer ao mercado criando formas de comercializar o trabalho.

Muitos trabalhadores na *gig economy* atuam em *home office*, e também existem muitos que optam por realizar serviços para uma única empresa.

Características do trabalho na *gig economy*

Na *gig economy* encontramos várias possibilidades de trabalho. Entre as quais:

- ✓ **Freelancer.** O modelo *freelancer* é um trabalhador independente que realiza atividades pontuais conforme a demanda. Diversos trabalhos podem ser oferecidos, dependendo apenas das suas habilidades.
- ✓ **Formalização do trabalho.** No Brasil, uma das maneiras de formalização desse tipo de trabalho é através da abertura de um CNPJ, que fica mais fácil ao optar pelo modelo MEI (microempreendedor individual), que possui diversas facilidades e benefício fiscais, segundo JOVANA (2018). Mas a abertura de CNPJ não é obrigatória, dado que existem outras maneiras legais de receber o pagamento pelo serviço, como o recibo de pagamento autônomo (RPA). Na maioria dos casos, a exigência de emissão de nota fiscal depende da empresa e de como será o pagamento do profissional. Além disso, cada país poderá ter suas exigências em termos de legislação.
- ✓ **Despersonalização no mercado *on-line*.** As relações pessoais entre consumidores e fornecedores tende a reduzir e até a sumir em alguns casos.
- ✓ **Nova forma de remunerar o trabalho.** A remuneração deixa de ser por tempo de trabalho e passa a ser pelo período que a atividade contratada foi realizada. Ou seja, elimina-se o tempo ocioso. Surge um leilão de trabalho, onde há concorrência entre *freelancers* em busca de trabalho.
- ✓ **Nova visão da descentralização.** Os negócios estão sendo moldados para colocar um solicitante de um serviço em contato com o fornecedor desse serviço, com custos de transações reduzidos. Esse serviço é prestado por qualquer pessoa capacitada para tal.
- ✓ **Uso do tempo de inatividade.** O tempo livre, ou de descanso, torna-se rentável, com a oferta de serviços para renda extra.

Utilizar ou não utilizar?

Apesar de, em alguns momentos, a *gig economy* demonstrar uma precarização dos empregos, é importante ponderar bem os benefícios e as desvantagens.

Existe uma insegurança em relação ao emprego, instabilidade de salário e ausência de direitos trabalhistas. Entretanto, é fato que é o momento das legislações trabalhistas se adequarem às novas realidades do mercado.

Não é um modelo de trabalho ao qual todos conseguem se adaptar, principalmente pela vulnerabilidade e possibilidade de abusos e exploração.

Conforme expectativas, esse modelo, nos próximos anos, deve superar o percentual de trabalho formal. Segundo Brown (2018), a Pesquisa Millenial 2018, feita pela Deloitte, constatou que, na Austrália, 53% dos *millenials* já consideram o modelo *gig economy* no lugar de um emprego formal. Ao mesmo tempo, de acordo com Deloitte Insights (2018), o relatório *Global Human Capital Trends 2018* reconhece *gig economy* como experiência de carreira, substituindo a ideia de carreira linear.

Então é hora de rever conceitos e se estruturar para novas possibilidades.

A necessidade de modelos ágeis transforma a *gig econony* em modelo de atuação por projetos que acompanha essa demanda, na medida em que propõe desenvolvimento iterativo, com entregas contínuas, atuando com demandas pontuais.

E para as empresas?

A legislação brasileira possui uma grande carga tributária, e os encargos sociais sobre a folha de pagamento não são diferentes. Também temos as leis trabalhistas, que atrapalham contratações temporárias e periódicas.

Por isso, a contratação no modelo proposto pelo *gig economy* é vista como uma alternativa interessante, já que reduz encargos sociais e facilita as contratações temporárias.

Entretanto, há um risco quando essa contratação ocorre mantendo privilégios de funcionário com vínculo empregatício, descaracterizando um correto uso do modelo *gig economy*.

Conforme visto no Capítulo 27, sobre competências como criação de vantagem competitiva, a *gig economy* pode ser uma solução. Com o avanço tecnológico crescendo cada vez mais rápido, novas competências vão surgindo constantemente. O tempo e o custo para desenvolvê-las podem não ser tão adequados à necessidade das empresas. A *gig economy* pode ser uma ferramenta neste caso.

Podemos concluir que, assim como tudo, há lado positivo e lado negativo, o que requer alguns cuidados. Porém, nada que possa impedir o uso correto desse modelo.

44. Meritocracia

Guayçara Gusmon Gonçalves
Paulino Meira

Através da etimologia da palavra meritocracia, é possível verificar que esta é composta de um radical latino – *mereo* – que significa "ser digno ou merecedor" e um grego – *cracia* – que significa "poder"; ambas as palavras possuem diversos significados no dicionário, porém, dentro do contexto de RH, a utilizamos de maneira a atribuir justiça na distribuição de recompensas, com base em critérios como produtividade, aptidão, *soft* e *hard skills*, competências e esforços dedicados ao cumprimento de determinado trabalho.

A partir desses critérios, os colaboradores de mesma função são comparados e os que melhor se destacarem de forma positiva recebem uma espécie de premiação, que pode ser um aumento salarial, uma bonificação monetária, uma promoção de cargo ou quaisquer outros benefícios, como bolsa de estudos, viagens, etc.

Segundo Carole Daverne-Bailly (2012), nas sociedades contemporâneas, os indivíduos interiorizam a meritocracia, tratando-a como um modelo de justiça social. Esse modelo teve seu surgimento no setor público, onde ela está mais ligada ao estado burocrático, através das seleções por concursos públicos. Outro exemplo onde ela sempre esteve presente foi através dos vestibulares para faculdades e universidades. Tanto em empresas públicas quanto nas instituições de ensino, o ingresso do candidato mais qualificado se dá através da avaliação de competências de disciplinas que são consideradas essenciais. Esses aspirantes são dispostos em colocações alcançadas através do mérito pessoal, podendo ser aprovados ou reprovados no exame aplicado.

Em empresas privadas, nem sempre a meritocracia esteve presente; porém, com o passar dos anos, algumas instituições não públicas também começaram a investir nesse meio de recompensa por merecimento, verificando um aumento de produtividade entre os trabalhadores devido a uma saudável competição entre eles, onde de certa maneira "o melhor" sempre seria recompensado, então todos buscavam essa posição.

O principal fundamento para a existência da meritocracia é que ela teria um maior senso de justiça em comparação aos sistemas hierárquicos da época, pois as distinções não se dão por parentesco, opção sexual, religião, raça ou posição social, minimizando a discriminação entre as pessoas por características e qualidades que não dependiam exclusivamente delas. Por exemplo: uma pessoa não escolhe nascer homem ou mulher, negra ou branca, rica ou pobre, mas ela possui total responsabilidade pelo conteúdo que produz dentro de uma empresa, bem como por sua capacidade intelectual.

Porém, existem opiniões contrárias sobre a efetividade do sistema meritocrático. Uma grande parcela dos estudiosos de sociologia afirma que a verdadeira meritocracia nunca existiu, sendo totalmente utópica, pois faltam ações eficazes para compensar a desvantagem que algumas pessoas enfrentam de forma natural, como limitações fisiológicas, condições genéticas ou deficiências que as impedem de estar no mesmo patamar comparativo, gerando uma carência na igualdade das oportunidades. Um exemplo claro de compensação desses pontos seria as cotas: faculdades com vagas exclusivas para negros e empresas com vagas para deficientes físicos.

Mas a discussão não para por aí: com o advento da transformação digital, deparamos com a evolução do *mindset*, onde incentivamos times a trabalhar de forma colabo-rativa, ressaltando que não existem entregas individuais e sim em grupo. A agilidade traz ferramentas onde o trabalho a ser desempenhado é planejado a partir de uma média de pontos entregues (*story points*) em determinado período de tempo (*Sprints*), que faz com que o time se organize para entregar o que foi combinado.

Então onde entraria a avaliação individual que cedesse insumos para práticas merito-cráticas dentro de times ágeis colaborativos que fazem uma entrega em grupo? Sendo que na maioria das vezes trabalhamos com uma gestão matricial e não somente com a gestão funcional? Esse é um dos grandes desafios de RH da atualidade: conseguir que sejam avaliadas as competências individuais necessárias para desenvolvimento da função ocupada ou papel desempenhado na comunidade ágil, de forma que con-tribua para o aumento da produtividade coletiva. Segundo Drucker (2008), a função da gestão é fazer as pessoas serem capazes de trabalhar em conjunto.

O princípio de maior valor dentro desse sistema de avaliação por competências está na transparência dos critérios utilizados para comparações no ciclo curto e constante de *feedback* e, por fim, na clareza da comunicação das regras e do objetivo da me-ritocracia. Todos precisam se sentir confortáveis com o resultado alcançado e tanto gestores como o RH precisam estar sempre disponíveis para conversas com funcioná-rios que porventura questionem a efetividade desse sistema e da avaliação recebida.

Podemos concluir então que, se a meritocracia é o sistema da avaliação de competências individuais, e a avaliação de desempenho (tratada em outro capítulo) traz o resultado do mérito individual, é através desse sistema meritocrático que são classificados os colaboradores elegíveis à premiação de acordo com seu desempenho. Quando praticada de forma correta, traz bons resultados de produtividade para a empresa, através do estímulo a uma competição sadia entre colaboradores; quando praticada de maneira que foge do seu propósito principal, pode desestimular pessoas que se sentem prejudicadas por deficiências que não dependem apenas de si, como a ausência de oportunidades adequadas para que seus talentos sejam mostrados.

45. Modelos de gestão organizacional

Robson Carmo

Os modelos de estruturas organizacionais correspondem ao desenho hierárquico de uma empresa, isto é, como a organização está formalmente estruturada. Os gestores consideram informações críticas ao negócio como o ramo de atuação, o propósito, o porte e os objetivos estratégicos para definir a configuração mais eficiente, resultando no modo pelo qual as atividades, decisões e comunicações serão executadas no dia a dia. Neste capítulo, abordaremos modelos organizacionais tradicionais, sendo eles: linear, funcional, linha-staff, matricial e departamentalização. Atualmente, um novo modelo surgiu com uma abordagem mais flexível, que chamamos de holocracia.

Linear

O modelo **linear**, conforme Figura 45.1, é amplamente utilizado, principalmente por empresas de pequeno porte. Há uma alta influência da estrutura militar e fácil visualização da estrutura de comando e controle e, respectivamente, a autoridade do chefe vista como superior aos seus colaboradores. É possível observar preferência por transferir problemas ou pendências para outras áreas, resultando em pouco engajamento organizacional. Neste cenário, as áreas tendem a valorizar apenas as suas atividades e não o processo com uma visão ponta a ponta. A seguir apresentamos uma visualização gráfica para facilitar o entendimento.

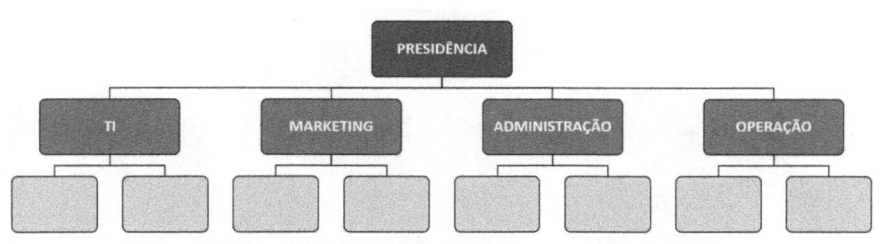

Figura 45.1. Exemplo hierárquico de estrutura organizacional linear.
Fonte: o autor.

Funcional

O modelo **funcional**, conforme Figura 45.2, é similar ao linear, exceto que o comando ocorre pela especialização da função. Há uma busca pela performance organizacional e os chefes não possuem controle absoluto dos seus colaboradores, logo, é possível ocorrer gerência de colaboradores de uma área por outra área. Esta estrutura é indicada para empresas cujo ambiente não tenha mudanças constantes e seja de pequeno ou médio porte. Para empresas em constante mudança ou de grande porte, este modelo tende a tornar a comunicação e o alinhamento estratégico ao longo da organização ineficazes e confusos.

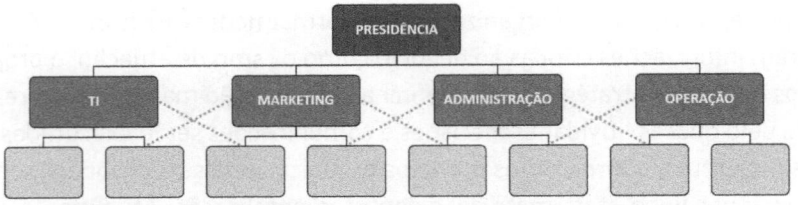

Figura 45.2. Exemplo hierárquico de estrutura organizacional funcional.
Fonte: o autor.

Linha-staff

O modelo **linha-staff**, conforme Figura 45.3, une o linear com o funcional, destacando-se pela existência de uma ou mais áreas especializadas que funcionam unicamente como consultoria, portanto, responsáveis por realizar análises e fornecer parecer técnico para outras áreas, mas sem autoridade para direcionamentos formais ou tomada de decisão. Uma linha-staff, muito comum em empresas de médio e grande porte, é a arquitetura corporativa, responsável por fornecer informações estratégicas ao *core board* e prover um *backlog* de projetos que visem o crescimento da empresa alinhado aos temas estratégicos.

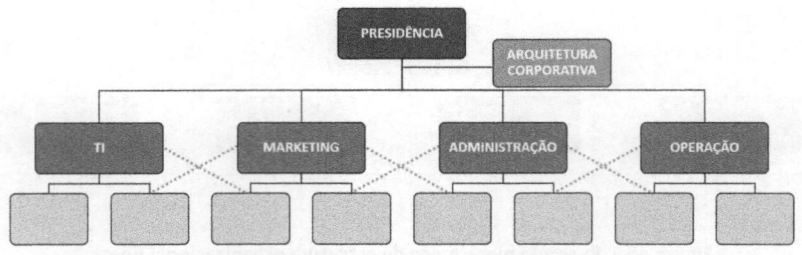

Figura 45.3. Exemplo hierárquico de estrutura organizacional linha-staff.
Fonte: o autor.

Matricial

O modelo **matricial**, conforme Figura 45.4, é amplamente utilizado por empresas que fornecem serviços de consultoria e pode ser visto como uma evolução do funcional, sendo possível ter áreas especializadas como linha-staff. Neste modelo, temos áreas funcionais especializadas, influências entre colaboradores de áreas distintas e um novo elemento unificante: o projeto. O projeto será uma iniciativa que engaja diferentes áreas, normalmente liderada por uma pessoa externa às áreas envolvidas. Os colaboradores responderão ao chefe da área e ao líder do projeto. Por fim, é comum termos uma área especializada em governança de projetos, muitas vezes denominada PMO (escritório de projetos).

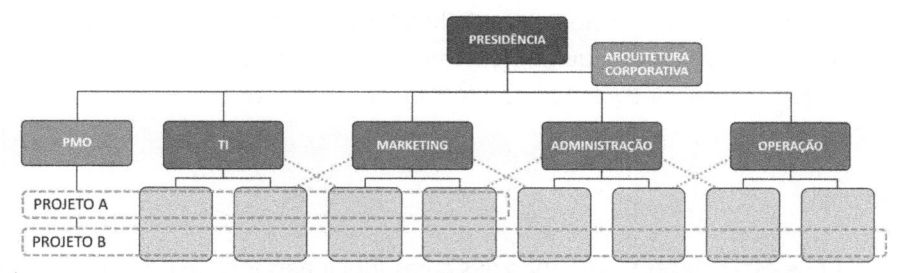

Figura 45.4. Exemplo hierárquico de estrutura organizacional MATRICIAL.
Fonte: Elaborado pelo autor (2020).

Departamentalização

O modelo **departamentalização** é uma subdivisão da estrutura organizacional que poderá ocorrer por região geográfica ou territorial, clientes, processos e projetos. A seguir oferecemos mais detalhes e exemplos:

Geográfica ou territorial

Empresas geograficamente espalhadas, normalmente multinacionais, que estabelecem sua divisão hierárquica por território de atuação, cujo principal objetivo é adaptar os produtos, bens ou serviços ofertados ao mercado local e manter as áreas alinhadas a uma cultura e processos organizacionais "globais". Observa-se este modelo em corporações provedoras de software, onde há áreas com atuação no mercado local, mas com dependências globais.

Clientes

Empresas que estabelecem o desenho das áreas funcionais focado nos seus diferentes públicos. Observa-se este modelo em lojas de sapatos, onde é possível ter departamentos especializados em moda infantil masculina, infantil feminina, adulta feminina, adulta masculina, etc.

Processos

Empresas que estabelecem o desenho das áreas funcionais focado no processo produtivo. As áreas serão especializadas em uma etapa do processo produtivo. Um dos grandes benefícios deste modelo é a possibilidade da economia em escala. Observa-se este modelo em fábricas de equipamentos eletrônicos, onde há áreas responsáveis por montagem, solda, elétrica, testes, pintura, etc.

Projetos

Empresas que estabelecem o desenho das áreas funcionais focado no produto gerado por um projeto. Entre as vantagens competitivas, pode-se destacar orientação ao resultado esperado pelo projeto, reaproveitamento de colaboradores especialistas em diversos projetos e maior capacidade de adaptação a movimentos do mercado, como novas tecnologias. Observa-se este modelo em construtoras e agências publicitárias.

Holocracia

O modelo **holocrático**, conforme Figura 45.5, foi desenvolvido por Brian Robertson e consiste na divisão organizacional por equipes, também denominados círculos, com funções especializadas e autogerenciadas. Os indivíduos podem desempenhar múltiplas funções e respectivamente atuar em diferentes times. As decisões não são centralizadas no gestor, mas nas equipes, resultando em autonomia, sentimento de empoderamento e aumento da velocidade de reação a fatores internos ou externos. As equipes ou círculos são responsáveis pela execução, medição e melhoria contínua do trabalho pelo qual são responsáveis; são formados tendo clareza do propósito, domínio e responsabilidade, resultando em maior transparência do foco do time e interdependência de outros times. Empresas com foco em inovação podem ver neste modelo um grande diferencial estratégico.

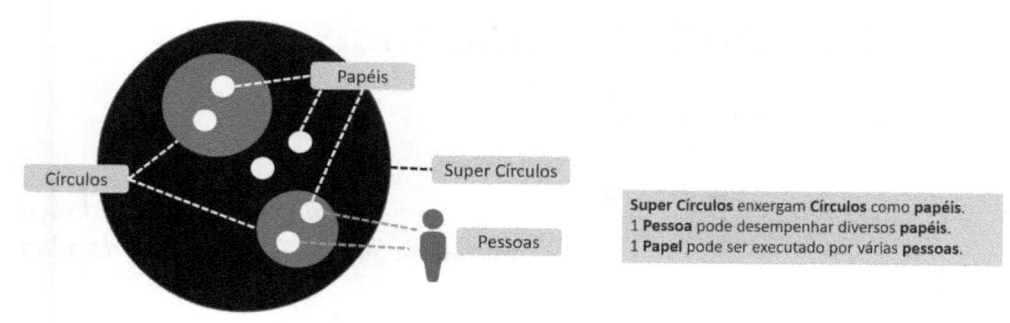

Super Círculos enxergam **Círculos** como **papéis**.
1 **Pessoa** pode desempenhar diversos **papéis**.
1 **Papel** pode ser executado por várias **pessoas**.

Figura 45.5. Exemplo de estrutura organizacional holocrática.
Fonte: o autor.

Modelos organizacionais e práticas ágeis

Para concluirmos o capítulo, apresentamos uma tabela comparativa entre os modelos organizacionais abordados e sua respectiva adesão a práticas ágeis.

Tabela 45.1. Comparação entre modelos organizacionais e adesão a práticas ágeis.
Fonte: o autor.

	Menos flexível			Mais flexível
	Linear	Funcional	Matricial	Holocracia
Decisão centralizada na alta gestão	✓	✓	✓	
Times autogerenciados			✓	✓
Time empoderado para decisões				✓
Autoridade baseada em conhecimento		✓	✓	✓
Absorve mudanças com facilidade				✓
Foco no cliente			✓	✓
Incentiva especialização dos funcionários	✓	✓	✓	✓
Incentiva funções em especialização T				✓
Incentiva relacionamento dentro da área	✓	✓	✓	✓
Incentiva relacionamento entre diferentes áreas			✓	✓
Incentiva o colaborador a transitar por outras áreas				✓
Foco em inovação			✓	✓

46. Tornando a saída mais humanizada

Regiane Moura Mendonça
Fernanda Santos Tenreiro Quintanilha

É preciso coragem para admitir que se está fazendo alguma coisa de maneira errada, para se admitir que se tem algo a aprender, que há uma maneira melhor de fazer. (W. Edwards Deming)

É fato que a saída de um colaborador de uma empresa é algo traumático para ele. Mas a boa notícia é que podemos realizar ações que reduzam significativamente esse trauma.

O processo de desligamento

Desde 2018, estamos passando no Brasil por uma crise. É impossível encontrar alguém que não conheça um brasileiro que tenha passado por um desligamento nos últimos meses.

Entretanto, poucas empresas ainda entendem os impactos que um desligamento pode causar na vida do profissional, na organização e até na sociedade.

O desligamento deve ser a última alternativa, após o colaborador ter todas as oportunidades de desenvolver os pontos, que podem ser técnicos, comportamentais, ou ambos, que possam levar ao desligamento.

Para isso, é importante ter um *feedback* eficiente e contínuo, que oriente o colaborador em seus pontos a desenvolver. No Capítulo 34 (*Feedback*), você poderá ter mais orientações sobre esse processo.

O processo precisa ser rápido, para evitar vazamentos de informações e principalmente mal-estar na equipe.

Algumas práticas também são recomendadas, como não desligar na sexta-feira e nem no retorno das férias. Porém, são práticas comuns.

Ao desligar um colaborador, é importante que ele tenha consciência do motivo que gerou esse desligamento, embora dificilmente ele irá concordar. Conforme a legislação, a empresa não precisa ter causa justa para decidir por um desligamento.

Além disso, é importante evitar "fofocas" e impedimentos ao colaborador no momento de "arrumar as coisas" para sair.

O ideal é que a comunicação do desligamento seja realizada pelo gestor imediato, que terá maior possibilidade de explicar a situação, embora seja muito comum a área de recursos humanos participar desse momento.

Esse momento pode trazer incertezas, inseguranças e ansiedade. Por isso, é preciso estar bem analisada e definida a realização do desligamento.

Sugere-se fazer a entrevista de desligamento no momento da homologação, onde a carga emocional do momento do desligamento já está mais controlada e a entrevista poderá ser mais íntegra. No momento do desligamento, é mais comum o profissional falar coisas que está sentindo apenas pelo momento e que não refletem o período que passou na empresa.

A humanização do processo de desligamento

Um processo de desligamento humanizado inclui apoio ao profissional desligado, para reduzir assim o impacto do desemprego, a insegurança e a desestabilização nas finanças.

É necessário muito cuidado e principalmente respeito com o profissional que está sendo desligado. E tudo isso começa com a comunicação. Os efeitos podem trazer consequências para o profissional e a organização.

Os líderes precisam ser preparados para realizar esse processo com seu colaborador.

Os procedimentos de um desligamento devem ser feitos com responsabilidade, atentando para prazos, proventos e descontos de direito do profissional.

Lens & Minarelli (2016), uma das maiores consultorias de *outplacement*, relaciona os 10 princípios da demissão humanizada:

1 – a demissão deve ser um recurso extremo;

2 – a decisão de demitir deve ser colegiada, envolvendo o chefe, o chefe do chefe e o RH;

3 – a demissão deve ser tratada individualmente;

4 – o motivo da demissão deve ser comunicado e esclarecido;

5 – a demissão deve ser feita em local reservado;

6 – o demitido deve ter chance de falar e perguntar;

7 – o demitido deve ser tratado com respeito;

8 – o demitido deve ser reconhecido e recompensado (quando possível);

9 – o demitido deve ser ajudado na busca de um novo trabalho;

10 – os não demitidos devem ser cuidados e tranquilizados.

Humanizar o processo de desligamento também reduz a quantidade de processos trabalhistas, pois o profissional, ao se sentir respeitado e cuidado nesse momento, tem maior possibilidade de manter um vínculo emocional com a empresa.

Outplacement

O processo de *outplacement* é a primeira solução oferecida aos profissionais em momento de desligamento como forma de reduzir seu impacto.

Ele consiste em apoiar a recolocação, oferecendo ajuda profissional, facilitando a busca por uma nova colocação, através de indicações e recomendações para outras empresas, além de suporte emocional.

O *outplacement* traz inúmeros benefícios para a empresa e para o profissional demitido, dentre os quais podemos destacar:

- ✓ **Para as empresas:** redução do impacto emocional negativo na equipe, melhora nas relações trabalhistas e redução de custos com processos mal conduzidos.
- ✓ **Para os profissionais demitidos:** orientação psicológica, reflexão sobre a carreira e autoconhecimento.

Esse processo é custeado pela empresa, durante o período de transição de carreira do profissional.

PARTE V. *CASES* PARA INSPIRAR SUA JORNADA

47. Ensinando agilidade na prática

Rodrigo Monteiro

Tenho uma equipe de nove pessoas. Estamos juntos há mais de cinco anos e cada um está com a mesma responsabilidade por muito tempo. Por mais que haja um ambiente interno favorável na organização (bom clima, bom relacionamento, pessoas se respeitando mutuamente, etc.), os anos de convivência trouxeram desgaste no nosso relacionamento, algo comum para nós seres humanos. Olhando um ano para trás, fica evidente que a gente já não andava se suportando. Qualquer comentário era motivo para trazer um ambiente mais carregado. Se você entrasse na sala e não desse bom dia, o clima mudava – não que a gente se agredisse verbalmente ali na hora ou alguma coisa mais evidente, porém era perceptível que a coisa não estava boa. Cada um cuidava do seu trabalho e não havia interação entre os processos. A visão era: "eu sou dono do meu processo, você do seu e bola para frente!".

Sem comunicação dentro da equipe, sem interação, claro que estava tudo desorganizado. Onde estava a versão mais recente do documento? Quais as etapas do processo x, y ou z? Como o colaborador faz para solicitar uma alteração de benefícios? Quantas pessoas contratamos no mês passado? Quais serão as próximas comunicações internas da área? Algum treinamento está coincidindo com outro? Claro que todas essas informações existiam, mas onde estavam? Até aquele momento, na cabeça das pessoas somente. Soma-se a isso um excessivo volume de solicitações e com prazos super apertados (alguma novidade aqui?). Gerentes e colaboradores querendo tudo para ontem... ou melhor, para antes de ontem...! O volume de pedidos estava tão grande que muitas vezes esquecíamos do que estava sendo solicitado e só lembrávamos quando éramos cobrados pela área. Desorganização, excesso de demanda... é óbvio que não tínhamos tempo para gerar números que embasassem nossas decisões. Melhorar ou mudar algo? Melhoria contínua? Como? Não havia tempo e a galera estava acomodada.

Muitas pesquisas por aí dizem que as pessoas passam poucos anos nas empresas; contudo, eu e minha equipe somos a exceção à regra. Quem chegou por último foi cinco anos atrás, eu tenho 13 anos e os demais estão entre um e outro. Trabalhando em uma excelente empresa, com bom clima interno, sendo respeitado pela chefia e liderança, por mais que sejam excelentes fatores, no longo prazo eles trazem o fantasma da acomodação. Daí você fica estagnado na carreira, só olha para dentro da sua caixinha e não se importa com o que acontece no mundo ao seu redor.

Olhando para esse ambiente catastrófico, você pode pensar que nada funcionava. A verdade é que, mesmo com tudo isso, a operação funcionava sim, não tínhamos problemas. Por que mudar? Mudar dá trabalho. Como gestor, sei que boa parte do problema era meu. Mas eu confesso, andava cansado. Treze anos dentro da mesma organização e me rendendo ao fantasma da acomodação. Pensar em transformar todo o cenário visto antes me deixava desmotivado. Se funcionava e não havia grandes problemas, estava bom. Entretanto, eu sempre fui uma pessoa muito antenada com tudo que rolava fora da organização (sou professor de MBA e preciso estar sempre atualizado), acompanhando as ideias de pessoas importantes do mercado, vendo novas e interessantes práticas de gestão surgindo nos últimos anos, palestrando e participando de eventos com as pessoas mais diversas do mundo, tudo isso me gerava muito *insight*. E foi quando um certo dia eu parei e disse para mim mesmo: "eu preciso fazer alguma coisa. Não posso viver essas duas realidades ao mesmo tempo: estagnação do meu departamento e tudo isso que vejo quando olho para fora!". Era hora de mudar. Não me recordo exatamente qual foi o estalo, o clique da mudança, porém, a partir de setembro de 2019, eu iniciei um trabalho com o grupo que hoje (enquanto escrevo este caso) completa seis meses – e os resultados me enchem de orgulho! Mas antes de falar de resultados, vamos ver o que foi feito!

Agora eu quero que você entenda um pouco mais sobre como o RH está estruturado, para fazer sentido quando eu mencionar a aplicação de cada uma das ferramentas e práticas que passamos a adotar. Junto com minha equipe cuidamos da operação de RH para a América Latina de uma multinacional do setor de tecnologia. São cinco países: Argentina, Brasil, Chile, Colômbia e México. Eu como gerente e mais dois consultores internos de RH atuamos como primeiro ponto de contato da área, considerando uma matriz de divisão geográfica e departamentos internos – então, a depender do departamento e de onde está o cliente interno, ele deverá falar com um de nós três. Os outros seis integrantes do grupo estão divididos em grandes áreas de responsabilidade (subsistemas de RH): remuneração e benefícios, folha de pagamentos, saúde e segurança ocupacional, responsabilidade social e diversidade e comunicação interna.

Para começar o processo de mudança, eu chamei meu grupo para uma conversa franca, aberta, e compartilhei com ele como eu me enxergava como profissional naquele momento. Aquela coisa de estar estagnado dentro do departamento, mas ao mesmo tempo vendo coisas incríveis acontecendo no mercado e que eu queria muito viver. Disse que havia um monte de coisas maravilhosas das quais precisávamos ser parte. Até porque isso impactaria nossa empregabilidade, caso a gente saísse do emprego atual (por qual motivo fosse). Não começar uma mudança de *mindset* agora poderia ser a barreira para ser aceito pelo mercado de trabalho no futuro. No fim, contestei como se enxergavam, o que buscavam para suas carreiras, que sonhos tinham, se estavam felizes no ambiente de trabalho que a gente vivenciava, entre muitas outras coisas. Depois eu me comprometi com eles que eu seria o motor que daria força à mudança que estava propondo – que eu faria o meu melhor para que a gente trabalhasse de forma mais organizada, produtiva e, acima de tudo, que a gente se divertisse no trabalho – que o *happy hour* também pudesse ser às segundas às 8 horas da manhã e não somente às sextas às 18 horas. Daí o nosso lema passou a ser aprender e se divertir no trabalho.

Como eu disse, sempre olhei muito para as práticas modernas de gestão, o que me fez conhecer a metodologia ágil. Demorei a entender que ser ágil não era ser rápido. Demorei ainda mais a entender que, como todo esse contexto ágil surgiu na área de tecnologia, era preciso adaptar as coisas para um RH (ou qualquer outra área e cenário empresarial). Eu já vinha estudando tudo isso há muito tempo, e no momento da minha mudança junto ao time eu tinha conhecimento suficiente para fazer das práticas ágeis o modelo de gestão certo para toda a transformação que estava por vir.

A empresa em si vem implementando metodologias ágeis, mas é uma organização gigante e isso acontece a passos lentos. De qualquer forma, esse movimento fez com que o meu pessoal tivesse tido contato com um curso interno sobre metodologias ágeis e era só isso. Assim, eles não estavam tão inteirados dos conceitos como era necessário e não havia tempo para um ensinamento profundo. Então, todo o processo de aculturamento se deu através de muitas conversas, artigos curtos, vídeos da internet (palestras, conceitos, *cases*), *podcasts*, etc. Dedicávamos algum tempo para o conceito e muito para a prática, pois era ela que trazia o real entendimento e, principalmente, a mudança do hábito da velha gestão para a nova gestão.

Para esquentar os tambores, começamos com *daily stand up meetings*. Não, não era para revisar o andamento de um projeto ou algo do tipo – era para cuidar da nossa operação de forma rápida e simples, não burocrática, para que a gente soubesse o que estava rolando no departamento como um todo. O pessoal chegava, olhava suas agendas e planejava o dia. Então selecionavam de três a cinco assuntos que seriam seus *targets* naquele dia, cada um anotava em um *post-it* e colava em um quadro branco dentro da sala do departamento. Entre 9:00 e 9:20 todos apresentavam seus pontos, já sinalizavam se iriam precisar da ajuda de outro membro da equipe, e com isso o dia começava. Às 15:40 a gente se reunia novamente para ver como fomos, o que foi fechado, o que ficou aberto e o porquê. O assunto em aberto era levado para o dia seguinte ou reagendado (por exemplo, quando dependia de um outro ator que só poderia devolver o tema tempos depois). O que aconteceu foi que todos os dias, duas vezes no dia, estava sendo muito para que tivéssemos tempo hábil de tocar tudo. Então mudamos e experimentamos todos os dias, mas agora uma vez no fim da tarde, com 40 minutos de duração. Hoje fazemos duas vezes na semana, 1 hora cada reunião – foi o que funcionou para a gente. Às vezes nem todos estão na sala por causa de outras reuniões internas, mas tudo bem – vai com quem estiver ali na hora. Os principais ganhos? Agora todos sabem o que todos estão fazendo e acabou aquele sentimento de que um faz mais que o outro. Além disso, ao entender os desafios dos membros da equipe, as pessoas passaram a se solidarizar e ajudar, sem que houvesse necessidade de eu solicitar como gerente. Para mim, um dos principais ganhos foi que hoje eu não preciso estar na sala para a reunião acontecer.

As *daily stand up meetings* nos levaram naturalmente ao *backlog*. Os assuntos que não eram resolvidos em um dia ficavam para o outro e o *post-it* se acumulava no quadro. No início, não estávamos quantificando, apenas criando o hábito. Com o tempo, eu propus uma planilha colaborativa onde lançaríamos nossas ações do dia a dia. Chamei a planilha simplesmente de *HR Backlog*. Cada tarefa da nossa operação tinha o status de "não iniciado", "aberto" e "fechado" – o que nos levou a um *Kanban* e a saber quem estava com algum gargalo que acumulava solicitações não resolvidas (com o status de "aberto"). Porém, é como eu disse lá no início: um dos grandes problemas que tínhamos (temos) é o excesso de solicitações e pedidos. O elevado número de ações a serem jogadas na planilha fez com que o grupo rejeitasse a ideia de um *backlog* para todas as demandas. Eles acabaram pedindo para que tivessem seus próprios controles para a operação. Aceitei e não desisti. Isso me levou a ter um *backlog* mais estratégico, apenas com os grandes projetos e ações de melhoria da área. Assim, eu poderia ter a visibilidade do todo.

Por falar em ações de melhoria, uma outra grande mudança que ocorreu foi como passamos a olhar para nós mesmos em relação ao restante da empresa. Logo no início desse trabalho, fizemos um levantamento de quem somos, como as pessoas nos enxergavam e quais eram (são) nossos principais papéis. Organizamos tudo em uma matriz SWOT, criamos objetivos usando a metodologia de OKR (*Objectives and Key Results*), um *dashboard* com informações importantes para ajudar no processo de decisão e juntando tudo isso passamos a fazer uso de um aspecto importante dentro dos ensinamentos do *Lean*, que é a gestão visual. Hoje, nossos objetivos, propósito e KPIs estão em um quadro de gerenciamento visual, o que nos ajuda a observar nosso progresso regularmente.

Toda essa análise estratégica nos fez conscientes dos problemas que mencionei no início do caso. Com isso, acordamos que precisávamos de alguns projetos internos, referentes à melhoria contínua. Como exemplo, vou citar o projeto que batizamos de "Desvendando o RH". O objetivo era mapear nossos processos e documentá--los. Além de permitir uma melhor organização, qualquer um poderia conhecer o processo e ajudar em atividades que não eram as suas principais. Como fizemos nossos projetos de melhoria acontecer? *Scrum*. Criamos nossos épicos, *user stories*, atividades e *Sprints* de entrega e retrospectivas. Dessa forma estamos conseguindo ver o quanto evoluímos e mensurar nosso avanço. Mas ainda é um grande desafio gerenciar o tempo para cuidar da operação e atuar em ações de melhoria do departamento. Enquanto escrevo este caso, o projeto "Desvendando o RH" ainda não terminou. Elencamos dez processos principais e tem sido muito difícil achar o equilíbrio certo entre o tempo para cuidar da operação do departamento e das ações de melhoria.

Conforme a energia do time subia, os relacionamentos se estabilizavam. Saber o que o colega estava passando em um determinado projeto comovia. E isso permitiu que o time trabalhasse ainda mais unido. Tirando vantagem deste contexto, foi a vez de eu introduzir os *squads* na nossa operação. Como citei anteriormente, em geral, o departamento de RH está estruturado em grandes áreas de responsabilidade. Mas acontece que, em algum momento, as tarefas dessas áreas se entrelaçam. Por exemplo, responsabilidade social e diversidade é uma área que faz muitos eventos – eles têm experiência com isso. Comunicação interna é a área responsável por fazer o marketing do evento, seja para atrair público ou dar visibilidade ao que foi feito. Nesse sentido, identificamos a oportunidade de criar um *squad* para "Eventos", que é formado por pessoas da área de responsabilidade social e diversidade e comunicação interna. E assim fizemos para várias outras frentes. Criamos um quadro que mostra os *squads*, e o compromisso de todos é que isso seja apenas uma forma de visualizar o processo e não um limitador. Ninguém é dono de um processo, o *squad* é um direcionador. O RH é de todos, esta é uma premissa do grupo.

Com a casa mais arrumada e a moral do time elevada, era hora de ir ao *gemba*, que é o local onde as atividades de fato acontecem. O time de RH começou a fazer visitas às áreas nos diferentes turnos que a operação da empresa funciona e a estar mais presente dentro das reuniões de equipe das outras áreas – vários times passaram a adotar reuniões regulares entre seus colaboradores e o RH para tratar de assuntos gerais, com o simples objetivo de ter o RH por perto, como parceiro estratégico da organização.

Lembra do eNPS explicado no Capítulo 39? Recentemente, adotamos essa prática. Além disso, perguntamos o porquê – o que nos ajuda com a análise qualitativa da coisa. Na primeira rodada (20 dias de pesquisa rodando), conseguimos que 30% dos colaboradores respondessem e chegamos a um NPS de 53,5%, estando em uma zona de qualidade. Mensurar nosso trabalho através do NPS nos deu a oportunidade de saber exatamente o que as pessoas estão pensando sobre o que entregamos. Os resultados positivos animaram a equipe e os negativos mexeram com a estima do pessoal, e agora eles querem melhorar ainda mais!

Todas essas mudanças estão relacionadas muito mais ao comportamento do que a qualquer outra coisa. Assim, para que eu possa continuar essa mudança, que é abastecida pela contribuição de todos, preciso estar perto e apoiá-los, seja no con-texto operacional da área ou no contexto comportamental e pessoal dos membros da equipe. Como líder, é meu papel cuidar disso. Assim, a cada dois meses tenho sessões formais de *feedback* e *feedforward* (ligadas à avaliação de performance im-plementada pela empresa) com cada membro do time. A cada 15 dias tenho reunião operacional de 45 minutos com cada área; e no dia a dia sempre há espaço para um cafezinho e uma conversa livre para saber como estão as coisas. Ah, sem contar nossos *standups* semanais!

Não há dúvidas de que temos tido bons resultados (e menos dúvidas de que a ca-minhada ainda é longa). Melhoramos nosso relacionamento, estamos mais bem organizados. Os processos estão mais visíveis. Agora temos uma boa ideia de onde estamos e conseguimos mensurar nossa demanda. Sabemos onde estão nossos gargalos e conseguimos mostrar para a direção da empresa o quanto entregamos e o valor agregado nisso. Está dando trabalho, mas está valendo muito a pena!

Mas, no fim, qual é o resultado real disso tudo? Que diferença isso faz? Tenho certeza de que estamos vivendo a agilidade na prática e que os resultados maiores ainda estão por vir. É apenas o começo de uma mudança de era quanto à forma de trabalhar. Acredito que a felicidade precisa fazer parte disso. Não se iluda, não estou falando de um mundo de fantasia (nada do que contei vem avançando de forma fácil, há muitos desafios no caminho). Qualquer ambiente operacional de qualquer empresa é estressante. Contudo, se conseguirmos estar mais bem organizados e buscarmos a felicidade e a satisfação no que fazemos, temos tudo para sermos agentes de mudança e deixar a nossa contribuição para um mundo verdadeiramente melhor!

E você, quando vai começar a sua jornada do RH ágil?

48. A aplicação do *Ikigai* como instrumento de desenvolvimento e descobertas de carreira

Bruna Emanuelle von Runkel
Anderson Jordão Marques

O que faz uma pessoa realmente gostar de dançar, enquanto outra prefere inventar pratos completamente inusitados e saborosos? O que ocorre quando um aposentado deixa de praticar a atividade laboral que fazia com maestria e amor? Qual o limite exato entre uma atividade identificada como *hobby* e uma atividade laboral? E se você tivesse escolhido uma outra carreira? Essas e outras tantas perguntas refletem o autoquestionamento de muitos profissionais ao longo de sua jornada profissional.

Dentro das organizações, as dúvidas sobre carreira também surgem. Alguns profissionais buscam, na própria instituição que trabalham, uma definição de carreira e próximos passos a serem seguidos, correndo um alto risco ao terceirizar uma decisão que deveria ser sua. Em outras situações a própria instituição/organização se propõe a responder a essas dúvidas, trazendo uma grande variedade de definições de cargos e suas respectivas descrições para apoiar os profissionais nessa busca. Qual o espaço do RH ágil nesse cenário tão comum de profissionais e organizações?

Nos últimos anos, a coautora deste capítulo, Bruna, tem atuado fortemente no reforço da cultura ágil em uma grande organização de software. Sem dúvida, aprendeu muitas coisas e tem se reinventado como profissional de RH. Sendo psicóloga com foco em orientação profissional e desenvolvimento de carreiras, identificou uma oportunidade de trazer reflexão sobre a subjetividade de cada indivíduo, o espaço de desenvolvimento do seu desejo e a compreensão e construção do seu projeto de vida profissional. No Capítulo 5, foi falado sobre os valores e princípios do manifesto ágil. É papel do RH ágil trabalhar para que indivíduos e interações estejam sempre em ordem prioritária em relação a processos e ferramentas – isso também significa compreender a singularidade que existe dentro de todo esse plural.

A melhor forma que ela encontrou de trazer o tema de autoconhecimento e questões fundamentais tão profundas para um ambiente de ritmo acelerado, tal qual uma organização produtiva se apresenta, foi incluir um módulo chamado *Ikigai* na jornada de aprendizagem do *workshop* de *Management* 3.0 que lecionou em parceria com a *Agile Coach* do grupo.

O que é *Ikigai*? É um termo japonês que não possui tradução literal para a nossa língua, mas que, segundo Ken Mogi (2018), pode ser compreendido como "razão de viver" e "o que te faz levantar pela manhã" (sem considerar o despertador, é claro). Seguindo a premissa do *Ikigai*, cada um teria o seu. Encontrar o seu *Ikigai* significa uma intensa e, muitas vezes, profunda busca de si mesmo.

Ao incluir o módulo *Ikigai* nos nove *workshops* de *Management* 3.0 realizados com a liderança do público que ela atende como *business partner*, observou boa aceitação e receptividade para o tema, curiosidade e momento de introspecção. A essência dessa prática foi trazer o tema para reflexão e munir as lideranças com ferramenta para o seu desenvolvimento e de seus times, mantendo como pano de fundo o planejamento de carreira e desenhando assim um plano ou projeto. Conforme Dias e Soares (2009), em quase todas as circunstâncias vividas precisamos de um projeto, uma antecipação da ação ou uma projeção de si no futuro.

A seguir, apresentamos as etapas de construção do *Ikigai*, a forma como foi aplicado em grupo e a relação com o projeto profissional de cada um.

Ao total foram nove *workshops* de *Management* 3.0 com carga horária de 16 horas cada. Entre os temas relevantes de gestão, destinamos duas horas para introduzir o *Ikigai* como ferramenta de desenvolvimento. Bruna começou explanando o desenho e o esquema (Figura 48.1) e a seguir relata, para exemplificar, o conteúdo da instrução dada na ocasião dos *workshops*.

Figura 48.1. *Ikigai*.
Fonte: adaptado de Mogi (2018).

Primeiro devemos nos perguntar: o que mais amo? Para encontrar essa resposta, cada um precisa mergulhar em suas lembranças e *flashes* de memória dos momentos mais felizes. A ideia aqui é completar com tópicos de atividades realizadas, momentos marcantes e até contínuos ao longo do ciclo da vida. Não escrever nome de pessoas ou objetos, mas sua relação/atividade com estes.

Um exemplo de como preencher um *Ikigai* seria na área do "o que mais amo" colocar coisas relacionadas com dança, música, estar com o corpo em movimento e ritmo. Tomar café da manhã demoradamente, com calma, bem completo, um cardápio variado e principalmente estar com quem se ama. Coração em passo tranquilo, atividades bem mapeadas e planejadas para o dia. Boas risadas com familiares, tempo de qualidade juntos e uma perspectiva de futuro visualizada com ações no presente em execução.

Em seguida devemos perguntar: o que o mundo mais precisa? Aqui é importante pensar e deixar fluir as respostas: difícil responder essa pergunta em poucas palavras, não é? Considere focar no filtro que você utiliza para ver o mundo e faça sua lista. Antes de ler o próximo parágrafo, faça isso. O exemplo que compartilharemos com você nas próximas linhas não deverá norteá-lo, somente servirá de apoio para que você compreenda que está no caminho certo.

Podemos incluir na lista de pedidos ao mundo mais amor, afeto, empatia, crianças com uma perspectiva de vida saudável, promissora e feliz. Pode parecer óbvio, mas não é. Cada pessoa é única e tem uma tendência a ver o mundo pelo seu mundo interno. Essa lista nos dirá muito mais sobre cada um de nós e muito menos do mundo propriamente dito. Então, veja novamente sua lista e observe suas características pessoais nela. O que difere da lista que apresentamos? Registre seus principais *insights* antes de seguir para a próxima etapa.

Agora iremos refletir sobre: pelo que posso ser pago? É comum que no momento em que se faz essa pergunta as pessoas respondam naturalmente "pelo meu trabalho". Claro, mas pense agora que você não possui esse ou aquele trabalho. Pense em atividades separadamente. Pense no que você faz que de alguma forma seria importante para outras pessoas, comunidades ou grupos, de tal forma que você poderia ser pago ou até trocar por algo que fosse igualmente importante para você. Quando estiver confortável, escreva sua lista. Da mesma forma como no ponto anterior, procure não ler o próximo parágrafo sem antes finalizar sua lista. Se achar que não está completo o suficiente, ou pouco inspirado, guarde a atividade para outro momento.

A experiência sobre esse item mostra que pode ocorrer dificuldade para conseguir defini-lo. Então pode ser comum precisar de mais tempo. Podem surgir *insights* em momentos sozinho, tomando banho ou passando as roupas da semana. Na experiência em clínica, essa parte também se demonstrou mais demorada; em um primeiro momento, para o entendimento da pergunta, e depois por conta da complexidade da resposta. Alguns itens que podem surgir são: organização de atividades, priorização de ações em um plano de mudança, identificação de perfis profissionais, mapeamento de habilidades e interesses, mapeamento de perfil de público, análise e estratégias de discurso/comunicação, compartilhamento de conhecimento, entre outros.

Na última etapa pergunta-se: no que sou bom? Nesse caso, tente ser bastante específico sobre o que você faz bem. No *workshop* realizado com os times de lideranças, foi comum observar uma tendência de resposta generalista: "sou bom em liderar". É natural que sejamos mais conceituais nas respostas. Aprendemos a ser assim, pois isso nos poupa um tempo muito grande, e na maioria dos casos conceituar ou resumir pensamentos é uma habilidade muito importante. No entanto, nessa atividade quanto melhor compreendermos o detalhe, melhor será nosso resultado. Por exemplo, a compreensão de uma pessoa sobre atividades de liderança pode ser: conversar diariamente com pessoas, ouvi-las, encorajá-las, desenvolver suas competências. Já para outra pessoa liderar pode ser: delegar, supervisionar, garantir atingimento de resultados, mobilizar pessoas. Enfim, independentemente de qual seja o seu conceito sobre uma competência ou outra, a descrição das atividades dessa competência será uma excelente pista sobre as suas habilidades.

Após completar todas as áreas, cada indivíduo poderá compreender suas tendências de interesses, habilidades e relação com o mundo para então vincular-se com o seu *Ikigai*. Como fazer isso? Verificar as atividades e itens relacionados em todas as áreas e criar legendas para eles, em frases curtas e objetivas. A partir daí, em cada nova escolha de etapa de carreira, pode-se ter o *Ikigai* como suporte ou atualizá-lo conforme as novas experiências e impressões. Ou, ainda, sempre que for organizar uma rotina, fim de semana e férias, orientar-se com base nos momentos de maior satisfação, uma vez que são reconhecidos e tornaram-se conscientes.

Na prática realizada com os grupos de líderes dentro do *workshop* de *Management* 3.0, foi possível observar que trazer o instrumento funcionou como uma ponte de autorreflexão sobre o desejo de cada um, suas maiores satisfações e a relação com o desenvolvimento de seus times. As duas horas que foram destinadas para apresentação e discussão dessa atividade não foram suficientes para a execução na íntegra, mas serviu de canal aberto e um marco para novas conversas e aprofundamentos individuais entre a liderança e o RH. Foi levantada a sugestão de manter grupos focados em discussão de *Ikigai* e carreira, tema que está sendo estudado como proposta para execução em 2020.

Entendemos que o *Ikigai* como instrumento e os insumos teóricos da orientação profissional e planejamento de carreira como pano de fundo podem colaborar muito com a evolução do papel do RH ágil na construção de carreiras. Esse instrumento auxilia o aprofundamento na questão da identidade vocacional no sentido proposto por Bohoslavsky (2015), respondendo aos "para quês" e "por quês" da escolha de determinada profissão. A integração da identidade profissional com as histórias de vida pessoal e familiar serve como um fio condutor na elaboração do projeto profissional; em outras palavras, é a possibilidade de construir uma imagem ideal de si mesmo e cada vez mais autêntica no ambiente profissional. O seu *Ikigai* se baseia em experiências já vivenciadas e, por assim dizer, já assimiladas como referência, ou também em objetivo a alcançar, seu projeto e senso de propósito.

Um dos maiores desejos como RH é contribuir com o bem-estar, a satisfação e a autorrealização das pessoas. Sem dúvida, isso nos encoraja a pensar novas formas de oportunizar desenvolvimento e a refletir sobre nossa prática diária. Somos muito gratos em poder compartilhar com você, leitor, essa técnica utilizada, e esperamos ter contribuído com a sua jornada pessoal e profissional. Participar da rede colaborativa na escrita deste livro nos faz feliz e impulsiona nossa autorrealização, reconhecimento do *Ikigai* e construção da nossa jornada como RH ágil.

49. Como o RH utilizou o *Scrum* e a gestão visual para reduzir a distância entre times distribuídos

Lilian Sanches

Se liderar já é extremamente complexo, imagine para um jovem profissional, sem experiência em posições de liderança, que assumiu a gestão da equipe, sendo esta composta por pessoas que ficam alocadas em outros países, com culturas e fusos horários diferentes, que sequer se conhecem e sem vínculo entre suas atividades? Como transformar pessoas isoladas em um verdadeiro time?

Este era o desafio de um gestor de uma empresa financeira que contava com o suporte da consultora em RH estratégico para solucionar essa questão.

Os primeiros aspectos trabalhados foram a delegação e o acompanhamento da equipe.

Escolhemos utilizar a metodologia *Scrum* com adaptações para a realidade do negócio e área. Partindo do planejamento estratégico da empresa e dos entregáveis previstos para a área, iniciamos o trabalho com a definição pelo gestor da *Sprint* mensal e dos respectivos *backlogs* (atividades e resultados esperados).

Agendamos uma reunião com todo o time para revisão da *Sprint* e dos *backlogs* e consequente definição de responsáveis e prioridades. Utilizamos como ferramenta de controle o Trello, por permitir uma organização das atividades e interação do time de forma gratuita e *on-line*.

Nessa reunião inicial com o time, além da definição de responsáveis e prazos dos *backlogs*, também utilizamos o momento para uma ação extra de desenvolvimento de pessoas.

Como as pessoas se conheciam apenas através de trocas de e-mails e mensagens e tinham pouco interação sobre outros temas que não os essenciais, propusemos uma dinâmica para estimular o compartilhamento do conhecimento. Junto a cada *Sprint* mensal, os integrantes da equipe precisam trazer algo a ser compartilhado com o time, criando uma gestão de conhecimentos e aprendizados. Os itens a serem compartilhados poderiam ser: teóricos, práticos ou um *case* vivenciado no dia a dia do trabalho individual. Cada integrante ficou com a missão de identificar, dentre suas habilidades e experiências, aquelas que seriam relevantes de compartilhar com o time, gerando uma lista de conhecimentos disponíveis.

A cada *Sprint*, os demais integrantes votariam em qual conhecimento possuem mais interesse em abordar naquele mês.

Essa atividade gerou uma interação muito alta entre o time, inclusive inesperada pelo RH e gestor, pois o time começou a conversar entre si, compartilhando sua carreira e vivência para conseguir entender como poderiam ajudar os demais e quais itens seriam relevantes para a equipe. No segundo mês/ciclo de partilhas já era perceptível a criação de uma cultura de apoio e aprendizado constante e a diminuição das diferenças de tratativas para os problemas, gerando enorme sinergia na equipe.

Após a reunião da *Sprint*, o gestor solicitou que todos os dias a equipe realizasse uma reunião em horário predefinido para entendimento do que havia sido feito no dia anterior, avanços junto aos clientes e dificuldades enfrentadas. Por haver dificuldade quanto ao fuso horário de cinco países/regiões diferentes, mais as questões referentes às agendas individuais (por se tratar de equipe com frequentes reuniões e visitas a clientes), nem sempre todos estariam presentes nessa reunião diária *on-line*.

Estabelecemos um membro da equipe para ser o ponto focal. Esse membro teria o papel de unificar e comunicar o andamento das ações e representar os membros ausentes na reunião, para que, mesmo sem todos presentes, a reunião fosse produtiva e com 100% de representatividade quanto às ações.

Foi percebido que, ao notarem a importância da reunião e dos alinhamentos em sua performance, os próprios integrantes acabavam priorizando o horário da reunião em suas agendas, dificilmente se ausentando.

A cada final de mês o gestor realiza uma reunião de fechamento com todo o time e abre uma nova *Sprint* para o mês seguinte. Na sequência, realiza reuniões individuais via videoconferência para realização de *feedback* estruturado em formato de avaliação de desempenho mensal, analisando o que foi realizado e o que pode ser melhorado no próximo ciclo, seja a parte técnica ou a comportamental.

No fechamento de três meses consecutivos utilizando a metodologia ágil para acompanhar a equipe e mensurar seus avanços mais a gestão de conhecimentos, os resultados obtidos foram:

Aumento de autonomia, produtividade e resultados

Antes da implantação da metodologia ágil para gestão da equipe, todas as dúvidas eram tiradas através de ligações individuais ou pelo grupo do WhatsApp do time, sempre sobrecarregado de informações, inclusive algumas sem resposta.

Após a implantação, houve uma notória clareza sobre o que e como fazer. Cada membro da equipe sabia o que era esperado dele, aumentando a autonomia e a segurança na execução de suas atribuições.

Todos os integrantes relataram aumento de produtividade, com maior foco e senso claro de definição de prioridades.

Os resultados da área foram alcançados nos três meses em que o RH realizou o acompanhamento do gestor, tendo um aumento efetivo de mais de 20% nos resultados mês após mês.

Mensuração real dos resultados e avanços

Até a implantação da metodologia, os resultados eram medidos apenas no final do mês, ocorrendo várias vezes de uma pessoa da equipe não conseguir realizar sua parte, impactando negativamente no resultado da área.

Com a metodologia, utilizamos a mensuração de avanços e resultados semanais, com *dashboards* visíveis para o time todo e apresentados nas reuniões diárias. Em geral, sempre que um membro da equipe estava com dificuldade, o próprio time o ajudava a buscar soluções para reverter o cenário e melhorar os resultados.

Equipe mais preparada, engajada e motivada

A utilização de ferramenta de videoconferência e a ação para gestão do conhecimento foram fundamentais para aumentar a sinergia e a integração do time. Através dessas ações, as atividades, mesmo que isoladas, passaram a pertencer a um resultado global e as pessoas se comprometeram a realizar sua parte e apoiar os demais.

A equipe mostrou-se altamente motivada a trabalhar pelo time e por resultados. Durante os três meses de acompanhamento, tivemos duas situações pontuais de questionamentos sobre um integrante estar mais sobrecarregado de atividade do que outro.

Melhoria nos relacionamentos, sinergia e comunicação entre o time

Houve uma melhora significativa na comunicação do time e redução no volume de mensagens trocadas via WhatsApp, direcionando as reuniões diárias para tratativas das atividades e dificuldades e o WhatsApp ficando com uso exclusivo para recados e assuntos menos importantes.

Além das pessoas se conhecerem e interagirem mais, o fato de estarem trabalhando de forma mais próxima com as reuniões diárias trouxe um aumento de sinergia entre o grupo.

Foi percebido e explicitado pelo grupo uma diminuição nas reclamações e cobranças quanto a atividades interdependentes. Antes da mudança era comum casos em que uma pessoa tinha seus resultados prejudicados por conta do atraso ou descaso de outro integrante, o que gerava reclamações e necessitava da intervenção direta do gestor para recombinar atividades e prazos. Com a nova dinâmica, além dos problemas não se acumularem, sendo resolvidos com agilidade, as pessoas se comprometem a realizar tudo aquilo que está sendo levantado na reunião diária.

Processos simples, claros e uniformes

Antes da mudança no modo de gestão, era comum cada integrante definir sua forma de trabalho, visto que a empresa possuía poucos processos definidos e a distância não contribuía para a criação de processos sinérgicos. Também não havia continuidade de processos quando um integrante saía do time, sendo comum a perda de histórico sobre como algo era realizado ou arquivado.

A partir da implantação das reuniões diárias e da gestão do conhecimento, o próprio time se interessou em saber como cada integrante realizava determinadas tarefas e foi reescrevendo os processos, definindo entre eles qual seria a forma mais simplificada de operação para manter uniforme a execução das atividades e o entendimento de todos quanto à execução dos processos.

Conclusões finais

Já no primeiro mês de implantação da gestão ágil, de reuniões por meio de videoconferência e de gestão do conhecimento, notaram-se a mudança da equipe, o aumento de resultados e a melhor participação de todos nos processos e resultados.

No primeiro momento houve um aumento nas atividades do gestor, que passou a realizar reuniões mensais e diárias com o time e a acompanhar os indicadores de performance, além das atividades que já realizava. Porém, esse tempo a mais utilizado na gestão do time começou a representar mais produtividade e menos interrupções na sua agenda no decorrer do dia, pois a autonomia gerada no time permitia que ele o acionasse menos, principalmente com assuntos menores.

Foi eficaz a implantação das metodologias e ferramentas citadas tanto na visão da equipe e do gestor, quanto referente aos resultados obtidos.

50. Uma solução de *matching* para recrutamento e seleção

Daniel Strinta

Apresentação da empresa e *case*

Este capítulo compartilhará um *case* de RH de uma multinacional brasileira, que começou na sala do apartamento de seu fundador há mais de 30 anos e hoje conta com mais de 25 mil colaboradores, estando posicionada em 41 países, crescendo 40% em receita no último ano e que está em constante aprendizado, porém sabe que ter profissionais talentosos e motivados para atendimento de seus clientes pelo mundo é uma das suas melhores estratégias para alcançar sucesso.

Acredito que ficou cristalino que sou um dos 25 mil e bem orgulhoso de fazer parte dessa grande empresa brasileira, que também se destaca em inovação, empreendedorismo e crescimento capital.

Estamos sempre buscando sucesso e não cansamos de aprender, transformar (de dentro para fora em primeiro lugar), inovar, cocriar, pivotar e persistir. Tem muito do DNA de cada colaborador investido nessa jornada, mas também tem muito da crença de que juntos somos mais fortes e podemos alcançar nossos sonhos.

Pois bem, agora que compartilhei minha visão sobre a empresa, acreditando que permitirá melhor entendimento, vamos ao *case* que me motivou a escrever e compartilhar essa experiência que envolveu 55 profissionais de recrutamento e seleção, 10 gestoras de recursos humanos e mais nove profissionais técnicos focados em inovar a área de recursos humanos – sim, meu caro leitor, somos mais de 70 profissionais ligados diretamente a essa área que busca o melhor talento para cada posição.

O foco do *case* é o aumento da performance de *hunting*, quantidade e qualidade na busca de talentos, com máxima otimização do tempo/esforço humano. Não é uma simples automação, e garanto que valerá a pena essa leitura.

Começando pelas dores

No final do 2018 assumi uma área com foco em ciência de dados, que funcionava como um laboratório. Direcionamos nossas metas a apoiar outras áreas da empresa, iniciando ou acelerando ações de inovação por meio da tecnologia. Imediatamente fui procurado por uma das gestoras de RH, já munida de uma lista com 21 itens de problemas em várias etapas do processo de recrutamento e seleção e sua primeira pergunta foi: você poderia ler tudo isso e me dizer em qual das necessidades sua área poderia nos ajudar?

Analisei o material, entendi que poderíamos ajudar em muitas necessidades descritas, inclusive em outras que não estavam descritas, mas já era possível imaginar soluções para outros problemas. Combinamos um bate papo incluindo mais três gestoras e uma recrutadora e finalizamos essa etapa com uma "lista de desejos" priorizada.

Mindset construído a quatro mãos

✓ A ideia é entregar valor ao negócio mais cedo, de forma transparente, absorvendo mudanças e realizando adaptações ao longo do caminho, com entregas e *feedbacks* regulares.

✓ Entendemos que o RH passa por um momento de grande transformação. O foco é aumentar a produtividade/qualidade e o ganho de resultados, para isso muitas metodologias e ações que fomentem a inovação passarão a fazer parte do dia a dia, principalmente de recrutamento e seleção.

✓ A solução que oferecemos para o RH auxiliará não só como recurso especializado para atender às demandas de recrutamento e seleção como também no aumento de performance de *hunting* e na geração de dados primários para análises de perfis das ações de retenção de talentos.

✓ O profissional de recrutamento e seleção no centro da solução, entendendo pessoas, incluindo suas necessidades e expectativas, é a chave para criar a união estratégica entre serviços de tecnologia e objetivos de negócios.

Alinhado o novo *mindset*, partimos para a definição dos objetivos:

1. Otimização de tempo no "garimpo" dos currículos.
2. Identificação dos melhores candidatos para a vaga com *match* a partir de 20%.
3. Triagem automatizada de currículos.
4. Automatização da oferta de candidatos aos solicitantes de vagas.

5. Coleta/eliminação de dúvidas de primeiras informações do candidato com a plataforma de IA.
6. *Matching* capaz de entender qualquer tipo de currículo.
7. Interface intuitiva, simples e integrada com bases ERP, ATS e bases de CVs.
8. Filtros capazes de refinar o resultado do *matching*.
9. Padronização automática do currículo e envio automático ao solicitante.
10. Rastreamento da jornada de triagem de candidatos.
11. *Feedbacks* automatizados.
12. Redução de até 60% em custos/esforços da margem de investimento do RH na fase de busca ativa.

Solução

Inicialmente adotamos a metodologia *Scrum* para condução do projeto.

Havia três bases de dados de currículos que estavam em sistemas de empresas parceiras onde é possível oferecer vagas e eles permitem que profissionais se candidatem para as vagas. A primeira atividade foi centralizar todos os dados em uma única base que chamamos de ATS (*Applicant Tracking System*). As vagas são abertas pelas áreas dentro de um sistema ERP e depois são replicadas no ATS para divulgação em múltiplas redes sociais. Com isso, desenvolvemos uma solução usando IA (inteligência artificial) que avalia os currículos cadastrados e identifica os candidatos que mais se adequam ao perfil da vaga. A IA seleciona quem tem um *match* de 20% ou mais e avalia itens como:

1. se o profissional possui as habilidades técnicas para a vaga;
2. se o profissional possui as *soft skills* necessárias para a vaga;
3. além disso, a IA faz essa análise verificando esses critérios em cada experiência do candidato.

O processo de treinamento da IA foi realizado em cooperação com 56 recrutados da empresa, mais alguns gestores de RH. Levantou-se a forma como cada um avalia um currículo e foram selecionados 22 raciocínios possíveis para serem incluídos no processo de *matching* da IA.

Por fim, esse processo fica em um sistema que controla todo o fluxo do processo, dando visibilidade para as áreas solicitantes e profissionais de RH, além de automatizar toda a comunicação.

Resultados obtidos

Como resultados, obtivemos os seguintes números:

- ✓ Processamento de 300.000 currículos em 4 segundos.
- ✓ Oferta de até 500 currículos por vaga.
- ✓ Diminuição de 60% no tempo de fechamento da vaga. Otimizou o tempo para 4 horas e meia por dia.
- ✓ Diminuição do SLA de contratação de 17 para 12 dias.
- ✓ Relato dos recrutadores e gestores de RH de melhoria da comunicação e visibilidade sobre os processos de recrutamento.
- ✓ Aumento dos *leads* (interesse de pessoas nas vagas e envio de currículos).

Referências

A MENTE É MARAVILHOSA. **7 sinais de um ambiente de trabalho tóxico.** 21 ago. 2020. Disponível em: <https://amenteemaravilhosa.com.br/7-sinais-ambiente-de-trabalho-toxico/>. Acesso em: 26 nov. 2020

ABRH-RS. **Manifesto Ágil de RH da ABRH-RS.** Disponível em: <https://www.abrhrs.org.br/manifesto-agil-de-rh-da-abrh-rs>. Acesso em: 26 nov. 2020.

ADMINISTRADORES.COM. **Como lidar com um ambiente de trabalho tóxico?** 13 ago. 2019. Disponível em: <https://administradores.com.br/noticias/como-lidar-com-um-ambiente-de-trabalho-t%C3%B3xico>. Acesso em: 26 nov. 2020.

ALEXANDER, Diane M. How do 360 degree performance reviews affect employee attitudes, effectiveness and performance? **Seminar Research Paper Series**, Paper 8, 2006. Disponível em: <http://digitalcommons.uri.edu/lrc_paper_series/8?utm_source=digitalcommons.uri.edu%2Flrc_paper_series%2F8&utm_medium=PDF&utm_campaign=PDFCoverPages>. Acesso em: 26 nov. 2020.

ALMAGRO, Carles et al. **Manifesto para o Desenvolvimento Ágil de RH.** Disponível em: <https://www.agilehrmanifesto.org/pt-manifesto-agile-hr>. Acesso em: 26 nov. 2020.

ALVES, Flora. **Design de Aprendizagem com uso de canvas:** Trahentem®. São Paulo: DVS, 2016.

AMBLER, Tim; BARROW, Simon. The employer brand. **Journal of Brand Management**, n. 4, 1996, p. 185-206. Disponível em: <https://doi.org/10.1057/bm.1996.42>. Acesso em: 26 nov. 2020.

ANDERSON, David J. **Essential Kanban condensed.** Seattle, WA: Lean Kanban University Press, 2016.

ANDERSON, David J. **Kanban:** successful evolutionary change for your technology business. Sequim, WA: Blue Hole Press, 2010.

ANDERSON, David J.; BOZHEVA, Teodora. **Kanban Maturity Model:** evolving fit-for-purpose organizations. Seattle, WA: Kanban University Press, 2018.

ANDERSON, David J.; ZHEGLOV, Alexei. **Fit for Purpose:** how modern businesses find, satisfy, & keep customer. Seattle, WA: Blue Hole Press, 2018.

ANDRADE, Guilherme Assunção de. **Carreira tradicional versus carreira proteana:** um estudo comparativo sobre a satisfação com a profissão, carreira e emprego. Dissertação (Mestrado em Administração) Universidade FUMEC, Belo Horizonte, 2009. 102 p.

ANDRES, Thaddeus. Recrutar executivos de diversidade é tendência; veja como contratar. **Forbes,** 23 dez. 2019. Disponível em: <https://forbes.com.br/carreira/2019/12/recrutar-executivos-de-diversidade-e-tendencia-veja-como-contratar/>. Acesso em: 26 nov. 2020.

ANTUNES, Adilvo Alexandre. **Gestão do conflito de gerações nas organizações.** 2017. Disponível em: <https://riuni.unisul.br/bitstream/handle/12345/2999/GESTAO%20 DO%20CONFLITO%20DE%20GERACOES%20NAS%20ORGANIZACOES. pdf?sequence=1&isAllowed=y>. Acesso em: 26 nov. 2020.

APPELO, Jurgen. **How to change the world:** change management 3.0. Rotterdam: Jojo Ventures BV, 2012.

APPELO, Jurgen. **Management 3.0:** leading agile developers, developing agile leaders. (Addison-Wesley Signature Series). Upper Saddle River, NJ: Addison-Wesley, 2011.

ARIELY, Dan. **Predictably irrational:** the hidden forces that shape our decisions. New York, NY: Harper, 2009.

ARINS, Bruno. Employee Value Proposition: os 3 componentes de um bom EVP. **Great Place To Work,** 04 set. 2019. Disponível em: <https://gptw.com.br/conteudo/artigos/componentes-de-um-bom-evp/>. Acesso em: 26 nov. 2020.

ARMSTRONG, Michael. **Strategic Human Resource Management:** a guide to action. 4th.ed. London: Kogan Page, 2008.

BAIERLE, Ani Taís et al. Geração Y: um olhar sobre o mercado de trabalho e a retenção de talentos do sujeito Y. **Anais...** XIX SEMEAD. Seminários em Administração, 2016.

BANDURA, Albert. Social cognitive theory of self-regulation. **Organizational Behavior and Human Decision Processes,** vol. 50, n. 2, Dec. 1991.

BARBOSA JUNIOR, Francisco de Assis. **GIG Economy e contrato de emprego:** aplicabilidade da legislação trabalhista aos vínculos de trabalho da nova economia. São Paulo: LTr, 2019.

BARBOSA, Rafael. Teoria das Relações Humanas: resumo completo! **Portal Administração,** 29 mar. 2015. Disponível em: <https://www.portal-administracao.com/2015/03/teoria-das-relacoes-humanas-conceito.html>. Acesso em: 26 nov. 2020

BARROS, Myriam Morais Lins de. **Família e Gerações.** Rio de Janeiro: FGV, 2006.

BASILIO, Patrícia. Empresas fazem recrutamento às cegas para promover diversidade. **Veja,** 05 ago. 2018. Disponível em: <https://veja.abril.com.br/economia/empresas-fazem-recrutamento-as-cegas-para-promover-diversidade/>. Acesso em: 26 nov. 2020.

BECK, Kent et al. **Manifesto para desenvolvimento ágil de software.** 2001. Disponível em: <https://agilemanifesto.org/iso/ptbr/manifesto.html>. Acesso em: 26 nov. 2020.

BERSIN, Josh. **Reinventing The Career:** what should organizations do? 03 abr. 2016. Updated May 1st, 2016. Disponível em: <https://bit.ly/3dgErGl>. Acesso em: 26 nov. 2020.

BEZERRA, Felipe. Escola Clássica da Administração Científica. **Portal Administração**, 02 dez. 2013. Disponível em: <https://www.portal-administracao.com/2013/12/escola-classica-administracao-cientifica.html>. Acesso em: 26 nov. 2020.

BIGARELLI, Barbara. Trabalhar de qualquer lugar é mais produtivo do que fazer home office. **Valor Econômico**, 16 ago. 2019. Disponível em: <https://valor.globo.com/carreira/noticia/2019/08/16/trabalhar-de-qualquer-lugar-e-mais-produtivo-do-que-fazer-home-office.ghtml>. Acesso em: 26 nov. 2020.

BOHOSLAVSKY, Rodolfo. **Orientação Vocacional:** a estratégia clínica. 13.ed. São Paulo: Martins Fontes, 2015.

BRANDÃO, Hugo Pena; GUIMARÃES, Tomás de Aquino. Gestão de Competências e Gestão de Desempenho: tecnologias distintas ou instrumentos de um mesmo construto? **RAE – Revista de Administração de Empresas**, São Paulo, vol. 41, n. 1, jan./mar. 2001, p. 8-15.

BRASIL. **Lei nº 13.467, de 13 de julho de 2017.** Altera a Consolidação das Leis do Trabalho (CLT), aprovada pelo Decreto-Lei nº 5.452, de 1º de maio de 1943, e as Leis nº 6.019, de 03 de janeiro de 1974, 8.036, de 11 de maio de 1990, e 8.212, de 24 de julho de 1991, a fim de adequar a legislação às novas relações de trabalho. Disponível em: <http://www.planalto.gov.br/ccivil_03/_ato2015-2018/2017/lei/l13467.htm>. Acesso em: 26 nov. 2020.

BRASIL. **Resolução CSJT nº 139, de 24 de junho de 2014.** Dispõe sobre medidas a serem adotadas pelos Tribunais Regionais do Trabalho para impedir ou dificultar a busca de nome de empregados com o fim de elaboração de "listas sujas". Disponível em: <https://juslaboris.tst.jus.br/bitstream/handle/20.500.12178/39800/2014_res0139_csjt.pdf?sequence=1>. Acesso em: 26 nov. 2020.

BRASILEIRO, Roberto. Manifesto Ágil, o que é e qual a sua história. **Método Ágil**, s.d. Disponível em: <http://www.metodoagil.com/manifesto-agil/>. Acesso em: 26 nov. 2020.

BROWN, David. Is the gig economy the future of work? **Deloitte**, July 18 2018. Disponível em <https://www2.deloitte.com/au/en/blog/consulting-blog/2019/gig-economy-future-of-work.html>. Acesso em 10 ago. 2020.

BURKE, Brian. **Gamificar:** como a gamificação motiva as pessoas a fazerem coisas extraordinárias. São Paulo: DVS, 2015.

CAMARGO, Istvan. 3 mudanças de comportamento com a revolução digital. **Saúde Business**, 11 dez. 2015. Disponível em: <https://saudebusiness.com/mercado/3-mudancas-de-comportamento-com-revolucao-digital/>. Acesso em: 26 nov. 2020.

CAMARGO, Renata Freitas de. Tudo sobre Peter Drucker: conheça quem foi o Pai da Administração Moderna e autor de O Gestor Eficaz. **Treasy**, 03 mai. 2017. Disponível em: <https://www.treasy.com.br/blog/peter-drucker/>. Acesso em: 26 nov. 2020.

CANVA. Site. Disponível em: <https://www.canva.com/>. Acesso em: 26 nov. 2020.

CAPPELLI Peter; TAVIS, Anna. O RH torna-se ágil. **Harvard Business Review Brasil**, 01 abr. 2018. Disponível em: <https://hbrbr.uol.com.br/rh-agil-feedback/>. Acesso em: 26 nov. 2020.

CARDOSO, Cármen; CUNHA, Francisco; SANTOS, Georgina. **O que é de fato RH estratégico.** Recife: INTG, 2017.

CARNEGIE BRASIL. Site. Disponível em: <https://carnegiebrasil.com.br/>. Acesso em: 26 nov. 2020.

CARVALHO, Beatriz Thomaz. **A revolução dos dados no RH:** um estudo comparativo de duas empresas no Brasil. Monografia (MBA em Gestão de Recursos Humanos) – Universidade Federal Fluminense. Niterói, 2018, 51p.

CARVALHO, Mateus. Brian Halligan: se você faz Marketing de Conteúdo, precisa saber quem é ele! **Rock Content**, 27 jun. 2017. Atualizado em 13 nov. 2019. Disponível em: <https://rockcontent. com/blog/brian-halligan/>. Acesso em: 26 nov. 2020.

CASAROTTO, Camila. Dossiê das gerações: o que são as gerações Millenials, GenZ, Alpha e como sua marca pode alcançá-las. **Rock Content**, 04 nov. 2019. Atualizado em 08 jun. 2020. Disponível em: <https://rockcontent.com/br/blog/dossie-das-geracoes/>. Acesso em: 26 nov. 2020.

CAVALIERI, Regina et al. **Outplacement:** um estudo do seu impacto nas gestões estratégicas da imagem corporativa e do passivo trabalhista. Disponível em: <http://www.anpad.org.br/ admin/pdf/GRT_1301.pdf>. Acesso em: 26 nov. 2020.

CHAMBERS, Elizabeth G. et al. The war for talent. **McKinsey Quarterly**, vol. 3, n. 3, Jan. 1998.

CHARAN, Ram; DROTTER, Stephen; NOEL, James. **Pipeline de Liderança:** o desenvolvimento de líderes como diferencial competitivo. 2.ed. Rio de Janeiro: Campus, 2013.

CHIAVENATO, Idalberto. **Desempenho humano nas empresas:** como desenhar cargos e avaliar o desempenho para alcançar resultados. 7.ed. São Paulo: Manole, 2016.

CHIAVENATO, Idalberto. **Empreendedorismo:** dando asas ao espírito empreendedor. São Paulo: Saraiva, 2005.

CHIAVENATO, Idalberto. **Gestão de pessoas:** o novo papel dos recursos humanos nas organizações. 4.ed. São Paulo: Manole, 2014.

CHOU, Yu-kai **Actionable Gamification:** beyond points, badges, and leaderboards (english edition). S.l.: Octalysis Media, 2015.

CHOUDHURY, Prithwiraj (Raj); LARSON, Barbara Z.; FOROUGHI, Cirrus. É hora de permitir que funcionários trabalhem de qualquer lugar? **Harvard Business Review Brasil**, 17 dez. 2019 Disponível em: <https://hbrbr.uol.com.br/e-hora-de-permitir-que-funcionarios-trabalhem-de-qualquer-lugar/>. Acesso em: 27 nov. 2020.

COHN, Mike: **Agile Estimating and Planning.** London: Pearson Education, 2005.

CORTELLA, Mario Sergio. **Por que fazemos o que fazemos?** São Paulo: Planeta, 2016.

DANTAS, Eduardo. Inbound Recruiting: como atrair, engajar e contratar talentos. **Etalent**, 30 jan. 2019. Disponível em: <https://etalent.com.br/artigos/inbound-recruiting/>. Acesso em: 26 nov. 2020.

DAVERNE-BAILLY, Carole. L'école et la méritocratie. **Comptes rendus**, 2012.

DEAQUINO, Carlos Tasso Eira. **Como aprender:** andragogia e as habilidades de aprendizagem. São Paulo: Pearson, 2007.

DELOITTE INSIGHTS. **Leading the social enterprise:** Reinvent with a human focus. 2019 Deloite Global Human Capital Trends. Deloitte, 2019. Disponível em: <https://www2.deloitte.com/content/dam/Deloitte/cz/Documents/human-capital/cz-hc-trends-reinvent-with-human-focus.pdf>. Acesso em: 26 nov. 2020.

DELOITTE INSIGHTS. **The rise of the social enterprise:** 2018 Deloitte Global Human Capital Trends. Deloitte, 2018. Disponível em: <https://www2.deloitte.com/content/dam/insights/us/articles/HCTrends2018/2018-HCtrends_Rise-of-the-social-enterprise.pdf>. Acesso em: 26 nov. 2020.

DIAS, Guilherme. Employer branding: o que é, 11 estratégias e exemplos. **Gupy**, 11 nov. 2020. Disponível em: <https://www.gupy.io/blog/employer-branding>. Acesso em: 26 nov. 2020.

DIAS, Guilherme. Inbound Recruiting: o que é, dicas e relação com o marketing. **Gupy**, 17 out. 2018. Disponível em: <https://www.gupy.io/blog/inbound-recruiting-o-que-e?hs_amp=true>. Acesso em: 26 nov. 2020.

DIAS, Maria Sara de Lima; SOARES, Dulce Helena Penna. **Planejamento de carreira:** uma orientação para estudantes universitários. São Paulo: Vetor, 2009.

DINIZ, Daniela. **Grandes Líderes de Pessoas:** a trajetória dos líderes de recursos humanos mais influentes do Brasil e seu legado para as futuras gerações. São Paulo: Benvirá, 2018.

DOBBS, Richard; MANYIKA, James; WOETZEL, Jonathan. The four global forces breaking all the trends. **McKinsey & Company**, Apr. 1, 2015. Disponível em: <https://www.mckinsey.com/business-functions/strategy-and-corporate-finance/our-insights/the-four-global-forces-breaking-all-the-trends>. Acesso em: 26 nov. 2020.

DRUCKER, Peter. **Management Cases, Revised Edition.** New York, NY: HarperCollins, 2008.

DUTRA, Fernanda. **O Efeito Melão:** potencialize a flexibilidade cognitiva pela arte e gamificação. São Paulo: DVS, 2018.

DUTRA, Joel Souza. Gestão de carreiras na empresa contemporânea. São Paulo: Atlas, 2010.

DUTRA, Joel Souza; VELOSO, Elza Fátima Rosa. **Desafios da gestão de carreira.** São Paulo: Atlas, 2013.

EMPREGARE. Site. Disponível em: <https://www.empregare.com/recursos/selecao-cega>. Acesso em: 17 ago. 2020.

ENBOARDER. **Are you losing your best people because of your onboarding?** Featuring Insights from Microsoft, Google and Eventbrite. Disponível em: <https://info.enboarder.com/hubfs/PDF/Onboarding-Retention-Whitepaper.pdf>. Acesso em: 26 nov. 2020.

EQUIPE EDUCAMUNDO. Você conhece todas as 5 grandes fases históricas da gestão de RH? **Educa Mundo**, 20 ago. 2019. Disponível em: <https://www.educamundo.com.br/blog/fases-historicas-da-gestao-de-rh>. Acesso em: 26 nov. 2020.

ESTADÃO CONTEÚDO. Quase um quarto dos jovens brasileiros nem estudam nem trabalham. **Exame**, 19 jun. 2019. Disponível em: <https://exame.com/brasil/23-dos-jovens-brasileiros-nem-estudam-nem-trabalham-revela-ibge/>. Acesso em: 26 nov. 2020.

FALCHI, Susana. Gestores tóxicos. **Mundo RH**, 05 dez. 2018. Disponível em: <https://www.mundorh.com.br/gestores-toxicos/>. Acesso em: 10 dez. 2020.

FARAH JÚNIOR, Moisés Francisco. A terceira revolução industrial e o novo paradigma produtivo: algumas considerações sobre o desenvolvimento industrial brasileiro nos anos 90. **Rev. FAE**, Curitiba, vol. 3, n. 2, maio/ago. 2000, p. 45-61. Disponível em: <https://revistafae.fae.edu/revistafae/article/viewFile/501/396>. Acesso em: 26 nov. 2020.

FERNANDES, Márcio. **Felicidade dá lucro**: lições de um dos líderes empresariais mais admirados do Brasil. Rio de Janeiro: Portfolio Penguin, 2015.

FILATRO, Andrea et al. **DI 4.0**: inovação na educação corporativa. São Paulo: Saraiva Educação, 2019.

FILATRO, Andrea. **Design Instrucional contextualizado**: educação e tecnologia. 3.ed. São Paulo: Senac São Paulo, 2019.

FILIPPE, Marina. Guia EXAME de Diversidade: diversos e melhores. **Exame**, 28 mar. 2019. Alterado em 25 jul. 2019. Disponível em: <https://exame.com/revista-exame/diversos-e-melhores/>. Acesso em: 26 nov. 2020.

FRANKLIN COVEY. **Importância do ambiente corporativo para os resultados empresariais!** Disponível em: <https://franklincovey.com.br/blog/ambiente-corporativo/>. Acesso em: 26 nov. 2020.

FRIED, Jason; HANSSON, David Heinemeier. **Rework**. New York, NY: Crown Business, 2010.

GARCÍA, Héctor; MIRALLES, Francesc. **Ikigai**: os segredos dos japoneses para uma vida longa e feliz. Rio de Janeiro: Intrínseca, 2018.

GARRIDO, Giovanna; SILVEIRA, Rafael Damasco; SILVEIRA, Marco Antonio. People Analytics: Uma abordagem estratégica para a gestão do capital humano. **Revista Eletrônica de Estratégia e Negócios**, Florianópolis, vol. 11, n. 1, maio/ago. 2018, p. 29-52. Disponível em: <http://www.portaldeperiodicos.unisul.br/index.php/EeN/article/viewFile/4553/pdf>. Acesso em: 26 nov. 2020.

GARTNER. **Global Talent Monitor 3Q19**: update on workforce activity. Gartner, 2020. Disponível em: <https://emtemp.gcom.cloud/ngw/globalassets/en/human-resources/documents/trends/global-talent-monitor.pdf?_ga=2.130118095.1911285364.1584743072-1978543800.1584743072>. Acesso em: 26 nov. 2020.

GE CAREERS. **Women's Network (WN)**. Disponível em: <https://jobs.gecareers.com/global/en/womens-network>. Acesso em: 26 nov. 2020.

GEITHNER, Silke; MENZEL, Daniela. Effectiveness of Learning Through Experience and Reflection in a Project Management Simulation. **Simulation & Gaming**, vol. 47, n. 2, 2016, p. 228-256. Disponível em: <https://doi.org/10.1177/1046878115624312>. Acesso em: 26 nov. 2020.

GOLDRATT, Eliyahu M. **Corrente crítica:** Teoria das Restrições (TOC) em gestão de projetos. São Paulo: Nobel, 2014.

GOMES, André Faria. **Agile:** desenvolvimento de software com entregas frequentes e foco no valor de negócio. São Paulo: Casa do Código, 2014.

GONÇALVES, Ana Maria. Os privilegiados estão preparados para a verdadeira meritocracia? **The Intercept Brasil**, 09 ago. 2017. Disponível em: <https://theintercept.com/2017/08/09/os-privilegiados-estao-preparados-para-a-verdadeira-meritocracia/>. Acesso em: 26 nov. 2020.

GONÇALVES, Carlos Eduardo. Construção da cultura é prioridade para guiar empresa. **Harvard Business Review Brasil**, 17 fev. 2020. Disponível em: <https://hbrbr.com.br/construcao-da-cultura-e-prioridade-para-guiar-empresa/>. Acesso em: 26 nov. 2020.

GRAY, Dave; WAL, Thomas Vander. **The Connected Company.** Sebastopol, CA: O'Reilly, 2012.

GREAT PLACE TO WORK. **As Tendências de RH em 2020.** Relatório. 2020. Disponível em: <https://rdstation-static.s3.amazonaws.com/cms%2Ffiles%2F2705%2F1580241173Tendn cias_de_RH_em_2020_v1.3.pdf>. Acesso em: 27 nov. 2020.

GROU. **Aprenda tudo sobre o RH 4.0.** Disponível em: <https://d335luupugsy2.cloudfront.net/cms/files/19829/15380676278097.pdf>. Acesso em: 27 nov. 2020.

GROYSBERG, Boris et al. Manual da cultura corporativa para o líder. **Harvard Business Review Brasil**, 01 fev. 2018. Disponível em: <https://hbrbr.com.br/cultura-corporativa-para-o-lider/>. Acesso em: 27 nov. 2020.

GRUENERT, Steve; WHITAKER, Todd. **School culture rewired:** how to define, assess, and transform it. Alexandria, VA: ASCD, 2015.

HALL, Douglas T. **Careers in organizations.** Pacific Palisades, CA: Goodyear Pub. Co., 1976.

HARTMANN, Marcel. Redes sociais estão deixando usuários "viciados" em likes. **GZH Comportamento**, 12 jul. 2016. Disponível em: <https://gauchazh.clicrbs.com.br/comportamento/noticia/2016/07/redes-sociais-estao-deixando-usuarios-sedentos-por-aprovacao-6550937.html>. Acesso em: 26 nov. 2020.

HILLER, Marcos. **Branding:** a arte de construir marcas. São Paulo: Trevisan, 2012.

HURLEY, Robert F. **The decision to trust:** how leaders create high-trust organizations. San Francisco, CA: Jossey-Bass, 2012.

IBGE. **Pesquisa Nacional por Amostra de Domicílios Contínua.** Mercado de Trabalho Brasileiro 2º trimestre de 2019. Divulgado em 15 ago. 2019. Alterado em 28 ago. 2019. Disponível em: <https://agenciadenoticias.ibge.gov.br/media/com_mediaibge/arquivos/a2eb00da62607144d480db9c3504fa4a.pdf>. Acesso em: 27 nov. 2020.

IHU. A gig economy é a versão millennial do trabalho precário? Entrevista com Alexandrea Ravenelle. **Instituto Humanitas Unisinos**, 21 fev. 2020. Disponível em: <http://www.ihu.unisinos.br/78-noticias/596491-a-gig-economy-e-a-versao-millennial-do-trabalho-precario-entrevista-com-alexandrea-ravenelle>. Acesso em: 26 nov. 2020.

INSPER. Verbete Draft: O que é EVP. **Insper**, 06 mai. 2016. Disponível em: <https://www.insper.edu.br/noticias/verbete-draft-o-que-e-evp/>. Acesso em: 27 nov. 2020.

INSTITUTE FOR LEARNING & PERFORMANCE BRASIL. **O real impacto do talento:** ...se 270 milhões de talentos impulsionam o sucesso do negócio. 2017, p. 1-11.

INSTITUTO ETHOS. **Perfil Social, Racial e de Gênero das 500 maiores empresas do Brasil e suas ações afirmativas.** 10 maio 2016. Disponível em: <https://www.ethos.org.br/cedoc/perfil-social-racial-e-de-genero-das-500-maiores-empresas-do-brasil-e-suas-acoes-afirmativas/>. Acesso em: 27 nov. 2020.

IPEA. **Pesquisa revela que diversidade avança lentamente nas empresas.** Disponível em: <http://www.ipea.gov.br/acaosocial/article8d7a.html?id_article=521>. Acesso em: 27. nov. 2020.

ISMAIL, Salim; MALONE, Michael S. VAN GEEST, Yuri. **Organizações exponenciais:** por que elas são 10 vezes melhores, mais rápidas e mais baratas que a sua (e o que fazer a respeito). São Paulo: HSM, 2015.

JACOBS, Ronald L. Competency Assessment and Development. **Work Analysis in The Knowledge Economy,** jan. 2019. Disponível em: <http://dx.doi.org/10.1007/978-3-319-94448-7_17>. Acesso em: 27 nov. 2020.

JAQUES, Elliott. **The changing culture of a factory.** London: Tavistock Publications, 1951.

JOHANSEN, Bob. **Get there early:** sensing the future to compete in the present. San Francisco, CA: Berrett-Koehler Publishers, 2007.

JOHNSTON, Brian Kevin. **Headhunter and Headhunted...:** How to get found and sell your product or service online. S.l.: Inbound Recruiter.com, 2012.

JOVANA, Samanta. O que é Gig Economy? Tudo o você precisa saber para fazer parte dessa tendência. **Rock Content**, 21 abr. 2018. Atualizado em 29 jul. 2019. Disponível em: <https://comunidade.rockcontent.com/gig-economy/>. Acesso em: 27 nov. 2020.

JOVANA, Samanta. Trabalho Remoto: 8 sites e 10 dicas para ganhar dinheiro sem sair de casa. **Rock Content**, 19 mar. 2019. Atualizado em 12 nov. 2020. Disponível em: <https://comunidade.rockcontent.com/trabalho-remoto/>. Acesso em: 27 nov. 2020.

JOYCE, Stephen; HERREMAN, Jean; KELLY, Kel. Talent Management: buzzword or holy grail. **Hackett Group**, 2007.

KAIZEN INSTITUTE. **Definition of Kaizen**™. Disponível em: <https://www.kaizen.com/what-is-kaizen.html#definition_kaizen>. Acesso em: 27 nov. 2020.

KANBAN MATURITY MODEL. Site. Disponível em: <https://www.kanbanmaturitymodel.com/>. Acesso em: 27 nov. 2020.

KANBAN UNIVERSITY. Site. Disponível em: <https://www.kanban.university/>. Acesso em: 27 nov. 2020.

KANTER, Rosabeth Moss. How Great Companies Think Differently. **Harvard Business Review**, nov. 2011. Disponível em: <https://hbr.org/2011/11/how-great-companies-think-differently>. Acesso em: 27 nov. 2020.

KEDOUK, Marcia. People analytics: o novo jeito de olhar as pessoas. **Você RH**, 01 out. 2016, p.18-28.

KIANEK, Alessandra. Desemprego cai a 11,2% no país, mas 11,9 milhões ainda estão sem trabalho. **Veja**, 28 fev. 2020. Disponível em: <https://veja.abril.com.br/economia/desemprego-cai-a-112-no-pais-mas-119-milhoes-ainda-estao-sem-trabalho/>. Acesso em: 27 nov. 2020.

KNOWLES, Malcolm S. **The adult learner:** a neglected species. Houston, TX: Gulf Publishing, 1973.

KNOWLES, Malcolm S; HOLTON III, Elwood F.; SWANSON, Richard A. **Aprendizagem de resultados:** uma abordagem prática para aumentar a efetividade da educação corporativa. Rio de Janeiro: Campus, 2009.

KONING, Peter. **Agile Leadership Toolkit:** learning to thrive with self-managing teams. (The Professional Scrum Series). Upper Saddle River, NJ: Addison-Wesley Professional; 2019.

LAB SSJ. **Andragogia:** aprendizagem efetiva para o desenvolvimento de adultos. (Pocket Learning 3). São Paulo/Rio de Janeiro: Lab SSJ, s.d.

LACERDA, Felipe. Por que investir em um bom ambiente de trabalho? **Beecorp**, 17 jul. 2019. Disponível em: <https://beecorp.com.br/blog/razoes-para-investir-em-um-bom-ambiente-de-trabalho/>. Acesso em: 27 nov. 2020.

LALOUX, Frederic. **Reinventando as organizações:** um guia para criar organizações inspiradas no próximo estágio da consciência humana. Curitiba: Voo, 2017.

LEITE, Alessandra Silva; NASCIMENTO, Victoria Carolina; MATTEU, Douglas de. O feedback nas organizações: técnicas e estratégias para fornecer um feedback. **Revista de Humanidades, Tecnologia e Cultura**, Faculdade de Tecnologia de Bauru, vol. 8, n. 1, dez. 2018.

LENT, Roberto. **Cem Bilhões de Neurônios?** conceitos fundamentais da neurociência. 2.ed. São Paulo: Atheneu, 2010.

LEVISON, Mark. Os melhores times de Scrum devem ser recompensados? **InfoQ**, 25 ago. 2010. Disponível em: <https://www.infoq.com/br/news/2010/08/reward-best-team/>. Acesso em: 27 nov. 2020.

LG. Pesquisa revela condições de saúde no mundo corporativo. **LG**, 24 fev. 2014. Disponível em: <https://blog.lg.com.br/pesquisa-revela-condicoes-de-saude-no-mundo-corporativo/>. Acesso em: 19 mar. 2021.

LILEY, Michael; FELICIANO, Patricia; LAURS, Alex. **Employee Experience Reimagined**. Accenture, 2017. Disponível em: <https://www.accenture.com/_acnmedia/PDF-64/Accenture_Strategy_Employee_Experience_Reimagined_POV.pdf>. Acesso em: 26 nov. 2020.

LISBOA, Rita. Diversidade e inclusão: como construir um ambiente plural na empresa. **Rock Content**, 27 jun. 2019. Atualizado em 09 abr. 2020. Disponível em: <https://rockcontent.com/blog/diversidade-e-inclusao-na-empresa/>. Acesso em: 27 nov. 2020.

MACEDO, Gutemberg B. de. **Out Placement:** a arte e a ciência da recolocação. São Paulo: Maltese, 1994.

MADRUGA, Roberto. **Treinamento e desenvolvimento com foco em educação corporativa:** competências e técnicas de ensino presencial e on-line, fábrica de conteúdo, design instrucional, design thinking e gamification São Paulo: Saraiva Uni, 2018.

MAGALHÃES, Ivan Luizio; PINHEIRO, Walfrido Brito. **Gerenciamento de Serviço de TI na prática.** São Paulo: Novatec, 2007.

MANAGEMENT 3.0. **Culture Books.** Disponível em: <https://management30.com/practice/culture-books/>. Acesso em: 27 nov. 2020.

MANAGEMENT 3.0. **Kudo Box & Kudo Cards.** Disponível em: <https://management30.com/practice/kudo-cards/>. Acesso em: 27 nov. 2020.

MANAGEMENT 3.0. **Moving Motivators.** Disponível em: <https://management30.com/practice/moving-motivators/>. Acesso em: 27 nov. 2020.

MANAGEMENT 3.0. **Niko-Niko Calendar.** Disponível em: <https://management30.com/practice/niko-niko-calendar/>. Acesso em: 27 nov. 2020.

MANAGEMENT 3.0. **The Management 3.0 Big Values List.** Disponível em: <https://management30.com/download/22939/>. Acesso em: 27 nov. 2020.

MANNING, Harley; BODINE, Kerry. **Outside in:** the power of putting customers at the center of your business. New York, NY: Houghton Mifflin Harcourt, 2012.

MARINO, Caroline. Estes são 6 sinais pra identificar se o seu chefe é tóxico. **Você S/A**, 19 dez. 2019. Publicado em 25 maio 2019. Disponível em: <https://vocesa.abril.com.br/geral/estes-sao-6-sinais-pra-identificar-se-o-seu-chefe-e-toxico/>. Acesso em: 27 nov. 2020.

MARKETING JOB. **O que é Gig Economy.** Disponível em: <https://www.marketingjob.com.br/o-que-e-gig-economy/>. Acesso em: 26 nov. 2020.

MASLOW, Abraham. **Introdução à psicologia do ser.** Rio de Janeiro: Eldorado, 1962.

MASSARI, Vitor L. **Gerenciamento ágil de projetos.** Rio de Janeiro: Brasport, 2014.

MATTOS FILHO. **Do direito à diversidade ao direito da diversidade.** Disponível em: <https://publicacoes.mattosfilho.com.br/books/oiny/#p=1>. Acesso em: 26 nov. 2020.

MATTOS, Alessandro Nicoli de. Conservadorismo: entenda o conceito em 4 pontos. **Politize!**, 06 jan. 2017. Disponível em: <https://www.politize.com.br/conservadorismo-pensamento-conservador/>. Acesso em: 27 nov. 2020.

MELLO, Bruno; MORAES, Roberta. 6 principais áreas para uma empresa trabalhar a experiência do cliente. **Mundo do Marketing**, 08 mar 2017. Disponível em: <https://www.mundodomarketing.com.br/reportagens/planejamento-estrategico/37194/6-principais-areas-para-uma-empresa-trabalhar-a-experiencia-do-cliente.html>. Acesso em: 27 nov. 2020.

MENDES, Marco. **Os três princípios fundamentais dos métodos ágeis e do DevOps.** 20 jul. 2018a. Disponível em: <https://marco-mendes.com/2018/07/20/os-tres-principios-fundamentais-dos-metodos-ageis-e-do-devops/>. Acesso em: 27 mar. 2020.

MENDES, Maria. Primeira revolução industrial. **Educa+Brasil**, 26 dez. 2018b. Atualizado em 21 jul. 2020. Disponível em: <https://www.educamaisbrasil.com.br/enem/historia/primeira-revolucao-industrial>. Acesso em: 27 nov. 2020.

MENEZES, Delmo. Afinal, a meritocracia no serviço público é boa ou ruim? **Agenda Capital**, 13 jan. 2019. Disponível em: <http://agendacapital.com.br/afinal-meritocracia-no-servico-publico-e-boa-ou-ruim/>. Acesso em: 27 nov. 2020.

MODESTO, Jhonatan. Veteranos, Baby Boomers, Geração X, Y e Z. E você, faz parte de qual delas? **Estácio Carreiras**, s.d. Disponível em: <http://www.estaciocarreiras.com.br/blog/veteranos-baby-boomers-geracao-xy-e-z-e-voce-faz-parte-de-qual-delas/>. Acesso em: 27 nov. 2020.

MOGI, Ken. **Ikigai:** os cinco passos para encontrar seu propósito de vida e ser mais feliz. Bauru, SP: Astral Cultural, 2018.

MONTEIRO, Raquel. O que é Melhoria Contínua e qual a sua importância? **FM2S**, 03 abr. 2018. Disponível em: <https://www.fm2s.com.br/melhoria-continua-importancia/>. Acesso em: 27 nov. 2020.

MORAIS, Frederico Lopes. O desafio das lideranças: assegurar a produtividade com pessoas de diferentes gerações. **RECAPE Revista de Carreiras Pessoas**, São Paulo, vol. 6, n. 2, 2016, p. 176-187.

MORGAN, Jacob. **The Employee Experience Advantage:** how to win the war for talent by giving employees the workspaces they want, the tools they need, and a culture they can celebrate. Hoboken, NJ: Wiley, 2017.

MORGAN, Jacob. **The Employee Experience Equation.** Feb. 25, 2016. Disponível em: <https://thefutureorganization.com/the-employee-experience-equation/>. Acesso em: 27 nov. 2020.

MORGAN, Jacob. **The Three Environments That Create Every Employee Experience.** Dec. 15, 2015. Disponível em: <https://thefutureorganization.com/the-three-environments-that-create-every-employee-experience/>. Acesso em: 27 nov. 2020.

NYE JR., Joseph S. **Soft power:** the means to success in world politics. New York, NY: Public Affairs, 2004.

OCTADESK. **Manual Rápido do NPS:** gestão do feedback do cliente em tempo real. 2020. Disponível em: <https://content.octadesk.com/lp-manual-rapido-nps>. Acesso em: 27 nov. 2020.

OHNO, Taiichi. **O Sistema Toyota de Produção:** além da produção em larga escala. Porto Alegre: Bookman, 1997.

OIT. **Futuro do Trabalho no Brasil:** perspectivas e diálogos tripartites. Organização Internacional do Trabalho, 2018. Disponível em: <https://www.ilo.org/wcmsp5/groups/public/---americas/---ro-lima/---ilo-brasilia/documents/publication/wcms_626908.pdf>. Acesso em: 27 nov. 2020.

OLIVIERI, Antonio Carlos. A onda conservadora e o Brasil nos próximos anos. **UOL – Banco de Redações**, nov. 2018. Disponível em: <https://educacao.uol.com.br/bancoderedacoes/propostas/a-onda-conservadora-e-o-brasil-nos-proximos-anos.htm>. Acesso em: 27 nov. 2020.

ONIRIA. **A gamificação pode motivar seus funcionários e gerar engajamento.** Disponível em: <https://oniria.com.br/a-gamificacao-pode-motivar-seus-funcionarios-e-gerar-engajamento/>. Acesso em: 27 nov. 2020.

OSTERWALDER, Alexander; PIGNEUR, Yves. **Business Model Generation:** inovação em modelos de negócios. Rio de Janeiro: Alta Books, 2011.

PINK, Daniel H. **Drive:** the surprising truth about what motivates us. New York, NY: Riverhead Books, 2009.

PONTES, Benedito Rodrigues. **Administração de Cargos e Salários:** carreiras e administração. 15.ed. São Paulo: LTr, 2011.

PORCIUNCULA, Taci. Diversidade nas empresas: os primeiros passos para torná-la uma realidade. **Hand Talk**, s.d. Disponível em: <http://blog.handtalk.me/diversidade-nas-empresas/>. Acesso em: 27 nov. 2020.

PRESTES, Joyce; MACEIRA, Rodrigo. As 5 maiores urgências da população negra e o que você pode fazer diferente em 2020. **Think with Google**, jan. 2020. Disponível em: <https://www. thinkwithgoogle.com/intl/pt-br/advertising-channels/busca/as-5-maiores-urgencias-da-populacao-negra-e-o-que-voce-pode-fazer-diferente-em-2020/>. Acesso em: 27 nov. 2020.

PROOF. **O contexto por trás da transformação digital e da 4ª revolução industrial, por que isso importa?** Disponível em: <https://www.proof.com.br/blog/transformacao-digital-contexto/>. Acesso em: 27 nov. 2020.

PWC; FGV. **Práticas de People Analytics nas Organizações Brasileiras.** 2.ed. PricewaterhouseCoopers; Fundação Getulio Vargas, 2016.

RADIGAN, Dan. Story points and estimation. **Atlassian**, s.d. Disponível em: <https://www. atlassian.com/agile/project-management/estimation>. Acesso em: 27 nov. 2020.

RAYOME, Alison DeNisco. Myth busted: Older workers are just as tech-savvy as younger ones, says new survey. **Tech Republic**, Aug. 10, 2016. Disponível em: <https://www.techrepublic. com/article/myth-busted-older-workers-are-just-as-tech-savvy-as-younger-ones-says-new-survey/>. Acesso em: 27 nov. 2020.

REDAÇÃO GEEKHUNTER. Gig Economy: entenda essa nova relação de trabalho e como se proteger. **GeekHunter**, 16 mar. 2020. Disponível em: <https://rhtech.geekhunter.com.br/ gig-economy/>. Acesso em: 26 nov. 2020.

REDAÇÃO LENS & MINARELLI. Demissão humanizada para gestão de riscos empresariais e redução do impacto psicológico e social no desemprego. **Lens & Minarelli**, 06 set. 2016 Disponível em: <http://www.lensminarelli.com.br/blog/demissao-humanizada-para-gestao-de-riscos-empresariais-e-reducao-do-impacto-psicologico-e-social-no-desemprego/>. Acesso em: 27 nov. 2020.

REICHHELD, Frederick F. The One Number You Need to Grow. **Harvard Business Review**, dec. 2003. Disponível em: <https://hbr.org/2003/12/the-one-number-you-need-to-grow>. Acesso em: 27 nov. 2020.

REINERTSEN, Donald G. **The Principles of Product Development Flow:** second generation lean product development. Redondo Beach, CA: Celeritas, 2009.

REVELO. **Como o employer branding pode dobrar o número de candidatos interessados em sua empresa.** 14 fev. 2019. Disponível em <https://blog.revelo.com.br/employer-branding-atrair-talentos/>. Acesso em: 27 nov. 2020.

RIES, Eric. **A startup enxuta:** como os empreendedores atuais utilizam a inovação contínua para criar empresas extremamente bem-sucedidas. Rio de Janeiro: LeYa, 2012.

ROBERT HALF. **O segredo das empresas especialistas em líderes.** 15 abr. 2015. Disponível em: <https://www.roberthalf.com.br/blog/gestao-de-talentos/conheca-o-segredo-das-empresas-especialistas-em-lideres>. Acesso em: 27 nov. 2020.

ROGERS, Philip. How Happy We Are at Work: The Niko Niko Calendar. **Medium,** June 26, 2020. Disponível em: <https://medium.com/agile-outside-the-box/how-happy-we-are-at-work-the-niko-niko-calendar-e053f048d58b>. Acesso em: 27 nov. 2020.

ROMANO, Deyse. Cancelamento: Ícaro de Carvalho e Flávio Augusto (parte 3). **YouTube,** 15 set 2020. Disponível em: <https://www.youtube.com/watch?v=V70htlvtW_I>. Acesso em: 26 nov. 2020.

ROTHER, Mike; SHOOK, John. **Learning to See:** value-stream mapping to create value and eliminate muda. Cambridge, MA: Lean Enterprise Institute, 1999.

RUBIN, Kenneth S. **Scrum Essencial:** um guia prático para o mais popular processo ágil. Rio de Janeiro: Alta Books, 2018.

SAFE. Ambiente de trabalho. Como ele influencia na produtividade! **Safe,** 17 set. 2019. Atualizado em 18 set. 2019. Disponível em: <https://blog.safesst.com.br/como-o-ambiente-de-trabalho-influencia-na-produtividade/>. Acesso em: 10 dez. 2020.

SALES, Ricardo. A diversidade no ambiente de trabalho é um compromisso ético e moral. **Você S/A,** 19 dez. 2019. Publicado em 05 jun. 2019. Disponível em: <https://vocesa.abril.com.br/geral/a-diversidade-no-ambiente-de-trabalho-e-um-compromisso-etico-e-moral/>. Acesso em: 27 nov. 2020.

SANTOS, Quevellin Alves dos. Gestão de pessoas: do processo intuitivo ao people analytics. [carta] **einstein,** São Paulo, vol. 16, n. 2, jun. 2018, p. 1.

SCHWAB, Klaus. **A Quarta Revolução Industrial.** São Paulo: Edipro, 2016.

SCRUM GUIDES. Site. Disponível em: <https://scrumguides.org/>. Acesso em: 27 nov. 2020.

SEBRAE. **Confira as vantagens e desvantagens do home office.** Disponível em <https://www.sebrae.com.br/sites/PortalSebrae/artigos/vantagens-e-desvantagens-do-home-office,78f8 9e665b182410VgnVCM100000b272010aRCRD>. Acesso em: 27 nov. 2020.

SEGALA, Mariana. Depois da carreira em Y, empresas adotam a carreira em W. **Você S/A,** 04 fev. 2020. Publicado em 09 abr. 2015. Disponível em: <https://vocesa.abril.com.br/voce-rh/uma-via-de-tres-maos/>. Acesso em: 27 nov. 2020.

SENGE, Peter M. **The fifth discipline:** the art and practice of the learning organization. New York, NY: Doubleday/Currency, 2006.

SER. **Guia Completo Sobre eNPS.** Disponível em: <https://www.sertms.com/wp-content/uploads/2019/09/Guia-completo-sobre-eNPS.pdf>. Acesso em: 27 nov. 2020.

SILVA, Dalila. O Guia do NPS: o que a Net Promoter Score tem a dizer sobre sua empresa? **Blog de Marketing Digital de Resultados,** 25 abr. 2020. Disponível em: <https://resultadosdigitais.com.br/blog/o-que-e-nps/>. Acesso em: 27 nov. 2020.

SILVA, Rafael Rodrigues da. Milhares de vagas em TI não estão sendo preenchidas por falta de qualificação. **Canaltech,** 14 set. 2019. Disponível em: <https://canaltech.com.br/empregos/milhares-de-vagas-em-ti-nao-estao-sendo-preenchidas-por-falta-de-qualificacao-149453/>. Acesso em: 27 nov. 2020.

SINEK, Simon. **Comece pelo porquê.** Rio de Janeiro: Sextante, 2018.

SITEWARE. **Conheça 8 tipos de avaliação de desempenho para usar com sua equipe.** 17 ago. 2018. Disponível em: <https://www.siteware.com.br/gestao-de-equipe/tipos-de-avaliacao-de-desempenho/>. Acesso em: 27 nov. 2020.

SOCIAL BASE et al. **Seu RH está pronto para 2017?** Disponível em: <https://d335luupugsy2.cloudfront.net/cms%2Ffiles%2F38%2F1477486178ebook-resultados-pesquisa-rh.pdf>. Acesso em: 27 nov. 2020.

SÓLIDES. **ATS:** como ele pode mudar sua maneira de recrutar talentos? Atualizado em 26 nov. 2020. Disponível em: <https://blog.solides.com.br/ats-recrutar-talentos/> Acesso em: 27 nov. 2020.

SÓLIDES. **Onboarding:** descubra a importância da integração entre colaboradores. 21 jan. 2020. Atualizado em 21 out. 2020. Disponível em: <https://blog.solides.com.br/onboarding/>. Acesso em: 27 nov. 2020.

SPECTOR, André. Candidate Persona: o que é e por que é importante? **Matchbox,** 07 ago. 2018. Disponível em: <https://matchboxbrasil.com/candidate-persona-o-que-e-e-por-que-e-importante/>. Acesso em: 27 nov. 2020.

SULLIVAN, John. VUCA: the new normal for talent management and workforce planning. **ERE,** Jan. 16, 2012. Disponível em: <https://www.ere.net/vuca-the-new-normal-for-talent-management-and-workforce-planning/>. Acesso em: 27 nov. 2020.

SUMNER, Mary; BOCK, Douglas; GIAMARTINO, Gary. Exploring the Linkage Between the Characteristics of IT Project Leaders and Project Success. **Information Systems Management,** vol. 23, n. 4, 2006, p. 43-49. Disponível em: <https://doi.org/10.1201/1078.10580530/46352.23.4.20060901/95112.6>. Acesso em: 27 nov. 2020.

TALEB, Nassim Nicholas. **A lógica do cisne negro:** o impacto do altamente improvável. Rio de Janeiro: BestSeller, 2015.

TALEB, Nassim Nicholas. **Antifrágil:** coisas que se beneficiam com o caos. Rio de Janeiro: Best Business, 2012.

TAURION, Cezar. Mudanças exponenciais provam que modelos de negócios não são eternos. **CIO**, 09 abr. 2019. Disponível em: <https://cio.com.br/mudancas-exponenciais-provam-que-modelos-de-negocios-nao-sao-eternos/>. Acesso em: 27 nov. 2020.

TEAM RUNRUN.IT. Gig economy: a revolução nas relações de trabalho. **Runrun.it**, s.d. Disponível em: <https://blog.runrun.it/gig-economy/>. Acesso em: 27 nov. 2020.

TEIXEIRA, Samara. Você conhece a "Jornada do Herói" de Joseph Campbell? **Catho**, 25 abr. 2014. Disponível em: <https://www.catho.com.br/carreira-sucesso/colunistas/noticias/voce-conhece-a-jornada-do-heroi-de-joseph-campbell/>. Acesso em: 27 nov. 2020.

THOREN, Pia-Maria. **Agile People:** a radical approach for HR & managers (that leads to motivated employees). Austin, TX: Lioncrest Publishing, 2017.

TONET, Helena et al. **Desenvolvimento de Equipes.** (FGV Management). Rio de Janeiro: FGV, 2009.

TRANSFORMAÇÃO DIGITAL et al. **O Futuro do Trabalho:** como a transformação digital impacta a vida das empresas e dos profissionais. Disponível em: <https://transformacaodigital.com/download/pesquisa-o-futuro-do-trabalho/TD-Pesquisa-o-Futuro-do-Trabalho.pdf>. Acesso em: 27 nov. 2020.

UNIVERSIA. **6 fatores de sucesso para a transformação digital da educação no Brasil.** 20 mar. 2019. Disponível em: <https://noticias.universia.com.br/educacao/noticia/2019/03/20/1164609/6-fatores-sucesso-transformacao-digital-educacao-brasil.html>. Acesso em: 27 nov. 2020.

VALE, Alisson. **A fórmula da Eficácia:** como fazer a coisa certa no seu projeto de software. Brasília: Software Zen, 2020.

VELOSO, Inês. **Qual é o seu employer brand?:** o papel da marca na guerra do talento e na estratégia das empresas. Lisboa: Actual, 2018.

VERDÉLIO, Andreia. Apenas 1% dos brasileiros com deficiência está no mercado de trabalho. **Agência Brasil**, 26 ago. 2017. Disponível em: <https://agenciabrasil.ebc.com.br/direitos-humanos/noticia/2017-08/apenas-1-dos-brasileiros-com-deficiencia-esta-no-mercado-de>. Acesso em: 27 nov. 2020.

WHITMORE, John. **Coaching for Performance:** growing human potential and purpose – The principles and practice of coaching and leadership. S.l.: Nicholas Brealey, 2009.

WICK, Calhoun; POLLOCK, Roy; JEFFERSON, Andrew. **6 Ds:** As seis disciplinas que transformam educação em resultados para o negócio. São Paulo: Évora, 2011.

WIKIPÉDIA. **Avaliação 360 graus.** Disponível em: <https://pt.wikipedia.org/wiki/Avalia%C3%A7%C3%A3o_360_graus>. Acesso em: 27 nov. 2020.

WIKIPÉDIA. **Meritocracia.** Disponível em: <https://pt.wikipedia.org/wiki/Meritocracia>. Acesso em: 27 nov. 2020.

WILLIAMS, Richard. L. **Preciso saber se estou indo bem!:** uma história sobre a importância de dar e receber feedback. Rio de Janeiro: Sextante, 2013.

WORLD ECONOMIC FORUM. **The Digital Enterprise:** moving from experimentation to transformation. 18 set. 2018. Disponível em: <https://www.weforum.org/reports/the-digital-enterpise-moving-from-experimentation-to-transformation>. Acesso em: 26 nov. 2020.

XERPAY. **Entenda o que é e quais as vantagens da avaliação 180°!** 08 out. 2018. Disponível em: <https://www.xerpa.com.br/blog/avaliacao-180-graus/>. Acesso em: 27 nov. 2020.

XERPAY. **O que é onboarding de funcionários:** aprenda com 4 empresas de sucesso. 2017. Disponível em: <https://www.xerpa.com.br/blog/o-que-e-onboarding/amp/>. Acesso em: 27 nov. 2020.

YOUNG, Michael: Down with meritocracy. **The Guardian**, June 29, 2001.

ZARIFIAN, Philippe. **Objetivo Competência:** por uma nova lógica. São Paulo: Atlas, 2001.

ZICHERMANN, Gabe; CUNNINGHAM, Chistopher. **Gamification by Design:** implementing game mechanics in web and mobile apps. Sebastopol, CA: O'Reilly, 2011.

Dedicatória e agradecimentos

Dedico mais um livro colaborativo aos amores da minha vida: meus filhos Lucas e Luisa e minha esposa Keila. Agradeço a Deus essa nova conquista e parabenizo o time organizador e todos os coautores pela dedicação que resultou nesta obra incrível e em especial ao amigo Juliano Granadeiro pela liderança do time. Agradeço ao amigo Werther pela escrita do prefácio em homenagem ao admirável Paul Dinsmore. Agradeço aos meus familiares e amigos da SulAmérica, Jornada Colaborativa e AdaptNow pelas oportunidades de aprendizado e aos milhares de alunos, leitores e participantes das minhas palestras pela grande receptividade e troca de experiências que me tornam uma pessoa melhor a cada dia.

Antonio Muniz
Fundador da Jornada Colaborativa e JornadaCast

Agradeço a Deus pela oportunidade dada e por ter permitido concluir esta etapa. Dedico este livro a minha amada esposa Cristina, por toda sua compreensão e apoio dado durante esse período. Aos meus pais Carmem e Julio por ensinarem a importância do conhecimento. Ao Antonio Muniz, meu muito obrigado por ter confiado a mim a responsabilidade de liderar esse time de organizadores e coautores excepcionais e a minha amiga Analia Irigoyen, por ter me convidado para Jornada Colaborativa. Aos organizadores e coautores, agradeço a compreensão e paciência nos momentos de cobrança. Caro leitor, este livro foi feito com muito carinho e dedicação, para que, de alguma forma, pudéssemos agregar algo na sua vida profissional.

Juliano Granadeiro
Líder do Time organizador e coautor da Jornada do RH Ágil

Agradeço a Deus e a minha família por todo apoio para concluir mais esse projeto em minha carreira. Aos meus colegas de jornada, vocês foram incríveis e resilientes em um momento de muitas incertezas para toda a humanidade. Aos meus amigos da Kroton e The Developers Conference por toda troca de experiências e aprendizado. Dedico este livro aos meus filhos e espero que eles encontrem no futuro empresas mais humanizadas onde imperem o respeito, a liberdade criativa e de expressão, a equidade e a diversidade em sua forma mais ampla.

Paulo Boccaletti
Organizador e coautor da Jornada do RH Ágil

Este trabalho é dedicado àqueles que buscam incansavelmente refletir sobre o propósito do seu trabalho, sobre a qualidade do que fazem e o quanto podem melhorar a cada dia. Agradeço ao amigo Antonio Muniz pelo convite e pela confiança, ao Juliano Granadeiro, líder dos organizadores, pelo estímulo e pela confiança ao longo desta jornada, aos demais organizadores, pela constante troca, e aos autores e coautores, pelo empenho e pela disponibilidade na redação e validação dos capítulos. Foi uma jornada desafiadora, rica e prazerosa.

Renata Carvalho
Organizadora e coautora da Jornada do RH Ágil

Dedico este livro à minha família que me apoia e me inspira em cada novo desafio. Aos meus pais, João Oscar (*in memoriam*) e Fátima. Ao meu esposo e amigo, Rafael. Em especial, dedico ao Pedro, meu filho e luz dos meus olhos, fonte inesgotável de amor e motivação na minha vida. Agradeço a todos os coautores e organizadores e sobretudo a Deus.

Andresa Fogel
Organizadora e coautora da Jornada do RH Ágil

Agradeço e dedico este livro a todos os familiares, amigos e alunos por todo o apoio e ensinamentos durante a jornada ágil. Agradeço também a todos os profissionais de RH com quem troquei e troco bastante experiência ao longo da minha carreira e que puderam me munir de alguma forma com informações relevantes para este livro. Uma gratidão imensa por minha amiga Analia Irigoyen, que me apresentou a Jornada Colaborativa, pois a cada dia, além de ajudar ensinando, aprendo e me divirto muito.

Isabel Coutinho
Organizadora e coautora da Jornada do RH Ágil

A Jornada Colaborativa extrai o melhor de nós: trabalho colaborativo, ajudar o próximo e democratizar o conhecimento.

Quero dedicar minha participação neste livro àqueles que me fazem exalar o melhor de mim: Victor e Giovanni, vocês me impulsionam a sempre evoluir mais, e meus pais, Maria Docinê e Carlos Ari, que me ensinaram a ser amor e exemplo para os que me cercam.

Thayana Brider
Organizadora e coautora da Jornada do RH Ágil

Biografia dos coautores e organizadores

Amanda Bucar – Designer de serviço e experiência do cliente, tem formações em Design e em Marketing e conta com especializações tanto em *Design Thinking* quanto em Arte, Cultura e Educação; é mestranda em Design Comunicacional pela Universidade de Buenos Aires. <http://linkedin.com/in/amandabucar>

Ana Carolina Eloy – Relações Públicas com mais de oito anos de experiência em comunicação corporativa, *endomarketing*, eventos e conteúdo e implementação de metodologia ágil nas áreas de RH e Comunicação. <https://www.linkedin.com/in/ana-carolina-eloy>

Ananda Rodrigues de Almeida – Psicóloga de formação e com MBA em Gestão Estratégica de Pessoas pela FGV, atuou com Desenvolvimento Humano Organizacional nas empresas FGV, Logicalis e Cartão Elo. Atualmente trabalha como *People Experience Partner* na Wildlife Studios, responsável pela jornada do colaborador. <https://www.linkedin.com/in/ananda-rodrigues-de-almeida>

Anderson Jordão Marques – Analista de sistemas, entusiasta do *framework Scrum*, bacharel em Sistemas de Informação pela UNIVILLE, atuando desde 2006 na área de desenvolvimento de produtos de software. Atualmente trabalhando na TOTVS e professor da IEBS no módulo *Scrum* do curso de Pós-graduação em *Agile Project Management*. <https://www.linkedin.com/in/anjomar>

Andresa Fogel – Psicóloga, Psicanalista Organizacional, *Coach* e Agilista. Mestre em Sociedade e Cultura (UFAM). Especialista em Psicologia Clínica (CFP) e Psicologia Jurídica (UERJ). MBA em Gestão de Projetos (FGV). Certificada *Scrum Master* (PSM-I). *Entrepreneurship in Emerging Economies* (Harvard University). Foi VP de Eventos e *Disciplined Agile Champion* do PMI-Rio. É coautora e organizadora de livros. Idealizadora da Quarentena Business. <https://www.linkedin.com/in/andresafogel/>

Antonio Muniz – Apaixonado por pessoas, agilidade, colaboração, comunidades, *DevOps*, empreendedorismo, inovação, *Lean*, liderança, *startups*, tecnologia, facilitação e palestras. Fundador da Jornada Colaborativa, *host* do JornadaCast, professor de MBA, mentor, escritor e produtor de videoaulas. <https://www.linkedin.com/in/muniz-antonio1/>

Artemis Romano – Mãe da Tamires e do Ian, cidadã ítalo-brasileira, MEI, graduada em Letras (port./ing.), Pós em Gestão Empresarial, recrutadora de profissionais de tecnologia, especialista em revisão de perfil do LinkedIn, tradutora, revisora, mentora e organizadora de dois Startup Weekends (SW) Niterói, membro do time vencedor de três SWs e do terceiro lugar no Hackathon Uber, membro do Arariboia Valley e da Rede Mulher Empreendedora. <https://www.linkedin.com/in/artemis-romano/>

Atila Belloquim – Graduado em Ciência da Computação (IME-USP) e Mestre em Administração de Empresas (FEA-USP). Especialista em Arquitetura Corporativa de Negócio e Gestão da Cultura e Relações de Poder Organizacionais, 30 anos de experiência, instrutor e consultor. Sócio-Diretor da Gnosis Knowledge Solutions. Professor e Coordenador em cursos de Pós-Graduação (Gestão de Projetos – SENAC--SP). Palestrante, articulista e autor. <https://www.linkedin.com/in/atilabelloquim/>

Bárbara Cabral – Especialista em Qualidade Ágil e Testes de Software com mais de 15 anos de experiência em TI, grande parte com *Agile Testing*. Entusiasta da cultura ágil, *DevOps* e automação de testes. Apaixonada por comunidades, organizadora, palestrante, mentora e blogueira. <https://www.linkedin.com/in/barbaracabral/>

Bruna Emanuelle von Runkel – Psicóloga, Especialista em Gestão Estratégica de Pessoas e em orientação profissional e planejamento de carreira. Mestranda em Psicologia. Coordenadora e *Business Partner* de RH em empresa de tecnologia, orientadora profissional em consultório e professora de graduação do curso de Psicologia. <https://www.linkedin.com/in/brunavonrunkel/>

Bruno Leonardo Rosa – Especialista em Gestão de Projetos pela FGV e Mestrando em Administração pela UFF. Membro relator da ABNT no Comitê Brasileiro de Gestão de Qualidade (CB-25) e na Comissão Especial de Gestão de Projetos, Programas e Portfólios (CEE-093). Professor em diversos cursos de MBA e pós-graduação. Mais de 15 anos de experiência na gestão de grandes projetos de engenharia, energia, infraestrutura e indústria química. <https://www.linkedin.com/in/bruno-leonardo-333a9415/>

Cesar Augusto Tomaz – Profissional atuante na área gestão de projetos, processos e pessoas há 15 anos, com ênfase no setor de tecnologia, inovação e em centros de serviços compartilhados. Formado em Sistemas da Informação e especialista em gestão de projetos utilizando métodos e abordagens tradicionais e ágeis. PMP, CSM, PMO CP, é um entusiasta de métodos ágeis e um constante aprendiz. <https://linkedin. com/in/cesar-augusto-tomaz-48464926/>

Coaracy Gomes da Silva Junior – Com mais de 20 anos de experiência com gestão empresarial, gerenciando projetos e ajudando na evolução de equipes e organizações, tem como objetivo contribuir para melhores resultados corporativos em um ambiente colaborativo de alta performance. <https://www.linkedin.com/in/coaracy-junior/>

Daniel Strinta – Responsável pelo LABS da Stefanini Brasil, especializado em transformação e inovação tecnológica para soluções de RH. <https://www.linkedin.com/in/daniel-strinta-ba734874/>

Danielle Massad – Formada em psicologia pela PUC, pós-graduada em Educação Corporativa e Empreendedorismo e Gestão. Possui seis anos de atuação em RH. Trabalhou em grandes empresas como Deloitte e Lojas Americanas. É *Master Coach* em carreira. Seu maior propósito é conseguir acelerar pessoas, performance e empresas através de bons projetos de RH estratégico e mentoria de carreira. <https://www. linkedin.com/in/daniellemassad/>

Eduardo Brasil Barbosa Junior – Gestor de Projetos & Inovação, Mestrando em Comunicação (UFF) com MBA em Gestão Empresarial (UFRJ), professor de Comunicação & Marketing e Colunista do Grupo Cedro Rosa. <https://www.linkedin.com/in/eduardo-brasil>

Elisete Vasconcelos – Atuando há mais de 15 anos em Recursos Humanos, apaixonada por pessoas e tecnologia. Entusiasta de estratégias como *employer branding* e *employee experience*. Cuida de todo o ciclo do profissional, do *onboarding* ao *offboarding*! Pós-graduada em Pedagogia Empresarial e Gestão de RH. <https://www. linkedin.com/in/elisete-vasconcelos-perfil-cheio-71aa4514/>

Elizabeth Borges – Arquiteta, pós-graduada em Gerenciamento de Projetos pela FGV, certificada PMP e LIMC pelo *PMI Leadership Institute Master Class*. Possui mais de 20 anos de experiência em processos de gestão e liderança em ambientes multiculturais. É consultora de gestão, desenvolvimento de liderança e cultura organizacional. <https://www.linkedin.com/in/elizabethborges/>

Fabrício Gama – Graduado em Engenharia da Computação pela Universidade Santa Úrsula, é certificado em KMP, *Lean Inception*, *Management* 3.0 e trabalha há 12 anos na área de tecnologia da informação, atualmente como *Team Leader* na Sensedia. É apaixonado por tecnologia, agilidade e melhoria contínua. <https://www.linkedin.com/in/fabriciogama/>

Felipe Oliveira – *Agile Expert* e fundador da empresa Mindset Ágil – Consultoria e Treinamentos, promovendo o uso de práticas ágeis e *Lean* para ajudar pessoas e empresas a encantar seus clientes enquanto fornecem produtos e experiências de sucesso. <https://www.linkedin.com/in/felipeecoliveira/>

Fernanda Santos Tenreiro Quintanilha – Possui 14 anos de carreira desenvolvida no RH, com atuação generalista. Formada em gestão de RH, graduanda em Psicologia, especialista na área da saúde, humanizando as relações entre empresas e pessoas. <https://www.linkedin.com/in/fernanda-santos-rh/>

Glauce Paiva – Sólida experiência em todos os subsistemas de RH, atuando de forma generalista e consultiva. Aprender sobre novos mercados de atuação, novas ferramentas e tecnologias ágeis é essencial para aprimorar seu desempenho profissional. Pessoalmente, abraça a positividade, o propósito e o entusiasmo em todas as atividades realizadas. <https://www.linkedin.com/in/glaucerego/>

Guayçara Gusmon Gonçalves – *Professional Coach* em formação e agilista apaixonada pela interação das pessoas com a cultura ágil. Atualmente colabora com a transformação digital do Itaú-Unibanco. <https://www.linkedin.com/in/guayçarag/>

Ieda Sales – *Team Lead* na TI do Itaú, sócia executiva da 3P&C consultoria e treinamento, palestrante. Advogada, Analista de sistemas e Gestora de Portfólio. Experiência em grandes empresas com gestão de projetos, liderança, gestão de pessoas, métodos ágeis e evolução de plataforma/transformação digital. <https://www.linkedin.com/in/ieda-sayuri-shoji-sales-47b8882/>

Isabel Coutinho – *Agile Expert*, Treinadora *Management* 3.0, Instrutora de treinamentos com foco em agilidade na Carbono Consultoria & Treinamentos. Com 14 anos de experiência na área de tecnologia, sendo os últimos sete com foco em gestão e motivação de pessoas. Certificações: CSM, KMP I, KMP II, CLF, *Management* 3.0 e *Leader Coach*. <https://www.linkedin.com/in/ircoutinho/>

Jalme Pereira – Atua na gestão das áreas de recursos humanos, marketing e comunicação, ocupando posições executivas no desenvolvimento de pessoas e organizações. Na área acadêmica atuou como diretor de polo e coordenador de curso. É professor, palestrante e consultor, pesquisador do comportamento das lideranças e possui pesquisas publicadas em jornais, revistas e rede sociais. <https://www.linkedin.com/in/jalme-pereira-07a3464b/>

Jaqueline Monteiro – Formada em Análise e Desenvolvimento de Sistemas pela Universidade Estácio de Sá, apaixonada por métodos ágeis, tecnologias e pessoas, atua na área de TI há seis anos com vivência em times tradicionais e ágeis. <https://www.linkedin.com/in/jaqueline-monteiro-souza>

Juliana Spanevello Fitz Cainelli – Agilista dedicada aos desafios do ágil com visão estratégica e foco em resultado, guia equipes multidisciplinares na adoção e execução de métodos ágeis por meio de uma cultura de pensamento enxuto e criativo. <https://www.linkedin.com/in/juliana-spanevello-fitz-cainelli-a7aa655b/>

Juliano Granadeiro – Desde 2005 no mercado, tendo atuado em melhoria de processos, desenvolvimento de software, RH, treinamento e agilidade. Ajudou empresas de diversos segmentos em projetos de TI, transformação digital e certificação MPSBr e CMMI. MBA em Engenharia de Software pela UFRJ e certificado KMP, *Green Belt*, SAFe®, CSM, CSPO, *Management* 3.0, entre outras. <https://www.linkedin.com/in/julianogranadeiro/>

Júnior Rodrigues – Diretor Executivo na Gespro e organizador do ConAgile, mais de 16 anos em Consultorias e Gestão. Mestrado e Graduação em Administração, MBA em GP, Pós em Projetos de Rede. Certificado PMP, DALSM, ASM, PMO-CP, PACC, *Management* 3.0, PALC, VERISMF, CLF, CI-ASP, SFC, DEPC e ITIL®. <https://www.linkedin.com/in/rodriguesjunior/>

Laura Delgado – Pedagoga (UERJ), Pós-graduada em Gestão de RH (UFF) e Mestre em Linguística Aplicada (UFRJ), ampla experiência em desenvolvimento de pessoas, implantação de universidades corporativas e *Business Partner*. Vivência em empresas globais com desafios de transformação cultural. <https://www.linkedin.com/in/laura-delgado-29224811>

Lídia Frossard – Especialista em Gestão Estratégica de Pessoas, certificada em *Agility in HR* e estudante de tecnologia. <https://www.linkedin.com/in/lidiafrossard/>

Lilian Sanches – Especialista em carreira, RH, Desenvolvimento Humano e Gestão de Pessoas, Sócia da Intentus Consultoria, Fundadora do Colab50+, apaixonada pelas transformações organizacionais e pelo futuro do trabalho. <https://www.linkedin.com/in/liliansanchescoach/>

Marcela Pimenta – Possui 19 anos de experiência com atuação nas áreas de RH e Marketing. Ocupa a posição de Superintendente de Gente & Gestão no Banco Triângulo. Trabalha com foco em melhorar o desempenho das pessoas e empresas honrando os relacionamentos em todos os contextos e trazendo uma experiência de trabalho com toque humano. <https://www.linkedin.com/in/marcelampimenta/>

Marcelo Antonelli – Possui 24 anos de experiência com projetos, gestão e liderança. MBAs em Gestão Empresarial, Projetos e Comunicação e Marketing. Certificado PMP, ACP, RMP, MCP e ISO 27001. Trabalhou em empresas como Vale, Bradesco, Cielo, Petrobras, Claro, Oi e TIM. Ex-VP do PMI-RJ e atual Diretor do PMI-SP. Carioca, muito flamenguista, casado e pai de duas criaturas incríveis. <https://www.linkedin.com/in/marceloantonellipmp/>

Marcilene Scantamburlo – Desenvolve pessoas por meio da tecnologia, em um sistema de inteligência artificial que atua na recomendação de *soft skills*. Mestre em Ciência da Computação, educadora e empresária há 20 anos, já capacitou mais de 40 mil alunos em cursos presenciais e à distância. <https://www.linkedin.com/in/marcilenescantamburlo/>

Marcio Luiz Reis e Pimenta – Diretor na PMQuality Gestão da Projetos, Professor, Palestrante e Consultor em gerenciamento de projetos tradicionais e ágeis. Adquiriu sua experiência na gestão de empreendimentos de energia renovável e atualmente desenvolve projetos no terceiro setor e no segmento de energia e infraestrutura. <https://www.linkedin.com/in/pimentamlr/>

Meny Ribas – O que mais gosta de fazer é estudar os impactos do uso de novas tecnologias e processos em tempos de *mindset* digital e o poder das pessoas para uma cultura organizacional colaborativa. <https://www.linkedin.com/in/meny-silva-79b54622/>

Natalie Nitz – Psicóloga graduada pela UFF, pós-graduada em Qualidade pela UFF. Atuação há mais de 10 anos em RH como *Business Partner* e Especialista em treinamento e desenvolvimento. <https://www.linkedin.com/in/natalienitz/>

Paulino Meira – Atua há mais de 15 anos nas áreas contábil e de controladoria, nos setores público, privado e terceiro setor. Professor de Educação Continuada e Professor convidado de programas *in company* da FGV. <https://www.linkedin.com/in/paulinomeira>

Paulo Boccaletti – Apaixonado por desenvolvimento de software, produtos e pessoas. Utiliza *Lean Agile* e práticas da *Management* 3.0 para obtenção de times de alta performance. Sempre disponível para trocar experiências sobre agilidade, métricas, métodos de aprendizagem e produtividade, seja nas palestras em eventos como o TDC, *meetups* ou convites para bate papos em empresas. No tempo livre, curte sua família, ler livros e jogos. <https://www.linkedin.com/in/paulo-boccaletti>

Paulo Emílio Alves do Santos – Doutor em Administração pela USP, Mestre pela Universidade Mackenzie e graduado em Psicologia pela PUC-SP. Passagem por Grupo Basf e Mercedes-Benz. Professor na ESPM, BSP e FIA. <https://www.linkedin.com/in/pauloemiliosantos>

Regiane Moura Mendonça – Administradora, atua em Recursos Humanos generalista, com experiência em gestão em empresas de diversos portes, segmentos e nacionalidades. Proprietária da Regiane Mendonça Consult & Training, também é docente e instrutora de cursos, palestrante e *coach*. <https://www.linkedin.com/in/regianemendoncarh>

Renata Carvalho – Brasileira, casada, mãe do Bernardo, graduada em Psicologia pela UFRJ, com MBA em Administração pela FGV/RJ e Mestrado pelo IAG/PUC-Rio. Apaixonada pelo tema "pessoas", atua há mais 15 anos em projetos de desenvolvimento organizacional. No momento, está responsável por treinamento e desenvolvimento, carreira e sucessão, desempenho e clima organizacional em uma empresa de grande porte. <https://www.linkedin.com/in/renata-carvalho-01880414/>

Ricardo Batista Miluzzi – Agilista, certificado ICP-TAL, ICP-ACC, PACC, *Management* 3.0 e *Coaching*. Trabalha com agilidade e transformação digital desde 2013. Atualmente se concentra em ajudar as pessoas em seu crescimento pessoal e profissional e em apoiar as empresas na criação de locais de trabalho melhores, mais criativos, inovadores e seguros. <https://www.linkedin.com/in/ricardomiluzzi/>

Robertha Magalhães Rodrigues – Pedagoga, com MBA em gestão estratégica das organizações e recursos humanos. Mais de 20 anos de experiência profissional, atuando em empresas de pequeno, médio e grande porte, desde 2011 com atuação exclusiva na área de gestão de pessoas. Certificações: Analista DISC, ICP-AHR e *Agile Talent*. <https://www.linkedin.com/in/robertharodrigues>

Robson Carmo – *Senior Lead Software Engineer* com 17 anos de TI. Formado em Gestão Web (UNESA), MBA em Gestão Empresarial (FGV) e MBA em Engenharia de Software (UFRJ), certificado em *SAFe® Program Consultant* e TOGAF. Coautor do livro "Jornada do Ágil Escalado". <https://www.linkedin.com/in/robsonanderson/>

Rodrigo Monteiro – Mestre em Administração e Desenvolvimento Empresarial. *Coach* criacional. TEDx *speaker*. Gerente de RH para a América Latina. Mais de 15 anos de atuação em gestão de pessoas. <https://www.linkedin.com/in/rodrigomonteiro83/>

Samara Marques – Bacharel em Administração de Empresas pela Universidade Veiga de Almeida (UVA), atua como designer gráfico autônoma. Criativa, apaixonada por design, artes, psicologia, *pets*, natureza e gastronomia. Encantada por desenvolvimento pessoal e autoconhecimento. Entusiasta de comportamento humano e inteligência emocional. Curiosa, gosta de aprender de tudo um pouco e estar em constante atualização. <https://www.linkedin.com/in/samara-marques-5290a8162/>

Tatiana Grego – Psicóloga, empreendedora, mentora de desenvolvimento de carreira e recolocação profissional. Especialista em RH, gestão de pessoas e comportamento humano. <https://www.linkedin.com/in/tatianagrego/>

Thayana Brider – Especialista em Neuropsicologia e Desenvolvimento Humano, atua há mais de 10 anos na área de Psicologia Clínica e *Coach* de líderes, além de ministrar aulas e palestras em todo o território nacional. Cofundadora do evento Fail Nights – onde o fracasso merece aplausos. <https://www.linkedin.com/in/thayana-brider-083a59100>

Vanessa Tchalian – Psicóloga, entusiasta do RH ágil e facilitadora, acredita na andragogia e no *mindset* de crescimento como aliados do desenvolvimento humano. Certificada em análise comportamental, grafologia e PPA-DISC. <https://www.linkedin.com/in/vanessa-tchalian-ferreira-martins-273802a2/>

Compre já os outros livros da Jornada Colaborativa e complete sua coleção!

Jornada DevOps 2ª edição

Jornada Ágil e Digital

Jornada Ágil de Qualidade

Jornada Saudável

Jornada Ágil do Produto

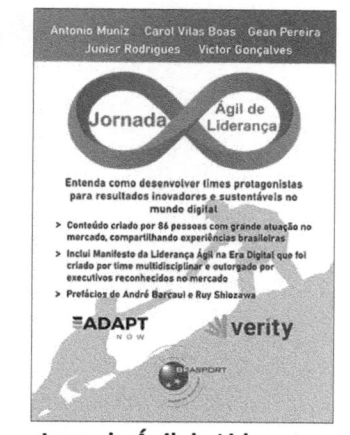

Jornada Ágil de Liderança

Jornada do Ágil Escalado

Jornada Business Agility

Jornada Kanban na prática

À venda em: www.brasport.com.br